White Eagle: Die verborgene Weisheit des Johannes-Evangeliums

White Eagle

Die verborgene Weisheit des Johannes-Evangeliums

Aquamarin Verlag

Kontaktadressen:
Deutschland:
White Eagle Centre Deutschland e.V.
Annemarie Libera
Schraystr. 3 • D-82110 Germering
Tel.: 089/ 841 77 90 • Fax: 089/ 840 060 38
e-mail: white-eagle-muc@t-online.de
www.whiteeagle.de

Schweiz:
Stern-Zentrum der White Eagle Lodge
Carol Sommer
Dorfbergstr. 14 • CH-3550
Tel. und Fax: (0041) (0)34/ 402 36 36
e-mail: whiteagle.schweiz@tiscali.ch

Titel der englischen Originalausgabe:
The Living World of St. John

New Lands, Liss, Hampshire GU 33 7HY, England

5. Auflage 2003

Übersetzung aus dem Englischen: Susanne Harrington

Das Titelbild zeigt ein Gemälde von
Pieter P. D. Torensma „Heilbild I 1985“

Druck: Bercker • Kevelaer

ISBN 3-922936-44-X

Inhaltsverzeichnis

Vorwort

"Die verborgene Weisheit des Johannes-Evangeliums", die zuerst im Dezember 1949 veröffentlicht wurde, ist wahrscheinlich das gefragteste aller frühen Bücher über die Lehren von White Eagle, und wir haben uns immer vorgenommen, es zu entsprechender Zeit wieder neu aufzulegen. Die Vorträge, die es beinhaltet und die auf dem Johannes-Evangelium basieren, wurden von White Eagle zwischen Januar 1943 und Juli 1945 durch Grace Cooke vermittelt.

Man sollte meinen, daß das London der Kriegszeit nicht gerade der geeignete Hintergrund für eine trostreiche Botschaft über eine solche tiefe Liebe, Weisheit und mystische Wahrheit aus der Geisteswelt gewesen wäre, doch vielleicht lag es gerade an jenem Kontrast und der Not der Stunde, die die tiefen Wahrheiten der kommenden Seiten zutage förderten.

Da sind jene, die sich noch daran erinnern, wie sie aus der Angst und Dunkelheit in jenes ruhige Heiligtum gelangten, wo Friede sie umgab und alles gut war. Sie erinnern sich an die Stille, die Erwartung und an jene sanfte, liebevolle Stimme, in der doch große Autorität schwang, und vor allem erinnern sie sich daran, daß sie durch die Kraft dieser Botschaft und durch das Wunder der sich offenbarenden Vision und das daraus erwachsende Verständnis, über Konflikte und Leiden hinausgehoben wurden.

Die Bearbeitung des Manuskriptes erfolgte mit viel Liebe. In dem Maße wie sich Kapitel um Kapitel offenbart, wird man vollkommen durch das vergeistigte, umfassende Thema und durch die erlösende Kraft des Christus-Geistes im täglichen Leben des Menschen emporgehoben. Das Unsichtbare erschien oft sehr nahe, und es gab einen ganz besonderen Tag, an dem das Evangelium plötzlich fast unerträglich lebendig und unmittelbar wurde. Es handelte sich nicht um eine Rückschau auf Ereignisse vor zweitausend Jahren und auch nicht um Worte, die von Menschen gesprochen wurden, die schon lange tot waren, sondern die Worte wurden lebendig, und die ganze Geschichte war so unmittelbar als nähme man sie durch die Augen der geliebten Jünger Jesu wahr und als fühlte man mit ihren Herzen. Es handelt sich um eine Erfahrung, die sich mit Worten nur ungenügend beschreiben läßt, und an die ich mich stets erinnern werde.

Ich glaube, daß es zwischen dieser Erfahrung und einer anderen von Grace Cooke einen gewissen Zusammenhang gibt, über die in der ersten Buchfassung berichtet wird. Wir erzählen die Geschichte in allen Einzelheiten, da sie zum Inhalt des Buches einen starken Bezug besitzt.

Ungefähr zehn Jahre bevor die ersten in diesem Buch veröffentlichten Vorträge gegeben wurden, reiste Grace Cooke auf die Bitte der Polar-Bruderschaft (über die der Leser in den Büchern „The Return of Arthur Conan Doyle" und „Healing by the Spirit" (*) einen Hinweis findet) mit einer Gruppe von ihnen in die Pyrenäen, um ihnen mittels ihrer übersinnlichen Fähigkeiten dabei zu helfen, die verborgenen Schätze der Albigenser oder Katharer zu finden.

Durch übersinnliche Kommunikation mit den Weisen, die ihren Orden begründeten, wurde ihnen mitgeteilt, daß jener Schatz unter dem Schloß von Lordat begraben sei, das ungefähr zwölf Kilometer Luftlinie von Montsegur entfernt liegt, der letzten Hochburg jener verfolgten und gemordeten Bruderschaft der „Bons Hommes". Man teilte ihnen des weiteren mit, Grace Cooke bei der Auffindung des Schatzes um Hilfe zu bitten, der drei Tage nach Beginn der Suche gefunden werden würde. Seit dem letzten Blutbad der Katharer

* (Übersetzung in Vorbereitung d.H.)

ging das Gerücht umher, ein großer Schatz läge in der Nähe von Montségur versteckt, nach dem schon viele Expeditionen vergeblich gesucht hätten (ungeachtet der Tatsache, daß eine Bruderschaft, die weltlichem Reichtum entsagte, kein Interesse an Reichtümern gehabt haben konnte). Möglicherweise suchten die Brüder nach einem größeren Schatz, nach einem Manuskript, das die verlorengegangenen Geheimnisse der Albigenser, ihre inneren Glaubensinhalte, enthüllen würde.

Wir schildern die Begebenheit mit den Worten von Grace Cooke, so wie sie in der ersten Ausgabe des Buches aus dem Jahre 1949 veröffentlicht wurde.
„Während unseres Aufenthaltes stiegen wir jeden Morgen zur Bergspitze (Lordat war ein kleines Dorf, hoch oben am Hang, und das Schloß erhob sich über dem Dorf), in der Hoffnung, daß wir bezüglich der Ausgrabungen zum richtigen Ort geführt werden würden .... Von Anfang an waren wir über die Doppelnatur der unsichtbaren Kräfte um uns herum sehr beeindruckt. Zu gewissen Zeiten herrschten die dunklen Kräfte vor. Dann wurde ..., wie ein Himmelshauch, ein reiner und süßer, sanfter und lieblicher Einfluß fühlbar, der uns der Gegenwart der wartenden und achtsamen Brüder versicherte. Zu solchen Zeiten spürten wir, daß wir unter dem Schutz großer weißer Schwingen standen, von einer Macht behütet wurden, die erfahren werden muß, damit man an sie glaubt.

Obwohl wir uns inmitten gefährlicher Elementarkräfte befanden und in Gesellschaft des unausgeglichenen menschlichen Geistes (einer der zur Gruppe Gehörenden hatte in einem Anfall von Geistesverwirrung einen anderen angegriffen), so wurden wir durch den Hauch des Unsichtbaren doch ständig daran erinnert, das Christus All-Liebe ist und sein Geist die Macht des Trostes besitzt und vor allem Bösen schützt. Dies stärkte unseren Willen fortzufahren. Häufig wurde durch die Welle des geistigen Lichtes und der geistigen Kraft der dunkle Schleier zwischen Materie und den inneren Welten so transparent, daß wir uns in Gegenwart der Albigenser befanden, die viele Jahrhunderte zuvor genau das Plateau beschritten hatten, auf dem wir jetzt standen . . .

Als wir am dritten Ankunftstage das großartige Bergpanorama mit Muße betrachteten - in der Ferne das alte Schloß von Montségur - wurde meine Aufmerksamkeit durch die Erscheinung einer leuchtenden Gestalt gefangengenommen ... „Leuchtend" ist das einzige Wort, mit dem man die Aura jenes Geistes zu beschreiben vermag, doch sein Benehmen und Gebaren erwiesen sich als genauso normal wie das eines Menschen, der beim Spazierengehen zufällig einen Fremden trifft. Er erschien bescheiden und freundlich und gab sich den Anschein, als wäre es für entkörperte Wesen nichts Ungewöhnliches, zu Männern und Frauen zu reden. Auf den ersten Blich sah er wie ein alter Mann aus, d. h. er trug einen langen weißen Bart und silberfarbene Haare, doch abgesehen davon erschien seine Haut klar und jugendlich, so als ob ein Licht durch seine Körpersubstanz hindurchschiene, und seine warmen blauen Augen leuchteten in einem inneren Feuer. Er war in das weiße Gewand eines frühen Ordens christlicher Brüder gekleidet und strahlte edlen Sanftmut aus. Könnte er einer der Albigenser sein?, fragte ich in Gedanken. Ja, es war wahr, durch Zeichen und Symbole bewies er mir, daß er zu dieser sehr alten Bruderschaft gehörte. Warum war er erschienen?

Er erklärte, daß er gekommen war, um bei der Suche zu helfen. Jedoch sagte er, daß man keinen materiellen Schatz heben würde, solange der Mensch nicht imstande wäre ihn zu nutzen, solange er nicht den geistigen Schatz entdeckte, der das Geheimnis zur Umwandlung seiner eigenen niederen Natur enthielte. Er erklärte, daß man im Leben und in den Lehren Jesu Christi den Schlüssel zu diesem geistigen Schatz fände. Er berichtete von Johannes, den der Meister so sehr liebte, daß dieser nicht gestorben wäre wie die meisten Menschen, sondern in einem Lichtkörper zu einem höheren Leben emporgehoben wurde, so wie es seinem Meister vor ihm geschehen war. Er sei sehr lange auf der Erde verblieben und habe sich in den Osten und Westen begeben, wobei er auch zu jenem Ort kam, an dem er mit seinem Meister meditiert und kommuniziert habe. Er sprach von den inneren Geheimlehren des Meisters, die er über Johannes an seine Anhänger weitergegeben hätte, und die im Laufe der Jahrhunderte durch geheime Bruderschaften überliefert worden waren, und daß dieses Geheimevangelium tatsächlich die Quelle und das Geheimnis des Albigenserschatzes darstellte. (In diesem Zusammenhang mag es interessant sein, daß es geschichtliche Beweise einer Verbindung zwischen den Katharern und frühen christlichen Vereinigungen gibt.)

Nachdem der Besucher sich in die innere Welt zurückgezogen hatte, aus der er gekommen war, schien Grace Cooke für Tage auf Wolken der Glückseligkeit zu wandeln. Selbst heute, nach sechsundvierzig Jahren, sagt sie, daß diese Erfahrung zu den lebendigsten und denkwürdigsten ihres Lebens zähle. „Worte vermögen nicht die süße und wunderbare Liebe dieses einfachen Bruders zu beschreiben", erklärte sie.

Was den Schatz betrifft, so wurde er niemals gefunden. Die Expedition war für ein solches Unternehmen schlecht ausgerüstet. Schließlich gab man die Suche auf, denn offensichtlich handelte es sich um einen nutzlosen Versuch, und die Botschaft der Weisen mußte wohl verkehrt sein. Doch war es wirklich so? Es schien, als ob jener reine und große Bruder, der aus der Sphäre des Heiligen Johannes gekommen war, in Grace Cooke einen dauernden Bewußtseinswandel hervorgerufen hatte, so daß danach ihr Lebenswerk Gestalt annehmen konnte. Die Lehren wurden ihr aus der Geisteswelt durch ihren Führer White Eagle übermittelt, so daß sich allmählich eine Philosophie der Liebe ausbildete, die Seelen auf der ganzen Welt half und heilte und die mit den Worten White Eagles dazu beitrug, das Licht in den Herzen Tausender zu vergrößern. Die Lehre ist eine einfache Offenbarung des mystischen Christentums, das gleichzeitig dogmatische Grenzen überschreitet und die Weisheit des Ostens und Westens in sich vereinigt. Die Vorträge dieses Buches kamen, wie wir bereits erfuhren, etwa zehn Jahre nach diesem nie zu vergessenden Treffen im Vorgebirge der Pyrenäen zustande. Wir haben die Atmosphäre, in der die Vorträge durchgegeben wurden, bereits beschrieben. Grace Cooke fühlte stets, daß sie die wahren Früchte ihres Treffens mit jener großen und reinen Seele aus den Sphären des Heiligen Johannes darstellten. Vielleicht darf ich als Bestätigung noch hinzufügen, daß ich mich sehr klar einer Vision eines heiligen, bärtigen Mannes erinnere, die während jener Vorträge bestand, und die ich zu jener Zeit auch während meiner Meditationen wahrnahm, und in dem ich jetzt, nachdem ich die Geschichte im Original vernahm, denselben Heiligen jenes Treffens von Lordat erkenne.

Alle diese Begebenheiten liegen hinter den wahren Lehren des Johannes-Evangeliums, die dieses Buch enthält, doch die Lehren besitzen auch ohne diese Geschichte volle Gültigkeit. So mögen denn alle, die White Eagles Worte sowohl mit dem Herzen als auch mit dem Geist aufnehmen, in ihrem eigenen Wesen jenen Schatz finden, der jenseits weltlicher Werte liegt, von dem jener sanftmütige Bruder sprach und der jedem Gotteskind ewiges Leben und Glückseligkeit bringt.

Ylana G. Hayward
März 1979

---

* Ylana ist die Tochter von Grace Cooke (d. Hrsg.)

I. Kapitel

Seele und Geist

Wir überbringen eine Botschaft und wir beten, daß sie klar sein möge, denn uns liegt vor allem an einer klaren und einfachen Ausdrucksweise. Wir sind ebenfalls darum bemüht, die Grundlagen, auf denen die Lehren beruhen, verständlich aufzuzeigen. Manchmal mögen Widersinnigkeiten, ja sogar Widersprüche auftauchen, da es viele Widersinnigkeiten auf dem geistigen Pfad gibt. Aber seid geduldig und zieht nicht voreilige Schlüsse. Mit der Zeit werdet ihr für alle Widersinnigkeiten eine angemessene Erklärung finden. Wir möchten euch, liebe Brüder und Schwestern, an die alten Wahrheiten der Bibel erinnern. Wenn die Bibel mit genügend Verständnis gelesen wird, wenn das Licht des Geistes auf ihre Seiten fällt, so werdet ihr zahlreiche Juwelen der Wahrheit entdecken und alle Wahrheiten, die der Mensch für sein diesseitiges und jenseitiges Leben braucht.

Im Buch "Genesis" lesen wir, daß Gott die Meere, die Erde und alle Geschöpfe der Erde, des Himmels und der Meere in sechs Tagen erschuf und schließlich den Menschen nach seinem eigenen Bilde formte und ihm den Lebensatem einhauchte (Genesis 1.2). So wurde der Mensch eine lebendige Seele.

Es herrscht immer noch Unklarheit bezüglich der Natur und Wirkungsweise der Seele und auch über den Geist des Menschen. Sobald der Geist sich mit dem Fleische verbindet, entsteht die Seele, da sie jener Teil des menschlichen Seins ist, der durch Erfahrungen wächst, die das sensible innere Selbst des Menschen in der Inkarnation durchlebt. Die Seele vermag als der weibliche Aspekt des menschlichen Lebens, als das Mutterprinzip, bezeichnet werden. Die Weltseele ersteht aus dem Weltgefühl, die Seele der Nation ersteht aus dem Volksgefühl der Nation. In den esoterischen Lehren wird man stets bemerken, daß die Seele als Vertreterin des mütterlichen oder des weiblichen Lebensaspektes, des zweiten Prinzips, bezeichnet wird – das erste Prinzip entspricht dem göttlichen Willen, dem Vater- oder dem männlichen Aspekt. In der Genesis wird beschrieben, wie die Frau aus der Rippe des ersten Menschen, Adam, erschaffen wurde. Während Adam in Ruhe verharrte, erschuf Gott aus seiner Rippe die Frau – das zweite Prinzip.

Wir sollten die Bedeutung der Seele, des weiblichen Aspektes erkennen. Wenn es an diesem fehlte, könnte sich das erste Prinzip im Menschen nicht entwickeln.

Adam benötigte jenen zweiten Aspekt zu seiner Vollständigkeit. Er mußte beseelt werden, um ein erfülltes Leben zu leben. Die Seele verleiht dem Selbst des Menschen Gefühl und ist der intuitive Teil des Menschen. (Das kommende Wassermann-Zeitalter wird den mütterlichen oder weiblichen Lebensaspekt weiterhin in den Vordergrund rücken.
Mit anderen Worten: er kündigt sich durch die zunehmende Entwicklung der Intuition und durch ein Anwachsen der Seelenkraft unter den Völkern der Erde an.)

Das erste Prinzip, das stellvertretend für den Vater-Aspekt oder den Willen steht, muß durch das Mutter-Prinzip oder die Intuition ausgeglichen werden. Wenn ein vollkommener Ausgleich und vollkommene Harmonie zwischen beiden Prinzipien besteht, dann vermag das Christus-Kind als vollkommenes Ergebnis aus dieser Vereinigung hervorzugehen.

Versteht diese Worte nicht falsch! Jeder Mensch vereinigt in sich sowohl männliche als auch weibliche Qualitäten, während einer Inkarnation mag das männliche Prinzip dominieren, während einer anderen das weibliche. Jede einzelne Seele erfährt viele Prüfungen, durchläuft Leid und Einweihungen und im Verlaufe dessen wird beiden Prinzipien – Willen und Liebe – vollkommene Harmonie im Menschen zuteil, und er wird christusgleich.

Dies ist die wahre Bedeutung der unbefleckten Empfängnis, die das Ergebnis der mystischen Heirat zwischen Seele und Geist im Menschen ist.

Wir versuchen hiermit (und es ist eine sehr schwere Aufgabe) die Natur der göttlichen Dreiheit von Vater, Mutter und Sohn aufzuzeigen. Wir sind bemüht, die Notwendigkeit der Einheit zwischen Seele und Geist des Menschen zu verdeutlichen und die Wahrheit, die den Lehren der unbefleckten Empfängnis zugrunde liegt.

Man sagt uns, daß Gott den Menschen als lebendige Seele erschuf, doch diese Seele ist notwendigerweise nicht unsterblich, sie ist nicht das Ewige im Menschen. Sollten wir den Seelenkörper als feineres Ebenbild des physischen Körpers des Menschen beschreiben?

Der Seelenkörper besitzt zwei Aspekte – erstens jenen, der die Brücke zwischen Himmel und Erde während des sterblichen Lebens bildet, der jedoch sterblich ist, da er sich nach dem Tode allmählich auflöst und zweitens jenen Teil, der nach dem physischen Tod fortbesteht, die Hülle des Geistes. Erst nachdem die Seele durch den Gottesatem zum Leben erwacht, erfährt sie wahrhaftige Stärkung und ewiges Leben. *„Und Gott der Herr erschuf den Menschen aus dem Staub der Erde, hauchte ihm seinen Lebensatem ein und der Mensch wurde zur lebendigen Seele."*(Genesis 2.7). Dies ist eine geistige Wahrheit, die nur von wenigen verstanden wird.

Da sind jene, die feststellen, daß sie unter gewissen Umständen durch ihre Seele oder ihren Astralkörper Eindrücke aus der anderen Welt zu empfangen vermögen und sie meinen, dies sei das einzige und alleinige Ziel ihrer spirituellen Suche. Doch nein, was sie sehen liegt nur einen Schritt hinter dem Physischen. Es läßt sich in etwa damit vergleichen, als versuchten sie mit etwas in Berührung zu kommen, das außerhalb ihrer selbst liegt – sagen wir mit einem Stuhl, einem Tisch, einem Buch – doch sie berühren nicht unbedingt den Geist. Die Seelenwelt erscheint den Seelensinnen so natürlich und fest wie die physische Welt den physischen Sinnen, der einzige Unterschied besteht darin, daß die Seelenwelt getrennt von der festen Materie existiert. Die Seele vermag Jahrhunderte in dieser Welt zu leben, doch es bedarf noch etwas mehr, bevor sie das ewige Leben erreicht. Sie benötigt die Stärkung durch den Gottesatem, die Christus-Werdung des Menschen. Von dieser Stärkung spricht das Johannes-Evangelium.

Jesus selbst betonte diese Wahrheit in vielen seiner Lehren. Befaßt man sich mit dem Evangelium, so findet man wiederholte Hinweise darauf, wie z. B.: *„Ich bin der Weg, die Wahrheit und das Leben ... ich bin das Licht der Welt ... niemand kommt zum Vater, denn durch mich."*(Joh. 14.6, 8.12). Hier sprach nicht Jesus als Mensch, sondern Christus in ihm. Jesus stellte das Werkzeug für die göttliche und ewige Wahrheit des Christus-Geistes, des Weges, dar. Je eingehender man die Reden Jesu analysiert, um so mehr enthüllt sich dabei die Christus-Wahrheit, das ewige Leben in ihm.

Christus ist auch in euch das ewige Leben. Deswegen solltet ihr auch während eurer Meditationen nicht auf der Astralebene verweilen (wo ihr zweifellos interessante Dinge seht), sondern ihr solltet durch Sein Licht in eurem Herzen Christus entgegenstreben, der das Licht der Welt, die ewige, lebendige Flamme der Liebe ist.

„(1.1 – 5). Am Anfang war das Wort, und das Wort war bei Gott und Gott war das Wort. Dasselbe war im Anfang bei Gott. Alle Dinge sind durch dasselbe gemacht, und ohne dasselbe ist nichts gemacht, was gemacht ist. In ihm war das Leben und das Leben war das Licht der Menschen. Und das Licht scheint in der Finsternis, und die Finsternis hat's nicht ergriffen."

Wir meinen, daß die Lehren der vier Evangelien nicht auf jenen Zeitraum beschränkt werden sollten, zu dem Jesus auf Erden lebte. Die darin enthaltene Wahrheit wurde der Welt am Anfang zuteil; es ist eine ewige Wahrheit, die die Menschheit durch alle Zeitalter hindurch empfängt.

Das Schöpferwort stellt das ewige Licht dar, das aus dem Herzen des Vater-Mutter-Gottes strahlt. Es ist das Christuslicht seines Sohnes. Es ist jenes Licht, das Jesus durchstrahlte und das durch ihn sprach. Gott ist jenes Licht, Gott ist das Licht, das die Dunkelheit der Erde erhellt – wir meinen in diesem Zusammenhang nicht nur die Sonne, die die Erde erhellt, sondern jenes Licht, das in allem ist, das das Leben des Menschen auf der Erde ausmacht. Das Wort Gottes, dieses heilige, mystische Wort, das Liebe war, ließ aus dem Chaos die Form erstehen und erschuf den Menschen, und in ihn wurde der Samen des Christus-Menschen gelegt. In ihm war das Leben und das Leben war das Licht der Menschen (4)*, was bedeutet, daß das Licht im Menschen war von Anfang an.

„(1.6 – 11) Es war ein Mensch, von Gott gesandt, der hieß Johannes. Der kam zum Zeugnis, um von dem Licht zu zeugen, damit sie alle durch ihn glaubten. Er war nicht das Licht, sondern er sollte zeugen von dem Licht. Das war das wahre Licht, das alle Menschen erleuchtet, die in diese Welt kommen.

Er war in der Welt, und die Welt ist durch ihn gemacht; aber die Welt erkannte ihn nicht. Er kam in sein Eigentum; und die Seinen nahmen ihn nicht auf."

Der Sinn des Lebens auf diesem Planeten Erde besteht darin, daß jener Geist, euer Geist, die Dunkelheit erhelle. Euer Geist, der das Licht ist, das am Anfang war. Das bedeutet, daß ihr zu Beginn eurer

---

*) Die Zahlen in Klammern verweisen auf die jeweilige Evangelium-Stelle.

Existenz aus Licht bestandet, und das Licht schien in der Dunkelheit – die euer materieller Körper auf Erden ist – und die Erde verstand es nicht. Ihr alle seid mit diesen Lehren vertraut, doch ihr denkt nicht daran, sie auf euch zu beziehen. Ihr begreift nicht, daß ihr im wesentlichen Licht seid, von Anbeginn, bis ihr einen physischen Körper annahmt, und der physische Körper, besonders jedoch der vergängliche Geist, die Bedeutung des Lichtes nicht zu erfassen vermag. Ihr seid hier, um über die Materie zu herrschen und nicht zuzulassen, daß sie euch beherrscht. Ihr seid Licht und es ist eure Aufgabe, die Dunkelheit zu erhellen, die trägen Atome des physischen Körpers durch das Licht in euch umzuwandeln. Wunder geschehen, wenn der Geist diese Kontrolle über euren Körper erlangt hat. Der Geist entwickelt dabei eine solche Kraft, daß er die physischen Atome willentlich zu beeinflussen vermag.

Dies geschieht nicht allein durch den Geist auf Erden, sondern durch den Geist Gottes. Es geschieht durch das reine geistige Bewußtsein, das allumfassende Liebe ist, eben jener Geist.

„(1.12 – 13) Wie viele ihn aber aufnahmen, denen gab er Macht, Gottes Kinder zu werden, denen, die an seinen Namen glauben, die nicht aus dem Blut noch aus dem Willen des Fleisches noch aus dem Willen eines Mannes, sondern von Gott geboren sind."

Im Evangelium findet ihr die Geschichte der Verwandlung von Wasser in Wein. Diese Abschnitte beziehen sich symbolisch auf das gleiche Geheimnis. Das Wasser repräsentiert hier die Seele, bevor durch die belebende Kraft des Geistes die Seele sozusagen in Wein verwandelt wird – in Licht. Das gesamte Wesen des Menschen erfährt durch den Geist, das Licht, Belebung, Verwandlung, erhält dadurch ewiges Leben. Diese Geschichte besagt, daß dem Menschen der Lebensgeist eingehaucht wird. Eine Seele vermag viele, viele Inkarnationen zu durchlaufen, bevor sie eine solche Stärkung und Belebung erfährt. Doch falls, wie es bisweilen (aber selten) geschieht, die Seele es versäumt, sich dem lebensspendenden Licht zu öffnen und statt dessen tiefer und tiefer sinkt, öffnet sie sich damit in zunehmendem Maße negativen Kräften oder dem Bösen und erlebt möglicherweise Selbstvernichtung. Die Seele erfährt Zerstörung, doch der Geist ist ewig und lebt weiter, um wieder ein neues Seelenkleid zu erschaffen. In uns allen besteht ein Streben nach dem Göttlichen, nach Wahrheit und Liebe; dergleichen stellt die Quelle dieses Verlangens dar. Die Seele kann sich diesem Verlangen öffnen oder es unbeachtet lassen; falls letzteres geschieht, verbleibt die Seele in Dunkelheit. Doch falls sie sich öffnet, kommt es zu einer Stärkung des inneren göttlichen Wesens, das der Seele ewiges Leben verleiht. Die ewige Seele wird somit "weder aus Blut, noch aus dem Willen des Fleisches, noch aus dem Willen eines Mannes, sondern von Gott geboren" (aus dem göttlichen Geist).

„(1.14) Und das Wort ward Fleisch und wohnte unter uns, und wir sahen seine Herrlichkeit, eine Herrlichkeit als des eingeborenen Sohnes vom Vater, voller Gnade und Wahrheit."

Das Wort war Gott. Das Wort ward Fleisch im Menschen. Es wurde zu Fleisch in Jesus, der der Lehrer und Offenbarer der ewigen Wahrheit im Menschen war.

„(1.15 – 34) Johannes gibt Zeugnis von ihm und ruft: Dieser war es, von dem ich gesagt habe: Nach mir wird kommen, der vor mir gewesen ist; denn er war eher als ich. Und von seiner Fülle haben wir alle genommen Gnade um Gnade. Denn das Gesetz ist durch Mose gegeben, die Gnade und Wahrheit ist durch Jesus Christus geworden. Niemand hat Gott je gesehen; der Eingeborene, der Gott ist und in des Vaters Schoß ist, der hat ihn uns verkündigt.

Und dies ist das Zeugnis des Johannes, als die Juden zu ihm sandten Priester und Leviten von Jerusalem, daß sie ihn fragten: Wer bist du? Und er bekannte und leugnete nicht, und er bekannte: Ich bin nicht der Christus. Und

sie fragten ihn: Was dann? Bist du Elia? Er sprach: Ich bin's nicht. Bist du der Prophet? Und er antwortete: Nein. Da sprachen sie zu ihm: Wer bist du dann? Daß wir Antwort geben denen, die uns gesandt haben. Was sagst du von dir selbst?
Er sprach: "Ich bin eine Stimme eines Predigers in der Wüste: Ebnet den Weg des Herrn." Wie der Prophet Jesaja gesagt hat.

Und sie waren von den Pharisäern abgesandt, und sie fragten ihn und sprachen zu ihm: Warum taufst du denn, wenn du nicht der Christus bist noch Elia noch der Prophet?
Johannes antwortete ihnen und sprach: Ich taufe mit Wasser, aber er ist mitten unter euch getreten, den ihr nicht kennt. Der wird nach mir kommen, und ich bin nicht wert, daß ich seine Schuhriemen löse.

Dies geschah in Betanien jenseits des Jordans, wo Johannes taufte. Am nächsten Tag sieht Johannes, daß Jesus zu ihm kommt, und spricht: Siehe, das ist Gottes Lamm, das der Welt Sünde trägt. Dieser ist's, von dem ich gesagt habe: Nach mir kommt ein Mann, der vor mir gewesen ist, denn er war eher als ich. Und ich kannte ihn nicht. Aber damit er Israel offenbart werde, darum bin ich gekommen, zu taufen mit Wasser. Und Johannes bezeugte und sprach: Ich sah, daß der Geist herabfuhr wie eine Taube vom Himmel und blieb auf ihm. Und ich kannte ihn nicht. Aber der mich sandte, zu taufen mit Wasser, der sprach zu mir: Auf wen du siehst den Geist herabfahren und auf ihm bleiben, der ist's, der mit dem heiligen Geist tauft. Und ich habe es gesehen und bezeugt: Dieser ist Gottes Sohn."

Bemerkt ihr, daß die Betonung auf der Aussage Johannes des Täufers liegt, die besagt, daß Jesus weitaus älter ist als er. *"Er war eher als ich (30)"*, sagte Johannes. Diese Aussage beinhaltet, daß die Seele von Jesus älter ist als die Erde selbst; wir wissen, daß Jesus vor der Weltschöpfung lebte, d. h. bevor der Mensch die Erde bevölkerte. Er diente als reiner und heiliger Kanal, durch den der Christus, der vollkommene und einzige Sohn des Vater-Mutter-Gottes, offenbar wurde – und der durch die Zeitalter der Menschheit weiterlebt und

auf's Neue ersteht. Hiermit wird offenbar, daß Johannes die Gegenwart Christi, des Gottessohnes, in Jesus erkannte.
"Der wird nach mir kommen, und ich bin nicht wert, daß ich seine Schuhriemen löse (27)." Johannes wurde in die Dunkelheit hineingeboren – in eine Welt unklaren Denkens, ins Chaos der Ignoranz – um auf das Kommen des Herrn vorzubereiten. Johannes erscheint, um den Geist und die Seele der Menschen auf das Kommen Christi vorzubereiten. Ich taufe mit Wasser, sprach er, doch er wird mit Geist taufen.*)

Dies erscheint interessant. Wir haben bereits das Element Wasser mit der Seele verglichen. Hier wird Wasser mit dem die Seele reinigenden Element verglichen. Die Seele des Menschen ist, wie wir bereits feststellten, nicht das gleiche wie der Geist, sie ist die Hülle des Geistes, die Brücke zwischen dem physischen Körper und dem göttlichen Geist. Da sie die Hülle des Geistes ist, enthält sie ein göttliches Element; es ist jenes Element, das sie befähigt, sich zu reinigen und schönen Schwingungen zu öffnen und so in höhere Sphären aufzusteigen. Die Seele des Menschen enthält als Ergebnis der Offenheit des Menschen gegenüber niederen und eher animalischen Instinkten ebenfalls gröbere Elemente. Dieser niedere Teil der Seele ist eng mit dem physischen Körper verknüpft und löst sich am Ende jeder Inkarnation auf, während der höhere Teil bleibt und vom "Seelenkörper" aufgenommen wird, der seit Anfang aller Zeiten besteht.

Die Seele des Menschen setzt sich aus dem Astral-, dem Mental- und dem Ätherkörper zusammen. Doch es gibt noch etwas anderes, nämlich den Geist. Nachdem die Seele alle Erfahrungen des physischen Lebens gesammelt hat und so bereit ist, die Christus-Einweihung" zu empfangen, kommt es zu einer wunderbaren "Auferstehung" oder Erleuchtung oder zu einer Zeit gespannten Wartens. Der Christusgeist im Menschen erlangt Bewußtsein, regt sich, er-

*) Siehe Anhang "Taufe".

wacht. Jesus war der große Eingeweihte, in dem sich der Christus-Geist manifestierte. Jesus wurde zu dem vom Christus-Geist Erleuchteten. Er beschritt den Pfad und zeigte der Menschheit den Weg. Er sprach: "Ich bin der Weg, die Wahrheit und das Leben." Jesus zeigte der Menschheit den Weg zum ewigen Leben. Jesus war nicht der einzige vom Christus-Geist Erleuchtete, doch er offenbarte jeder Seele den Weg der Läuterung aller Körper, einschließlich des physischen.

Johannes bezieht sich auf Johannes den Täufer, der mit Wasser tauft, das die Seele mit ihrem angesammelten Karma läutert und reinigt. Doch wird nicht einer kommen, der mit dem Geist, dem göttlichen Geist tauft ... dem Christus-Geist, dem Licht, dem Wort, das in der Dunkelheit aller scheint? Er tauft mit jenem gewaltigen Feuer, dem Feuer göttlichen Lebens, dem einzigen Leben der Seele, und wenn sich die Seele verschließt, stirbt sie, verbleibt sie in Dunkelheit.

Christus ist der große Einweihende in die Mysterien des göttlichen Feuers im Menschen. Das göttliche Feuer im Menschen ist reine Liebe, die Christusliebe, jene Liebe, die geboren wird – nicht die, welche geboren wurde, sondern die Liebe, welche durch den Vater-Mutter-Gott geboren wird; der eingeborene Sohn ist der göttliche Geist oder das Feuer, die vollkommene Liebe.

„(1.35-36) Am nächsten Tag stand Johannes abermals da und zwei seiner Jünger; und als er Jesus vorübergehen sah, sprach er: "Siehe, das Lamm Gottes!"

"Siehe, das Lamm Gottes!" Was ist mit diesem Satz genau gemeint? Die Juden verbanden das Lamm mit dem Opfer im Tempel. Auf den ersten Blick mag dies etwas hart erscheinen, doch befassen wir uns näher damit, stellen wir fest, daß mit Opfer die Überwindung der Instinkte des niederen Selbst gemeint ist. Es gibt außer Jesus niemanden, der sein gesamtes Selbst Gott gegeben, geopfert hat. Da

Johannes Prophet und Seher war, vermochte er zu erkennen, daß Jesus ein solcher Mensch war. Da er sein gesamtes Wesen hingegeben hatte, besaß er keinen Eigenwillen, keine Wünsche. Er hatte alles innerhalb jenes Tempels, der seine menschliche Form darstellte, dem ihn erfüllenden Christus, Gott, hingegeben, hatte alles aufgegeben. Johannes nannte ihn deswegen "Lamm Gottes", da er alle Seiten seiner niederen Natur dem göttlichen Geist, Gott, zuliebe überwunden hatte. "Das Lamm Gottes, das der Welt Sünde trägt" – die reine und vollkommene Seele Jesu Christi; vollkommen in ihrer Reinheit und Schlichtheit, frei von Karma, war durch viele Zeitalter hindurch für diese göttliche Offenbarung gegenüber der Menschheit vorbereitet worden, damit jeder Mensch in sich die Kraft und das Licht trage; und falls sich der Mensch jenem Licht öffnet, das auf der Fläche des Wassers ruht, auf dem stillen Wasser seiner eigenen Seele, tief in seinem innersten Sein, so betritt er das Königreich Gottes, das Reich der Ewigkeit.

Er hatte sein Leben gegeben, doch der, der sein Leben gibt (der sich vollständig gibt) wird das ewige Leben erlangen. Versteht ihr, was das bedeutet? Wenn das Leben der Seele, das vergänglich ist, abgelegt wird, damit das göttliche und ewige Leben Christi einzuströmen vermag, erfährt die Seele Errettung und ewiges Leben. Ihr mögt an dieser Stelle bemerken "aber wir glauben doch an das Leben nach dem Tode; daran, daß die Seele weiter fortbesteht, daß der Mensch nicht stirbt, nicht vernichtet wird." Doch erkennt ihr nicht die tiefere Wahrheit – daß das Leben nur ewig ist, wenn der göttliche Geist oder das göttliche Feuer die Seele reinigt und erlöst, ihre Schwingung stärkt, ihre Bestandteile verwandelt und sie gen Himmel erhebt. "(1.38-39) *Jesus aber wandte sich um und sah sie nachfolgen und sprach zu ihnen: "Was sucht ihr?" Sie aber sprachen zu ihm: "Rabbi" – das heißt übersetzt: Meister –, "wo ist deine Herberge?" Er sprach zu ihnen: "Kommt und seht." Sie kamen und sahen's und blieben diesen Tag bei ihm. Es war aber um die zehnte Stunde."*

Als die Jünger Jesus fragten, wo er wohne, antwortete er *"Kommt und seht."* Doch woanders lesen wir, daß Jesus keinen Ort hatte, wo er seinen Kopf niederlegen konnte. Wir legen diesen Widerspruch so aus, daß Jesus ständig bei seinem Vater im Himmel weilte (der sein wahres Reich war). Wir vermögen diesen Zustand nur in der Meditation zu erreichen, sei es auch bloß für eine Sekunde, in der wir durch einen inneren Reiz zu jenem Ort emporgetragen werden, der sich mit Worten nicht beschreiben läßt, doch von dem wir intuitiv wissen, daß er unser spirituelles Zuhause ist. Jesus weilte beständig in diesem Reich.

Im Laufe eurer Entwicklung durch Meditation kommt ihr jenen heiligen Stätten wunderbaren Lichtes und herrlicher Schönheit näher, und allmählich gelingt es euch, dort immer länger zu verweilen. Zu Beginn werdet ihr euch dessen nur vage bewußt sein, doch schließlich werdet ihr plötzlich die wahre Herrlichkeit erfassen und mit fortschreitender Zeit wird es euch möglich sein, dort zu bleiben. Es gibt große Lehrer, die wir Avatare nennen, und die sich leicht in jenen segensreichen Zustand hineinzuversetzen vermögen. Jesus besaß eine solche Größe, um unbegrenzt in jenem Zustand himmlischen Bewußtseins zu verweilen. Es heißt, daß die Jünger mit Jesus gingen und einige Zeit bei ihm blieben. Dies bedeutet mit anderen Worten, daß er durch das von ihm ausstrahlende Licht und die von ihm ausgehende Herrlichkeit imstande war, das Bewußtsein der Jünger zu stärken, damit sie mit ihm einige Zeit in diesem himmlischen Zustand verbleiben konnten. Durch seine Kraft und Liebe war er imstande, seine Gabe des Sehens weiterzuvermitteln. Geistige Lehrer der heutigen Zeit vermögen in gewissem Grade ebenfalls das Bewußtsein ihrer Schüler zu erheben; aus diesem Grund erweist sich ein Lehrer als so hilfreich. Natürlich betonte Jesus immer wieder – *"der Vater, der in mir wohnt, der tut seine Werke. Ich selbst tue nichts von mir selber" (14.10, 8.28).* Er selbst diente als reiner und vollkommener Kanal der Manifestation Gottes im Menschen, die den Schüler berührt und in eine Welt voller Herrlichkeit erhebt.
"(1.40-42) Einer von den zweien, die Johannes gehört hatten und Jesus

nachgefolgt waren, war Andreas, der Bruder des Simon Petrus. Der findet zuerst seinen Bruder Simon und spricht zu ihm: "Wir haben den Messias gefunden," das heißt übersetzt, der Gesalbte. Und er führte ihn zu Jesus. Als Jesus ihn sah, sprach er: (1.40-42) Du bist Simon, der Sohn des Johannes; du sollst Kephas heißen, das heißt übersetzt: Fels."

Es ist hierbei interessant, daß Simon als Fels bezeichnet wird und legt nahe, daß Simon ein Mensch mit einem scharfen Verstand und tiefer Weisheit gewesen sein muß. Obwohl Jesus wußte, daß Simon viele gute Wesenszüge besaß, nannte er ihn einen Fels, da er so verschlossen war. Im Stein ist Leben, doch es ist schwer, daran zu rühren. Dies läßt uns an einen anderen Ausspruch des Meisters denken, in dem er sagt, daß selbst die Steine schreien (Lk. 19.40). Hier kommen wir wieder auf die Kraft zurück, die sogar jene erweicht, die so hart wie ein Stein sind.

„(1.43-51) Am nächsten Tag wollte Jesus nach Galiläa gehen und findet Philippus und spricht zu ihm: Folge mir nach. Philippus aber war aus Betsaida, der Stadt des Andreas und Petrus. Philippus findet Nathanael und spricht zu ihm: Wir haben den gefunden, von dem Moses im Gesetz und die Propheten geschrieben haben, Jesus, Josefs Sohn, aus Nazareth.

Und Nathanael sprach zu ihm: Was kann aus Nazareth Gutes kommen. Philippus spricht zu ihm: "Komm und sieh es." Jesus sah Nathanael kommen und sagt von ihm: "Siehe, ein rechter Israelit, in dem kein Falsch ist." Nathanael spricht zu ihm: "Woher kennst du mich?" Jesus antwortete und sprach zu ihm: "Bevor Philippus dich rief, als du unter dem Feigenbaum warst, sah ich dich."
Nathanael antwortete ihm: "Rabbi, du bist Gottes Sohn, du bist der König von Israel."

Jesus antwortete und sprach zu ihm: "Du glaubst, weil ich dir gesagt habe, daß ich dich gesehen habe unter dem Feigenbaum. Du wirst noch Größeres als das sehen. Und er spricht zu ihm: "Wahrlich, wahrlich ich sage euch: Ihr werdet den Himmel offen sehen und die Engel Gottes hinauf- und herabfahren über dem Menschensohn."

Diese Verse enthalten noch eine weitere Wahrheit. Wie angenehm berührt und erfreut war doch Nathanael, als Jesus seine Hellsichtigkeit damit bewies, daß er ihn unter einem Feigenbaum sah. Nathanael zeigte sich dadurch überwältigt und glaubte, daß nur jemand mit gottähnlicher Kraft ihn über eine so weite Entfernung wahrzunehmen vermochte. Wenn wir erstmals mit geistigen Kräften in Berührung kommen, vermögen uns übersinnliche Geschehnisse zu beeindrucken. Indem wir ihr Zeuge werden, sind wir geneigt zu glauben, wir hätten sonst nichts anderes zu lernen, und halten hier inne. Doch übersinnliche Kräfte allein sind nicht genug; der Besitz übersinnlicher Kräfte macht noch keinen Meister oder weisen Menschen. Jesus verfügte nicht nur über vollkommen entwickelte übersinnliche Fähigkeiten, sondern über weit mehr. Er besaß reines geistiges Wahrnehmungsvermögen. Er vermochte nicht nur, Nathanael in einer Vision unter dem Feigenbaum zu sehen, sondern er vermochte ebenfalls, in Nathanaels Seele zu lesen, und er wußte genau, wo dieser sich auf dem Evolutionspfad befand. Wir erwähnen dergleichen, da es heißt, daß Jesus ein gewöhnliches Medium gewesen sei, doch dies ist nur die halbe Wahrheit. Jesus war ein vollkommenes Wesen, eine vollkommene Seele, die in höchstem Maße die spirituellen Kräfte entwickelt hatte, die latent im Menschen verborgen liegen. Der Unterschied zwischen Jesus und einem gewöhnlichen Menschen mit übersinnlichen Fähigkeiten besteht darin, daß die übersinnlichen Elemente bei Jesus in himmlische Elemente verwandelt wurden.

Ihr dürft nun nicht glauben, daß wir übersinnliche Gaben anprangern und zu mindern suchen. Wir möchten nur darauf hinweisen, daß sie sich im natürlichen Verlauf der Evolution entwickeln. Sie sind nicht das Wesen und das Ende allen Seins; sie haben ihre Berechtigung, doch sie sind auch sehr gewöhnlich. Die Seele jedoch sollte sich über die übersinnlichen Fähigkeiten erheben. *"Und er spricht zu ihm: Wahrlich, wahrlich, ich sage euch: Ihr werdet den Himmel offen sehen und die Engel Gottes hinauf- und herabfahren über dem Menschensohn" (51).* Mit diesen Worten beschreibt Jesus, was hinter den übersinnlichen Fähigkeiten liegt, und daß es neben der Entwicklung dieser Fähigkeiten mehr gibt, das erstrebenswert ist. Wir legen dies so aus, daß der Mensch, der hingebungsvoll meditiert oder sich in Kontemplation versenkt, sein Herz der göttlichen Liebe öffnet und sein Bewußtsein dadurch eine solche Erhebung erfährt, daß er die Engel Gottes sieht. Er erreicht damit jenen Zustand der Ekstase, in dem er die Engel erschaut. Hier liegt die wahre geistige Gabe. Hierin liegt das Licht, meine Freunde, und nicht allein in der Entwicklung eines sechsten Sinnes oder übersinnlicher Kräfte, die im Vergleich mit der Taufe, der Erhebung des Geistes, dem göttlichen Feuer des Geistes im Herzen, unbedeutend sind, da erst dann die Seele die Engel erblickt und in ihrem wahren Heim, dem Reiche Christi weilt.

II. Kapitel

Wasser und Wein

Wir sind hier, um euch dabei zu helfen, den Weg, die Wahrheit und das Leben des ewigen Geistes klarer zu erkennen. Es gibt keine neue Wahrheit; das gesamte Wissen, das die vier Evangelien enthalten, wurde uns schon vor vielen Zeitaltern im *Tempel des Großen Weißen Lichtes* zuteil. Dort bereits erfuhren wir besagte Geschichte von der Seele und dem göttlichen Feuer, dem göttlichen Geist, der von Gott kommt, dem Vater-Mutter-Gott, der die Seele erleuchtet. Dieses alte Wissen wurde der Menschheit wiederholt durch viele Lehrer geschenkt, und im Christentum finden wir eine weitere Darstellung der ewigen Wahrheit.

Unglücklicherweise bedient sich der Verstand, der das Wirkliche tötet, des Meisters Wort und mißdeutet seinen Sinn. Wir können jene Fehldeutung der mystischen Wahrheit durch alle Evangelien hindurch verfolgen, und auf dieser Fehlinterpretation hat man ein Gebäude errichtet, dessen Fenster trübe sind, und die Menschen sind deshalb vollkommen unfähig, die Botschaft des Meisters zu verstehen.

Der größte Feind in Bezug auf des Menschen Fortschritt ist sein Intellekt. Wir wissen, daß sein Intellekt auch sein Freund zu sein vermag, da er imstande ist, die Wahrheit zu erfassen und zu verstehen. Doch der Intellekt sollte stets durch den göttlichen Geist in seinem Herzen, den Christus-Geist, der bescheiden, sanftmütig, demütig und die Liebe ist, geführt werden. Die göttliche Liebe im Herzen strahlt als ein Licht, das den Geist erleuchtet und jene klare Sicht verleiht, die dem Menschen Himmel und Hölle offenbart. Der Sinn des menschlichen Lebens besteht darin, durch den physischen Körper das göttliche Feuer auf Erden zu manifestieren. Wir wollen uns jetzt dem zweiten Kapitel des Evangeliums zuwenden, in dem es uns besonders um die Verwandlung von Wasser in Wein geht.

„(2.1 – 25) Und am dritten Tage war eine Hochzeit in Kana in Galiläa, und die Mutter Jesu war da. Jesus aber und seine Jünger waren auch zur Hochzeit geladen. Und als der Wein ausging, spricht die Mutter Jesu zu ihm: "Sie haben keinen Wein mehr." Jesus spricht zu ihr: "Was geht's dich an, Frau, was ich tue? Meine Stunde ist noch nicht gekommen." Seine Mutter spricht zu den Dienern: Was er euch sagt, das tut.

Es standen aber dort sechs steinerne Wasserkrüge für die Reinigung nach jüdischer Sitte, und in jeden gingen zwei oder drei Maße. Jesus spricht zu ihnen: "Füllt die Wasserkrüge mit Wasser." Und sie füllten sie bis obenan. Und er spricht zu ihnen: "Schöpft nun und bringt's dem Speisemeister." Und sie brachten's ihm. Als aber der Speisemeister den Wein kostete, der Wasser gewesen war, und nicht wußte, woher er kam – die Diener aber wußten's, die das Wasser geschöpft hatten – , ruft der Speisemeister den Bräutigam und spricht zu ihm: "Jedermann gibt zuerst den guten Wein und, wenn sie betrunken werden, den geringeren; du aber hast den guten Wein bis jetzt zurückbehalten."

Das ist das erste Zeichen, das Jesus tat, geschehen in Kana in Galiläa, und er offenbarte seine Herrlichkeit. Und seine Jünger glaubten an ihn. Danach ging Jesus hinab nach Kapernaum, er, seine Mutter, seine Brüder und seine Jünger, und sie blieben nicht lange da.

Und das Passafest der Juden war nahe und Jesus zog hinauf nach Jerusalem. Und er fand im Tempel die Händler, die Rinder, Schafe und Tauben verkauften, und die Wechsler, die da saßen. Und er machte eine Geißel aus Stricken und trieb sie alle zum Tempel hinaus samt den Schafen und Rindern und schüttete den Wechslern das Geld aus und stieß die Tische um und sprach zu denen, die die Tauben verkauften: "Tragt das weg und macht nicht meines Vaters Haus zum Kaufhaus." Seine Jünger aber dachten daran, daß ge-

schrieben steht: "Der Eifer um dein Haus wird mich fressen." Da fingen die Juden an und sprachen zu ihm: "Was zeigst du uns für ein Zeichen, daß du dies tun darfst?" Jesus antwortete und sprach zu ihnen: "Brecht diesen Tempel ab, und in drei Tagen will ich ihn aufrichten." Da sprachen die Juden: "Dieser Tempel ist in sechsundvierzig Jahren erbaut worden, und du willst ihn in drei Tagen aufrichten?" Er aber redete von dem Tempel seines Leibes. Als er nun auferstanden war von den Toten, dachten seine Jünger daran, daß er dies gesagt hatte, und glaubten der Schrift und dem Wort, das Jesus gesagt hatte.

Als er aber am Passafest in Jerusalem war, glaubten viele an seinen Namen, da sie die Zeichen sahen, die er tat. Aber Jesus vertraute sich ihnen nicht an, denn er kannte sie alle und bedurfte nicht, daß ihm jemand Zeugnis gab vom Menschen; denn er wußte, was im Menschen war."

Wasser ist ein altes Symbol, das Jesus häufig verwandte, um seinen Brüdern die mystische Wahrheit zu übermitteln. In der Astrologie sagt man, daß die Zeichen des Tierkreises, die dem Wasserelement angehören, mit der Seele verknüpft sind, und in den mystischen Lehren ist das Wasser stets das Symbol der Seele.
Die Seele ist in ihrem Ursprung wie klares Wasser, doch wenn sie ein Körperkleid annimmt, kann es dunkel, trüb und schlammig werden. Aber es fließt weiter und wird schließlich wieder klar, wenn es sich in den großen Ozean göttlichen Bewußtseins, der universellen Seele ergießt. Die Seele des einzelnen Menschen kann klar und rein sein oder auch dunkel und trübe, je nach der Stufe der spirituellen Entwicklung.

Beim Hochzeitsfest zu Kana wurde Jesus von seiner Mutter gerufen, die sprach: "Sie haben keinen Wein mehr." Jesus antwortete offensichtlich sehr streng: *"Was geht's dich an, Frau, was ich tue."(4)* Wir meinen, daß es sich bei diesen Worten um eine Fehlinterpretation handelt. Wir glauben, daß es vielmehr heißen müßte: "Weib, (meine Gefährtin, meine Schwester), wir wollen das teilen, was wir haben;

was mein ist sei auch dein, so laß uns alles teilen. "Ihnen gemeinsam war der Christus-Geist. Und so wurde aus dem universellen oder kosmischen Bewußtsein dieses göttliche Feuer, diese göttliche Essenz, der Wein des Lebens, durch den Meister an die Seelen der Anwesenden weitergegeben. Durch den Christus-Geist verwandelt sich das Wasser (die Seele) in Wein, es ist vom göttlichen Feuer des ewigen Lebens Christi durchdrungen. Von den mittelalterlichen Mystikern wurde dergleichen auch als mystische Hochzeit bezeichnet. Erinnert ihr euch noch daran, daß die Seite Jesu, als er am Kreuz hing, vom Speer eines Soldaten durchbohrt wurde und Wasser und Blut aus der Wunde drangen? Dergleichen stellt ein weiteres Beispiel für die mystische Hochzeit dar, der Hochzeit der Seele mit dem göttlichen Geist, dem Sohn.

Uns fällt auf, daß die Gäste während des Hochzeitsfestes zum Bräutigam sprachen: "Warum hast du deinen besten Wein (Wein, der offensichtlich durch ein Wunder entstand) bis zum Schluß aufgehoben?" Auch hierin liegt eine mystische Bedeutung. Wenn am Ende des menschlichen Lebens auf der Erde die Seele den Körper verläßt, vollzieht sich in ihren Elementen ein Wandel und der Christus-Geist, der auf die verwandelte Seele einwirkt, bringt eine herrlichere Harmonie oder noch exquisiteren "Wein" mit sich als dies möglich wäre, solange die Seele noch im physischen Körper gefangen ist. Am Ende des Lebens entsteht der köstlichste Wein für die Menschheit.

Zu anderer Gelegenheit sprach Jesus: *"Man füllt neuen Wein in neue Schläuche."* (Math. 9.17) Was ist hiermit gemeint? Die alten Schläuche, die erdmüde Seele – muß verwandelt und geläutert werden, bevor sie den neuen und vollkomenen Wein göttlichen Bewußtseins empfängt. Ist dies nicht eine trostreiche, herrliche Botschaft? Es heißt, daß der Mensch nicht eher kosmisches Bewußtsein zu erlangen vermag, bis er sein Leben in den Dienst am Nächsten stellt und mit allen Menschen die Segnungen teilt, die ihm widerfahren. Auch dies ist eine mystische Wahrheit, daß wir den Wein des universellen Lebens, jenen göttlichen Segen teilen, der in unser Herz einströmt. Wir glauben, daß das Erwachen des Christus-Lichtes die Brücke zwischen dem individuellen und universalen Bewußtsein bildet.

Die Seele stellt das individuelle Bewußtsein dar. Der sich entwikkelnde und wachsende Christus-Geist im Herzen vereinigt den Einzelnen mit dem Universalbewußtsein oder dem Kosmos. Der Christus-Geist stellt die Brücke zwischen dem individuellen und dem universalen Bewußtsein dar.

Auf diese Weise werden auch unsere Gebete erhört. Gott ist vollkommene Liebe und Weisheit; es ist unmöglich, seine Herrlichkeit zu beschreiben und jeder muß selbst suchen, diese Liebe zu finden. Doch wenn die Seele zum Vater-Mutter-Gott betet und dabei nichts erbittet, das selbstsüchtigen Quellen entspringt und nur solches erbittet, das sie mit anderen zu teilen vermag, erhält sie eine Antwort, da die reine und wahre Liebe des Vater-Mutter-Gottes in das Herz des Kindes einströmt. Wenn das Kind Gutes erbittet, darum betet, dem Vater dienen zu dürfen mit dem Wunsch, mit dem Nächsten alles zu teilen, das ihm gewährt wird, macht es sich zu einem Werkzeug der göttlichen Liebe, und wenn göttliche Liebe ins Herz strömt, dann wird das Gebet erhört.

Denkt immer daran, daß diese Wahrheit ihren Ausdruck auf jeder Bewußtseinsebene finden und sich selbst im physischen und materiellen Leben offenbaren sollte. Das Leben ist eine Ganzheit und alle seine Teile fügen sich harmonisch ineinander, und das göttliche Feuer sollte sich auf jeder Ebene bis herab zur physischen Ebene manifestieren. Es gibt tatsächlich nur eine Wahrheit, die ihre Manifestation auf vielen unterschiedlichen Ebenen findet. Doch uns geht es um den Ursprung der Wahrheit – um Gott. Erinnern wir uns an den Abschnitt in der Offenbarung des Johannes, wo es heißt: *"Und er zeigte mir einen Strom lebendigen Wassers, klar wie Kristall, der ausgeht von dem Thron Gottes und des Lammes"(Offb. 22.1).* Der Fluß des Lebenswassers ist der große universelle Geist, der von Gott ausströmt und seine Manifestation in vielen unterschiedlichen Formen findet. Jesus sprach: *"In meines Vaters Hause sind viele Wohnungen"(Joh. 14.2).* Diese Worte werden manchmal so ausgelegt, daß es viele unterschiedliche Wohnungen in der Geisteswelt gibt.

Wir leugnen diese Auslegung nicht, doch wir meinen, daß es ebenfalls viele Wohnungen in des Menschen Sein gibt, viele Körper, durch die hindurch Gott sich manifestiert – den physischen Körper, den Astral- und Mentalkörper, die intuitive Ebene und so weiter. Dies sind die vielen Wohnungen, dergleichen bedeutet "meines Vaters Haus" – die Ganzheit des menschlichen Seins. In alten Zeiten sprachen wir vom "Tempel".

Die "vielen Wohnungen" erinnern uns an einen anderen Ausspruch von Jesus, mit dem er sich an Petrus wandte: "Und ich sage dir auch: *Du bist Petrus, und auf diesen Felsen will ich meine Gemeinde bauen, und die Pforten der Hölle sollen sie nicht überwältigen. Ich will dir die Schlüssel des Himmelreichs geben: alles, was du auf Erden binden wirst, soll auch im Himmel gebunden sein und alles, was du auf Erden lösen wirst, soll auch im Himmel gelöst sein."(Mt. 16.18 -19)* Hinsichtlich der wahren Bedeutung dieser Worte hat es bis jetzt viele Überlegungen und Mutmaßungen gegeben. Die Gemeinde, von der hier gesprochen wird, ist keine Gruppe von Menschen. In diesem Zusammenhang wäre es irreführend, sich die Gemeinde als eine Gruppe von Menschen vorzustellen, die sich zusammenfinden, um zu Gott zu beten. "Du bist Petrus – der Mensch Petrus – und auf dir will ich meine Gemeinde bauen." Meine Gemeinde ist der kosmische, universale Tempel der Anbetung, der Tempel der Anbetung im Herzen jedes Menschen.

"Was du auf Erden binden wirst (im Erdenleben), das soll auch im Himmel gebunden sein."(Mt. 16.19) Jesus verbarg eine tiefe mystische Bedeutung in diesen Worten. Die Gemeinde in Petrus bedeutet die wahre

Anbetung Gottes in seinem Herzen. Auf jener Wahrheit, die in Petrus ruhte, wollte Jesus seine Gemeinde gründen. Und was der Mensch auf Erden bindet, das wird auch im Himmel gebunden sein und das, von dem er sich befreit, von dem er losläßt oder das, was er auf Erden überwindet, von dem wird er auch im Himmel gelöst sein.

Jesus schritt über das Wasser – er besänftigte den Sturm auf dem Meere. Dies zeigt an, daß der Christus-Geist in Jesus die Herrschaft über seinen Körper besaß. Der Christus-Geist in ihm ließ sich nicht in die Stürme der Psyche herabziehen, sondern erhob sich über unklare Gefühle und besänftigte das Wasser. Als der Sturm aufkam, befahl er den Luft- und Wassergeistern, sich zu beruhigen; er glättete ebenfalls den Sturm der Seele seiner Jünger, stillte die Emotionen. Christus ist der Meister, der über Himmel und Erde herrscht und die Seele besänftigt.

Das Größte im Leben ist die Liebe. Nicht das Lippenbekenntnis der Liebe; "der, der meines Vaters Willen im Himmel tut und nicht der, welcher "Herr, Herr" ruft." Der Dienst der Liebe, das Teilen von allem mit allen, das Verströmen der wahren Christus-Liebe aus dem Herzen, das Erkennen der Würde jeder lebenden Seele, auch der Würde der Tierwelt, indem wir jederzeit bereit sind, das göttliche Leben zu sehen, zu hören, zu erfahren, aufzunehmen und zu berühren – dies ist der Weg zu Christus, zum kosmischen Bewußtsein. Christus ist der Retter der Menschheit – nicht der Mensch Jesus, sondern der universale Christus aller Zeitalter. Universelle Liebe errettet die Menschheit. Darin liegt unsere Botschaft.

III. Kapitel

Das Kommen des Erlösers

Seit damals, als Jesus vom Kommen des Erlösers sprach, sehnt sich die Menschheit nach dem Erlöser. Millionen strebender Christen halten noch immer Ausschau, warten noch immer, doch ihre geistigen Augen bleiben geschlossen, und sie verstehen noch immer nicht den Sinn.

Wir hoffen im Verlaufe unserer gemeinsamen Gespräche die Bedeutung erhellen zu können. Betrachten wir die Welt und sehen die Sorgen und das Leid der Menschheit, dann wissen wir, wie groß des Menschen Bedürfnis nach Trost ist. Ihr, wie auch die übrige Menschheit, erfahrt Einsamkeit und Krankheit von Geist und Körper; ihr leidet, da es euch an etwas in eurem Leben fehlt. Was fehlt euch? Der Geist, das Feuer, die Liebe, die Begleitung des göttlichen Geistes. Ihr fühlt euch allein, abgetrennt und von einer unbeschreiblichen Sehnsucht erfüllt.

Der Heilige Geist offenbart sich in den Lehren Jesu, in den Lehren jenes Christus-Geistes, der in unterschiedlichem Grad durch geistige Führer und Lehrer im Verlauf der Geschichte der Menschheit offenbart wurde. In der christlichen Lehre finden wir, sofern es die westliche Welt versteht, die klare Geschichte menschlichen Lebens, in der sich das Wesen der Seele und des Geistes des Menschen enthüllt. Wir finden die alles Leben beherrschenden Gesetze, einschließlich der Gesetze von Reinkarnation und Karma, und als Krönung all dessen die Offenbarung des Heiligen Geistes, des göttlichen Geistes.

Als Johannes der Täufer davon sprach, daß Jesus nicht mit Wasser, sondern mit Feuer taufe (Mt. 3.11), meinte er damit das Feuer des

Heiligen Geistes, jenes Lichtes, das vom Himmel kommt und durch dessen Kraft der Mensch wiedergeboren wird. Obwohl die Geburt des physischen und des Seelenkörpers bereits stattfand, erfolgt die Geburt im Geiste erst bei der göttlichen Taufe.

Wenn wir uns eingehender mit dem Thema befassen, fallen uns zwei unterschiedliche Aspekte im Menschen auf, auf die in Parabeln, Wundern und in den Lehren immer wieder Bezug genommen wird: einerseits die Seele, andererseits der Geist oder das göttliche Feuer. Diese beiden Aspekte sind in den orthodoxen Lehren nicht klar verständlich; es besteht ein Wortreichtum, der nur zur Unklarheit führt. Doch dieser Unklarheit wollen wir ein lebendiges Wort entnehmen, das wieder und wieder auftaucht und das stets eng mit dem Christus-Geist verknüpft ist, und jenes Wort heißt "Liebe". Selbst der Sinn der Liebe wird nicht verstanden, da sie viele Seiten besitzt und es in diesem Zusammenhang viele Interpretationen gibt.

Der aufrichtige und einfache Christ jedoch ist gemäß seinem Verständnis bemüht, Jesu Gebot "liebet einander" zu folgen; der wahre Christ strebt danach, liebevoll zu sein. Doch wie erbärmlich versagt er, wenn es zu einer ungewöhnlichen Prüfung der Brüderlichkeit kommt, wenn es sich zum Beispiel um die Frage des Krieges handelt. Immer findet er eine Entschuldigung. Er meint, es wäre schwierig, sich brüderlich zu verhalten, wenn soviel auf dem Spiele steht, soviel in Betracht zu ziehen ist. Er spricht von einem "ehrlichen Krieg" und sagt, er habe das Recht sich zu verteidigen. "In Zukunft wird alles wunderbar sein," sagt er, "der Mensch muß erst die Stufe der christlichen Nächstenliebe erreichen."

Vielleicht sind wir in einigen Jahrhunderten fähig, Nächstenliebe zu üben und den Krieg abzuschaffen. Meine Brüder, meinte Jesus wirklich, daß Liebe und Brüderlichkeit erst in ferner Zukunft kommen, in der die Seele des Menschen so entwickelt ist, daß sie mit Leichtigkeit dem göttlichen Gesetz zu folgen vermag? Wir glauben dergleichen ganz und gar nicht.*) Die beiden Aspekte, von denen wir sprachen – auf der einen Seite Körper und Seele (Fleisch und Wasser) und auf der anderen Seite der göttliche Geist, der Sohn Gottes, – kommen im dritten Kapitel des Johannes-Evangeliums deutlich zum Ausdruck. Jesus kam, um der Menschheit sein wahres Wesen zu offenbaren. Jede Seele ist ein Kind Gottes. Jesus behauptete niemals, daß er allein wunderbare Kräfte besitze. Er beanspruchte niemals, anders als ihr zu sein, über euch zu stehen; doch er lehrte, daß alle aus Gott geboren sind und durch den Gottesgeist zu Gott emporgehoben werden. Nicht nur der Herr Jesus, sondern alle Menschen verkörpern sich im Fleisch, um die Geburt durch den Geist zu erleben. Er sprach: *"Der Vater, der in mir wohnt, der tut seine Werke ... wer an mich glaubt, der wird diese Werke auch tun, die ich tue, und er wird noch größere als diese tun."(Joh. 14.10 – 12)* Diese Wunder wurden weder vom menschlichen Geist noch durch einen mächtigen Intellekt geschaffen, sondern durch den Christus-Geist, der sich im Leben manifestiert.

Jene, die die Botschaft der Wahrheit empfangen, sollten sie auch leben. Die Verkündung des Wortes mag unwirksam sein, doch ein Leben, in dem sich die Wahrheit manifestiert, die geistigen Gesetze aufgezeigt werden, steht als lebendiges Beispiel für die Wahrheit. Darin liegt die Macht der Christus-Botschaft.

Jesus predigte nicht nur, sondern er diente auch als Beispiel für die Kraft des Lichtes. Das Licht leuchtete durch ihn. Er verbreitete das Licht, wo immer er sich befand. Er war stets eins mit seinem Vater im Himmel, mit dem Geist; und aufgrund dessen war er stark im Geist seines Vaters. Er bat stets seinen himmlichen Vater, ihm dabei zu helfen, das Licht in die Welt zu bringen.

Wir möchten jenen, die mit unseren Lehren nicht vertraut sind, die

---

*) Siehe Anhang, "Krieg"

Bedeutung des "Lichtes" erklären. Licht ist Liebe. Jeder, der ein Mensch des Lichtes ist, ist ein Mensch der Liebe und Güte, der nichts Böses, sondern nur Gutes denkt. Er gehorcht dem Gesetz Gottes, dem Wahren und Schönen. Er lebt dadurch das Leben Christi.

Der Jesus durchdringende Christus-Geist verkündete: "Ich bin das Licht der Welt."(Joh. 8.12) ICH BIN. Was ist damit gemeint? Bedeutet es, daß er, Jesus persönlich, das Licht der Welt ist? Dies entspricht der Auslegung der orthodoxen Kirche. Doch bezog er sich dabei nicht auf jenen Funken im Menschen, der in der geistigen Welt als "ICH BIN" bekannt ist? Vor der Erschaffung war "ICH BIN". ICH BIN das Licht der Welt. ICH BIN das Licht des Lebens. ICH BIN das Licht, die Liebe in euch. Ich und der Vater sind eins. Der Mensch muß lernen, sich mit dem ICH BIN in ihm zu verbinden; er muß lernen, sich mit der beständigen Lebenskraft zu verbinden, die in des Menschen Seele strömt, um die Herrlichkeit des Vaters in ihm zu erkennen und jene Herrlichkeit zu verbreiten. Dann wird ihm Licht, Gesundheit, Freude und Glück zuteil, und er vermag für sich und für alle Menschen einen Neuen Himmel und eine neue Erde zu erschaffen.

Wir wollen nun das dritte Kapitel zusammen lesen, indem wir jedem Wort Beachtung schenken.

„(3.1 – 10) Es war aber ein Mensch unter den Pharisäern mit Namen Nikodemus, einer von den Oberen der Juden. Der kam zu Jesus bei Nacht und sprach zu ihm: "Meister, wir wissen, du bist ein Lehrer, von Gott gekommen; denn niemand kann die Zeichen tun, die du tust, es sei denn Gott mit ihm."

Jesus antwortete und sprach zu ihm: "Wahrlich, wahrlich, ich sage dir: Es sei denn, daß jemand von neuem geboren werde, so kann er das Reich Gottes nicht sehen."

Nikodemus spricht zu ihm: "Wie kann ein Mensch geboren werden, wenn er alt ist? Kann er denn wieder in seiner Mutter Leib gehen und geboren werden?"

Jesus antwortete: "Wahrlich, wahrlich, ich sage dir: Es sei denn, daß jemand geboren werde aus Wasser und Geist, so kann er nicht in das Reich Gottes kommen. Was vom Fleisch geboren ist, das ist Fleisch; und was vom Geist geboren ist, das ist Geist. Wundere dich nicht, daß ich dir gesagt habe: Ihr müßt von neuem geboren werden. Der Wind bläst, wo er will, und du hörst sein Sausen wohl; aber du weißt nicht, woher er kommt und wohin er fährt. So ist es bei jedem, der aus dem Geist geboren ist."

Nikodemus antwortete und sprach zu ihm: "Wie kann dies geschehen?"

Jesus antwortete und sprach zu ihm: "Bist du Israels Lehrer und weißt das nicht?"

"Es sei denn, daß jemand geboren werde aus Wasser und Geist"(5) ... In den mystischen Lehren steht Wasser immer als Symbol für die Seele; der Geist ist das göttliche Feuer. Bis zu einem gewissen Grade ist der Mensch nur Seele und nicht Geist. Das heißt, der Geist ist seit der Geburt vorhanden, doch die Seele verbleibt so lange in einem Zustand der Dunkelheit, bis sie durch den Geist belebt und sich des Geistes bewußt wird. Die Seele ist die Hülle des Geistes und vermag durch ihn erweckt zu werden, damit sie sich erheben und mit dem Geist verbinden kann. Im Lauf der Zeit werden sich Seele und Geist verbinden und eins werden. Seit frühester Zeit seiner irdischen Reise entwickelt sich der Mensch auf zwei Ebenen, der physischen und der psychischen, nimmt somit an Erfahrung zu und wird schließlich im Geiste geboren, wenn er aufrichtig Gott sucht. Viele, viele Seelen leben gegenwärtig in Dunkelheit. Die älteren Brüder versuchen, durch ihre Liebe und Hilfe, diese "toten Seelen" zum Leben zu erwecken.
"Der Wind bläst, wo er will." (Joh. 3.8) Der Wind bezieht sich eben-

falls auf den Geist, den göttlichen Atem. Er weht, wohin er will und läßt sich nicht festlegen. Niemand hat bis jetzt den Geist gesehen. Der Mensch sieht eine Manifestation des Geistes, des Seelenkörpers, die sich stets im Physischen ausdrückt, doch er sieht nicht den Geist. Doch kann man den Geist fühlen ... Während ihr in Meditation versunken seid, werdet ihr euch des unbeschreiblichen und nicht greifbaren Atems des Geistes bewußt. Der Wind, der göttliche Hauch, weht, wo man ihm lauscht. Ihr bemerkt, daß Jesus zu Nikodemus, so als wundere er sich, sprach: *"Bist du Israels Lehrer und weißt das nicht?"(10)* Es gibt selbst heute Menschen, die viel wissen und aus dem reinen Intellekt heraus sprechen, doch sie kennen nicht das süße Wesen des Geistes, das in Sanftheit, Liebe und Weisheit seinen Ausdruck findet. Jesus hatte Mühe, seine Jünger den Unterschied zwischen dem Wissen zu lehren, das dem irdischen Geist entsprang und der großen Wahrheit des Heiligen Geistes. Wenn der Heilige Geist in den Menschen einströmt, erlebt er Wiedergeburt; die Himmel öffnen sich ihm, die Macht der Liebe strömt in ihn ein und durch ihn und bringt die Gaben des Heilens, der Weisheit, der Kraft des Trostes, der Kraft der Erleuchtung und die Gabe, andere auf die Schwingen des Geistes zu erheben.

Ihr erinnert euch sicher an die Geschichte von Nathanael und dem Feigenbaum, bei der Jesus Nathanael in einer Vision sah. Die Jünger fanden sie wunderbar, doch Jesus sprach: Es ist nichts – nur eine astrale Vision. Wartet, bis ihr die in den Himmel auf- und herabsteigenden Engel seht. Eine solche Erfahrung vermag in Zeiten tiefer Meditation einzutreten, wenn die Seele mit dem Himmel eins ist und die wahre Schönheit des Himmels widerspiegelt. Wahre Geistesvisionen treten nicht durch die Entwicklung übersinnlicher Kräfte ein. Übersinnliche Kräfte befähigen den Menschen, entkörperte Geister wahrzunehmen oder Einblick in die Astralwelt zu nehmen, die eng mit der physischen Welt verbunden ist; doch man vermag durch übersinnliche Kräfte nicht den Himmel zu schauen, und er offenbart sich nicht in übersinnlichen Visionen. Darin besteht der

Unterschied, auf den sich Jesus hinsichtlich seiner Vision von Nathanael bezog. Das gleiche trifft für Nikodemus zu. Nikodemus besaß großes Wissen und einen mächtigen Intellekt, doch es mangelte ihm an geistiger Sicht, was ihn eingrenzte. Einige glauben, daß sich die Worte *"Ihr müßt von neuem geboren werden (7)"* vielleicht auf die Reinkarnation beziehen, doch wir legen dies nicht wörtlich aus. Wir meinen, daß der Mensch, sobald er bereit ist, wiedergeboren wird.

"(3.11-15) Wahrlich, wahrlich, ich sage euch: Wir reden, was wir wissen, und bezeugen, was wir gesehen haben; ihr aber nehmt unser Zeugnis nicht an. Glaubt ihr nicht, wenn ich euch von irdischen Dingen sage, wie werdet ihr glauben, wenn ich euch von himmlischen Dingen sage? Und niemand ist gen Himmel aufgefahren außer dem, der vom Himmel herabgekommen ist, nämlich der Menschensohn. Und wie Moses in der Wüste die Schlange erhöht hat, so muß der Menschensohn erhöht werden, damit alle, die an ihn glauben, das ewige Leben haben."

Wir wollen noch einmal auf folgende Worte zurückkommen: *"Und wie Moses in der Wüste die Schlange erhöht hat, so muß der Menschensohn erhöht werden, damit alle, die an ihn glauben, das ewige Leben haben"* (14). Der Sohn des Menschen bezieht sich auf den Menschen, der im Fleische geboren wird. Die Seelen der Menschen müssen durch eine Wiedergeburt ... eine Neugeburt erhöht werden, bei der das göttliche Feuer in ihnen erweckt wird. Christus sprach durch Jesus: *"Und ich, wenn ich erhöht werde von der Erde, so will ich alle zu mir ziehen"* (Joh. 12.32). Ich, Christus, der Sohn Gottes, der innewohnende Christus, bin in Jesus, so ist Jesus, der Sohn Gottes und der Menschen Sohn, sowohl göttlich als auch menschlich. Wir haben euch oft vom Sinn der menschlichen Inkarnation, vom Sinn des Menschseins hier auf Erden erzählt. Durch Leid vielleicht und auch durch Freude und Glück entwickelt der Mensch langsam seine höheren Körper, worauf viele Heilige und Meister der Vergangenheit Bezug nehmen, der Mensch erbaut seinen Lichtkörper, der auch als Sonnenkörper oder himmlischer Körper bekannt ist und von dem Paulus sprach. Wachstum, Entwicklung und die vollständige Geburt des göttlichen Selbst oder des Gottes im Menschen sind ein langsamer Prozeß, doch darin liegt der Sinn des Lebens.

"Und wie Moses in der Wüste die Schlange erhöht hat ..." (14). Die Schlange entspricht dem Symbol des heiligen Feuers der Kundalini, der Sonnenkraft, die zusammengerollt wie eine Schlange an der Basis der Wirbelsäule bei den meisten Menschen schlafend liegt und die darauf wartet, erweckt zu werden. Diese Sonnenkraft, die kreative Macht, muß unter vollständiger Geisteskontrolle oder durch das *Wort* (das Wort Gottes, das Liebe ist), in den Kopf und das Herz erhoben werden, damit der Mensch nicht nur der Erde angehört, sondern ihm ewiges Leben zuteil wird. Dies geschieht mit dem Kommen des höchsten Sohnes, des Lichtes, des Lebens in Christus durch Jesus. Obwohl dieses Licht durch andere Eingeweihte in der Vergangenheit verbreitet wurde, geschah durch Jesus die vollkommene Manifestation des Christus-Lebens. Der Geistkörper von Jesus hatte Vollkommenheit erreicht, das Christuslicht manifestierte sich durch ihn und verkündete voller Autorität: *"Ich bin der Weg, die Wahrheit und das Leben."* (Joh. 14.6). Es war jene Sonnenkraft, das göttliche Leben in ihm, die aus ihm sprachen. Die Erhebung der Schlange in der Wüste durch Moses ist Symbol für die Auferstehung Christi in der Welt; sie ist auch ein Symbol für das Erwachen der Kundalini, der "Schlangenkraft" oder der Umwandlung der schöpferischen Kraft des Körpers von den niederen Zentren zum Herzen und zum Kopf.

Im kommenden Wassermann-Zeitalter wird es auf der Erde eine große Taufe durch die geistige Sonne geben, es kommt zu einem gewaltigen Entfachen des heiligen, göttlichen Feuers, des Christus-Geistes im Herzen aller Menschen. Ihr mögt einwenden, daß dies noch lange dauern mag. Ihr könnt jedoch nicht sicher sein. Wir können nicht sicher sein, wir wissen es nicht, doch wir kennen die geistigen Gesetze, die das Leben beherrschen. Wir wissen, daß die Gebete zur allmählichen Erhebung der Schlangenkraft dienen und dazu, des Menschen Geist und Herz zu erleuchten. Wir wissen, daß des Menschen Herz dann mit Güte erfüllt sein wird, mit Gottes- und Nächstenliebe.

"(3.15-16) Damit alle, die an ihn glauben, das ewige Leben haben. Denn also hat Gott die Welt geliebt, daß er seinen eingeborenen Sohn gab, damit alle, die an ihn glauben, nicht verloren werden, sondern das ewige Leben haben."

"Ich bin das Leben, ich, Christus, der Sohn Gottes – ich bin das Leben." Wenn dieses Leben im Menschen ersteht, erbt er ewiges Leben, denn es ist ewiges Leben. Die Seele selbst ist nicht ewig, doch der göttliche Geist, der Sohn Gottes, der sie belebt, vermag ihr ewiges Leben zu verleihen. Nur wenn diese höhere Geburt stattfindet, ist die Seele ewig.

Jesus verkündete in seinem Leben weitere Botschaften, die sich auf das ewige Leben beziehen. "Außer, ihr glaubt an mich ... Glaubt mir, ich bin im Vater und der Vater ist in mir ... Glaubt an mich und ihr werdet errettet werden. Ich schenke euch das Leben; ich führe euch aus der Dunkelheit ins Licht; *ich bin die Auferstehung und das Leben* (Joh. 11.25)." Meine Kinder, seht ihr nicht, daß im Tod des physischen Körpers das große Versprechen der Auferstehung des Sonnenwesens, des Sonnenkörpers, liegt? Der physische, irdische Körper des Menschen, der niedere Aspekt des Menschen stirbt, doch der höhere Geistkörper, der aufersteht und sich von Inkarnation zu Inkarnation weiterentwickelt, führt den Menschen letztendlich zum ewigen Leben. Der Mensch gewinnt erst das ewige Leben, wenn das vollkommene Bewußtsein des Christus-Lebens in ihm ersteht, erst wenn sein Sonnenkörper entwickelt ist. Diesen Weg müssen alle Menschen gehen. Der Christus-Geist, der durch Jesus sprach, drückte es wie folgt aus: "Ich komme zu euch, damit ihr das ewige Leben erlangt – die Sonnenkraft, das Christusleben und -licht ... Ich komme zu euch, damit ihr diese schöpferische Kraft anzuwenden lernt, damit ihr zu Lichtwesen werdet. Ich bin gekommen, damit ihr zum Meister eures Lebens, eures Körpers, eurer Lebensumstände und der in der Welt herrschenden Zustände werdet. *Ich bin der Weg, die Wahrheit und das Leben."* (Joh. 14.6)

"(3.17-28) Denn Gott hat seinen Sohn nicht in die Welt gesandt, daß er die Welt richte, sondern daß die Welt durch ihn gerettet werde. Wer an ihn glaubt, der wird nicht gerichtet; wer aber nicht glaubt, der ist schon gerichtet, denn er glaubt nicht an den Namen des eingeborenen Sohnes Gottes. Das ist aber das Gericht, daß das Licht in die Welt gekommen ist, und die Menschen liebten die Finsternis mehr als das Licht, denn ihre Werke waren böse. Wer Böses tut, der haßt das Licht und kommt nicht zu dem Licht, damit seine Werke nicht aufgedeckt werden.

Wer aber die Wahrheit tut, der kommt zu dem Licht, damit offenbar wird, daß seine Werke in Gott getan sind.

Danach kam Jesus mit seinen Jüngern in das Land Judäa und blieb dort eine Weile mit ihnen und taufte. Johannes aber taufte auch noch in Änon, nahe bei Salim, denn es war da viel Wasser; und sie kamen und ließen sich taufen. Denn Johannes war noch nicht ins Gefängnis geworfen. Da erhob sich ein Streit zwischen den Jüngern des Johannes und einem Juden über die Reinigung. Und sie kamen zu Johannes und sprachen zu ihm: Meister, der bei dir war jenseits des Jordans, von dem du Zeugnis gegeben hast, siehe, der tauft und jedermann kommt zu ihm.

Johannes antwortete und sprach: Ein Mensch kann nichts nehmen, wenn es ihm nicht vom Himmel gegeben ist. Ihr selbst seid meine Zeugen, daß ich gesagt habe: Ich bin nicht der Christus, sondern vor ihm her gesandt."

Die orthodoxe Kirche vermittelt den Eindruck, daß Jesus, der Mensch, die Welt errettete, anstatt der Welt zu verkünden, daß der göttliche, grenzenlose Geist der wahre Sohn Gottes und der Erretter der Menschheit ist, das göttliche Feuer, das in den Seelen ersteht, um sie für alle Zeit zu stärken. "Wie es war im Anfang, jetzt und immerdar ... " Begrenzt die Geburt des Christus-Geistes nicht auf ein Ereignis, das vor zweitausend Jahren geschah. Jesus, der große Meister, kam, um von dieser Wahrheit Zeugnis abzulegen und sie selbst zu leben. Er selbst war nicht der Erlöser. Der Christus-Geist legte Zeugnis davon ab. Der Christus-Geist, der durch Jesus sprach, war der Sohn Gottes, doch der Sohn Gottes ist universal, er ist das belebende Feuer, das in den Herzen der Menschheit erwacht und in diesem Sinn ist Christus der Erretter, der Erlöser. Jene, die glauben, daß jeder Mensch sein eigener Erretter sein sollte, haben gleichzeitig Recht und Unrecht – Unrecht insofern, als es ihnen an innerem Wissen fehlt zwischen Seele und Geist zu unterscheiden; Unrecht auch deswegen, indem sie meinen, eine so große Aufgabe allein vollbringen zu können. Doch sie haben Recht in dem Sinn, daß jeder Mensch ein Kind Gottes ist, daß er aus dem Geist geboren wird.

"(3.29-36) Wer die Braut hat, der ist der Bräutigam; der Freund des Bräutigams aber, der dabeisteht und ihm zuhört, freut sich sehr über die Stimme des Bräutigams. Diese meine Freude ist nun erfüllt. Er muß wachsen, ich aber muß abnehmen. Der von oben her kommt, ist über allen. Wer von der Erde ist, der ist von der Erde und redet von der Erde. Der vom Himmel kommt, der ist über allen und bezeugt, was er gesehen und gehört hat; und sein Zeugnis nimmt niemand an. Wer es aber annimmt, der besiegelt, daß Gott wahrhaftig ist. Denn der, den Gott gesandt hat, redet Gottes Worte; denn Gott gibt den Geist ohne Maß. Der Vater hat den Sohn lieb und hat ihm alles in seine Hand gegeben. Wer an den Sohn glaubt, der hat das ewige Leben. Wer aber dem Sohn nicht gehorsam ist, der wird das Leben nicht sehen, sondern der Zorn Gottes bleibt über ihm." Das Wort Bräutigam ist in der Tat ein anderer Ausdruck für den Christus-Geist. Hier finden wir erneut einen Bezug zur mystischen Hochzeit zwischen Geist und Seele, zwischen Braut und Bräutigam. Wie kann die Braut (die Seele) heiraten, solange der Bräutigam noch nicht da ist? Der Sohn Gottes ist für jede Seele der Bräutigam.

Jener, der nicht an den Sohn glaubt, vermag den Sohn nicht in sich zu tragen. Wenn der Mensch nicht glaubt, wie vermag er dann das geistige Licht in sich zu beherbergen? Sobald er zu glauben beginnt, öffnet er sich dem Sohn, und das Licht strömt in ihn ein.

IV. Kapitel

Vom Sinn der Erfahrung

Liebe Brüder, wir beten darum, durch die Kommunion miteinander zu einer tieferen Wahrheit zu gelangen; darin liegt der Sinn unseres Kommens – und nicht darin, euch aus dem Geist zu lehren. Wir wollen zusammen die Worte des Heiligen Johannes erforschen, um in ihnen eine tiefere Wahrheit zu entdecken als es oberflächlich betrachtet den Anschein haben mag. In der Kontemplation und Meditation werdet ihr stets größere Wahrheit finden als in unseren einfachen Worten.

Wir wenden uns jetzt dem vierten Kapitel des Evangeliums zu, das zuerst die Geschichte des Weibes von Samaria erzählt. Es ist bemerkenswert, wie oft Jesus seine tiefsten Lehren den Frauen vermittelte. Sein Ausspruch: "Ich weiß, zu wem ich gesandt werde", besagt, daß er genau wußte, zu wem der Vater-Mutter-Gott ihn sprechen ließ. Er hielt seine tiefsten Lehren vor den Hohepriestern und Herrschern zurück und offenbarte auch nicht immer seinen Jüngern die innere Wahrheit – statt dessen erwählte er oft Frauen, und, so seltsam es auch weltlich Gesinnte anmuten mag, oft Frauen, die Außenseiterinnen der Gesellschaft waren. Zum Beispiel offenbarte er die tiefe und herrliche Wahrheit der Auferstehung Maria Magdalena – einer Frau, auf die viele herabsahen, und doch wählte Jesus sie aus. Und er wandte sich ebenfalls an die Frau am Brunnen von Samaria – wiederum eine offensichtlich weltlichen Dingen geneigte Frau. Warum wählte Jesus solche Frauen? Zweifellos deswegen, da die weltliche Erfahrung das Verstehen fördert und Anteilnahme bewirkt. Durch die Härte der Welt bedingtes Leiden weckt die Anteilnahme und das Verständnis der Seele. Vernachlässigt nicht die Pflichten der Welt, da die Entwicklung der Seele durch diese Erfahrungen bedingt ist, und falls der einzelne nur höheren Dingen Bedeutung beimißt und den ausgleichenden Faktor der weltlichen Erfahrung vernachlässigt, so muß es zu einem bösen Erwachen kommen. Wir berühren hierbei die tiefe Wahrheit des Eintauchens der Seele vom Himmel in die Materie. Durch das Hinabtauchen in die Tiefe der Materie wird die Seele schließlich unsterblich.

Euch mag auffallen, daß er zunächst jene Menschen, sowohl Männer als auch Frauen, einer Prüfung unterzog, denen er die tiefe, geistige Wahrheit vermittelt hatte. Deswegen prüfte er auch das Weib von Samaria. Er sprach von ihrem weltlichen Leben und von der Zahl der Männer, mit denen sie verheiratet gewesen war. Er sah in diesen Tatsachen keinerlei Bedeutung, doch zeigte sich beeindruckt durch die Worte jener Frau: *„Ich weiß, daß der Messias kommt, der da Christus heißt. Wenn dieser kommt, wird er uns alles verkündigen." (Joh. 4.25)*

Sie meinte damit jene himmlischen Dinge, die besagen, daß trotz ihrer weltlichen Auffassung ihre Seele vorbereitet und geöffnet war. Wir dürfen nicht glauben, daß es einem materiell ausgerichteten Menschen notwendigerweise an Spiritualität mangelt und nur der Heilige die Wahrheit intuitiv zu erkennen oder die göttliche Weisheit unmittelbar zu verstehen vermag. Mann kann ein ganzes Leben in Abgeschlossenheit, Meditationen, und Kontemplationen verbringen und viele Inkarnationen nach Wahrheit strebend; doch erst wenn sich bestimmte Dinge im Menschen vollziehen, wird sich die Seele der Wahrheit bewußt, kommt es zu einem Erwachen aufgrund der weltlichen Erfahrungen.

An dieser Stelle dürfte es hilfreich sein, folgende Geschichte im Evangelium zu lesen.

(4.1-25) Als nun Jesus erfuhr, daß den Pharisäern zu Ohren gekommen war, daß er mehr zu Jüngern machte und taufte als Johannes – obwohl Jesus

nicht selber taufte, sondern seine Jünger – verließ er Judäa und ging wieder nach Galiläa. Er mußte aber durch Samarien reisen. Da kam er in eine Stadt Samariens, die heißt Sychar, nahe bei dem Feld, das Jakob seinem Sohn Josef gab. Es war aber dort Jakobs Brunnen. Weil nun Jesus müde war von der Reise, setzte er sich am Brunnen nieder; es war um die sechste Stunde. Da kommt eine Frau aus Samarien, um Wasser zu schöpfen. Jesus spricht zu ihr: "Gib mir zu trinken." Denn seine Jünger waren in die Stadt gegangen, um Essen zu kaufen. Da spricht die samaritische Frau zu ihm: "Wie, du bittest mich um etwas zu trinken, der du ein Jude bist und ich eine samaritische Frau?" Denn die Juden haben keine Gemeinschaft mit den Samaritern. –

Jesus antwortete und sprach zu ihr: "Wenn du erkenntest die Gabe Gottes und wer der ist, der zu dir sagt: Gib mir zu trinken, du bätest ihn, und er gäbe dir lebendiges Wasser."

Spricht zu ihm die Frau: "Herr, hast du doch nichts, womit du schöpfen könntest, und der Brunnen ist tief; woher hast du dann lebendiges Wasser? Bist du mehr als unser Vater Jakob, der uns diesen Brunnen gegeben hat? Und er hat daraus getrunken und seine Kinder und sein Vieh."

Jesus antwortete und sprach zu ihr: "Wer von diesem Wasser trinkt, den wird wieder dürsten; wer aber von dem Wasser trinken wird, das ich ihm gebe, den wird in Ewigkeit nicht dürsten, sondern das Wasser, das ich ihm geben werde, das wird in ihm eine Quelle des Wassers werden, das in das ewige Leben quillt."

Spricht die Frau zu ihm: "Herr, gib mir solches Wasser, damit mich nicht dürstet und ich nicht herkommen muß um zu schöpfen."
Jesus spricht zu ihr: "Geh hin, ruf deinen Mann und komm wieder her."
Die Frau antwortete und sprach zu ihm: "Ich habe keinen Mann."
Jesus spricht zu ihr: "Du hast recht geantwortet: Ich habe keinen Mann. Fünf Männer hast du gehabt, und der, den du jetzt hast, ist nicht dein Mann; du hast recht gesagt." Die Frau spricht zu ihm: "Herr, ich sehe,

daß du ein Prophet bist. Unsere Väter haben auf diesem Berge angebetet, und ihr sagt, in Jerusalem sei die Stätte, wo man anbeten soll."

Jesus spricht zu ihr: "Glaube mir, Frau, es kommt die Zeit, daß ihr weder auf diesem Berge noch in Jerusalem den Vater anbeten werdet. Ihr wißt nicht, was ihr anbetet; wir wissen aber, was wir anbeten; denn das Heil kommt von den Juden. Aber es kommt die Zeit und ist schon jetzt, in der die wahren Anbeter den Vater anbeten werden im Geist und in der Wahrheit; denn auch der Vater will solche Anbeter haben. Gott ist Geist, und die ihn anbeten, die müssen ihn im Geist und in der Wahrheit anbeten."

Spricht die Frau zu ihm: "Ich weiß, daß der Messias kommt, der da Christus heißt. Wenn dieser kommt, wird er uns alles verkündigen."

Hier finden wir die Stelle (Vers 25), in der die Frau Jesus ihre Bereitschaft zu erkennen gibt, vom lebendigen Wasser zu trinken. Für Jesus waren stets nur die inneren Dinge von Bedeutung und niemals Äußerlichkeiten, und wenn er spricht (nachdem er die Frau um Wasser aus dem Brunnen gebeten hatte): *"Wer von diesem Wasser trinkt, den wird wieder dürsten* (13); so bezieht er sich auf den Astral- oder Wunschkörper. Die Männer und Frauen auf der Welt befinden sich ständig in Versuchung, vom Brunnen der Welt trinken zu wollen – der die Bedürfnisse des Astralkörpers befriedigt – anstatt vom Brunnen des Geistes, des geistigen Lebens trinken zu wollen. Kümmert sich der Mensch allein um das Verlangen des Astralkörpers, so gewinnt dieser irgendwann die Oberhand, und soviel der Mensch auch aus diesem Brunnen trinken mag, wird er doch niemals imstande sein, seinen Durst zu stillen. Jener Mensch, der von seinem Astralkörper beherrscht wird, verfängt sich immer mehr in sich selbst, er überlastet die Sinne und bleibt doch unzufrieden. Er bleibt allein und unglücklich, da er nur vom Brunnen der Welt trinkt. Doch Jesus spricht, daß, würde jene Frau ihn um Wasser bitten, er ihr Wasser reichen würde, das Wasser des Geistes, das ihr vollkommene Ruhe brächte und ihren Durst für immer stillen würde.

Im Osten fordern die Lehrer ihre Schüler auf, ihre Astralkörper durch ein einfaches Leben ständiger Abstinenz zu disziplinieren. Die moderne Psychologie sagt jedoch, daß der Mensch jene Wünsche und Instinkte, die ihn verfolgen, befriedigen solle, um sich auf diese Weise von ihnen zu befreien. Jesus aber gibt zu verstehen, daß keiner von beiden der richtige Weg ist. Der Mensch sollte weder in seinen Wünschen und seinem Verlangen schwelgen, noch sollte er sie bekämpfen oder ihnen nachgeben, er sollte sie statt dessen durch seine Bestrebungen umwandeln. Wir schlagen deshalb nicht vor, daß er über lange Zeit fasten sollte, doch wir meinen, er sollte sich mäßigen und seinen Geschmack für reine Nahrung kultivieren. Er sollte die Früchte der Erde so naturbelassen wie möglich zu sich nehmen und gleichzeitig nie versäumen, Gott zu danken und ihn für alle seine Gaben zu loben. Versucht nicht, eure Wünsche auszulöschen.

Werdet nicht zum Asketen, doch kultiviert einen feineren Geschmack, indem ihr die Dinge annehmt, die die Welt bietet und euch an ihnen erfreut. Seid so lange bestrebt, die Sinne umzuwandeln und zu läutern bis ihr euch nicht mehr mit dem Wasser zufriedengebt, das euren Durst nicht stillt. Indem ihr euch auf den göttlichen Geist ausrichtet, der eurer Erhaltung dient, erfährt die Seele Läuterung, da sie durch das belebende Wasser Christi genährt wird. *"Wer aber von dem Wasser trinken wird, das ich ihm gebe, den wird in Ewigkeit nicht dürsten* (14)."

Auf diese Weise überwindet ihr fleischliches Verlangen durch die Gnade und die Demut Christi. Indem wir Gott danken und ihn verehren, verwandeln wir die Atome des Körpers und der Seele in den lebendigen Körper des kosmischen Christus.

"(4.26-54) Jesus spricht zu ihr: "Ich bin's, der mit dir redet." Unterdessen kamen seine Jünger, und sie wunderten sich, daß er mit einer Frau redete; doch sagte niemand: "Was fragst du?" oder: "Was redest du mit ihr?"
Da ließ die Frau ihren Krug stehen und ging in die Stadt und spricht zu den

Leuten: "Kommt, seht einen Menschen, der mir alles gesagt hat, was ich getan habe, ob er nicht der Christus sei." Da gingen sie aus der Stadt heraus und kamen zu ihm. Inzwischen mahnten ihn die Jünger und sprachen: "Rabbi, iß." Er aber sprach zu ihnen: "Ich habe eine Speise zu essen, von der ihr nichts wißt." Da sprachen die Jünger untereinander: "Hat ihm jemand zu essen gebracht?" Jesus spricht zu ihnen: "Meine Speise ist die, daß ich tue den Willen dessen, der mich gesandt hat, und vollende sein Werk. Sagt ihr nicht selber: Es sind noch vier Monate, dann kommt die Ernte? Siehe, ich sage euch: Hebt eure Augen auf und seht auf die Felder, denn sie sind reif zur Ernte. Wer erntet, empfängt schon seinen Lohn und sammelt Frucht zum ewigen Leben, damit sich miteinander freuen, der da sät und der da erntet. Denn hier ist der Spruch wahr: Der eine sät, der andere erntet. Ich habe euch gesandt zu ernten, wo ihr nicht gearbeitet habt; andere haben gearbeitet, und euch ist ihre Arbeit zugute gekommen."

Es glaubten aber an ihn viele der Samariter aus dieser Stadt um der Rede der Frau willen, die bezeugte: Er hat mir alles gesagt, was ich getan habe. Als nun die Samariter zu ihm kamen, baten sie ihn, bei ihnen zu bleiben; und er blieb zwei Tage da. Und noch viel mehr glaubten um seines Wortes willen und sprachen zu der Frau: "Von nun an glauben wir nicht mehr um deiner Rede willen; denn wir haben selber gehört und erkannt: Dieser ist wahrlich der Welt Heiland."

Aber nach zwei Tagen ging er von dort weiter nach Galiläa. Denn er selber, Jesus, bezeugte, daß ein Prophet daheim nichts gilt. Als er nun nach Galiläa kam, nahmen ihn die Galiläer auf, die alles gesehen hatten, was er in Jerusalem auf dem Fest getan hatte; denn sie waren auch zum Fest gekommen. Und Jesus kam abermals nach Kana in Galiläa, wo er das Wasser zu Wein gemacht hatte. Und es war ein Mann im Dienst des Königs; dessen Sohn lag krank in Kapernaum. Dieser hörte, daß Jesus aus Judäa nach Galiläa kam, und ging hin zu ihm und bat ihn, herabzukommen und seinem Sohn zu helfen; denn der war todkrank. Und Jesus sprach zu ihm: "Wenn ihr nicht Zeichen und Wunder seht, so glaubt ihr nicht." Der Mann sprach zu ihm: "Herr, komm herab, ehe mein Kind stirbt." Jesus spricht zu ihm: "Geh hin, dein Sohn lebt." Der Mensch glaubte dem Wort, das Jesus zu ihm sagte und ging hin. Und während er hinabging, begegneten ihm seine Knechte und sagten: "Dein Kind lebt." Da erforschte er von ihnen die Stunde, in der es besser mit ihm geworden war. Und sie antworteten ihm: "Gestern um die siebente Stunde verließ ihn das Fieber." Da merkte der Vater, daß es die Stunde war, in der Jesus zu ihm gesagt hatte: "Dein Sohn lebt." Und er glaubte mit seinem ganzen Hause. Dies ist nun das zweite Zeichen, das Jesus tat, als er aus Judäa nach Galiläa kam.

"Meine Speise ist die, daß ich tue den Willen dessen, der mich gesandt hat (34)." Das heißt, daß jene liebevolle Tat die Nahrung darstellt. Geben bedeutet ihm Nahrung. Jesus sprach von seiner Nahrung, die den Willen zur Tat darstellt. Dergleichen ist wichtig, da es dem kosmischen Gesetz entspricht, daß wir durch Geben empfangen, und da wir empfangen, müssen wir stets geben. Es war Jesu Nahrung, Gottes Wort zu leben, indem er denen diente, zu denen ihn sein Vater gesandt hatte.

An dieser Stelle möchten wir einfügen, daß im Evangelium immer wieder deutlich wird, daß die Wahrheit von Reinkarnation und Karma Jesus bekannt war. Tatsächlich vermögen wir ohne das Wissen um die Reinkarnation nicht den Sinn zu verstehen, der seinen Lehren zugrunde liegt. Wenn er z.B. von bestimmten Menschen sprach, gab er damit zu verstehen, daß er wußte, zu wem er gesandt wurde, da er die Fähigkeit besaß, ihre vergangenen Leben zu schauen. Er vermochte sowohl das gute als auch das schlechte Karma zu erkennen, das ihre Seelen angesammelt hatten, und er wußte, was ihnen aufgrund der Geschehnisse der Vergangenheit die Zukunft bringen würde. Er spricht vom Säen und Ernten und deutet an, daß die Saat, die während eines Lebens gesät wird, gewöhnlich nicht in diesem geerntet wird. So kann z.B. ein Lehrer seine "Saat" aussäen, doch kann es erst einige Inkarnationen später zur Ernte kommen. Der Säende und der Erntende müssen nicht unbedingt miteinander identisch sein, da für einige die Wahrheit neu sein mag, die der Lehrer vermittelt, während anderen bereits in der Vergangenheit Wissen zuteil wurde, und für sie mag in der gegenwärtigen Inkarnation die Zeit der Ernte gekommen sein. Mit anderen Worten: viele mögen bereit sein, dem Meister zu folgen. Ist die Zeit reif, kommt der Meister und bringt die Ernte ein.

Dies erinnert an das Gleichnis vom Sämann – die ein anderes Beispiel für jene ausgesäte Saat darstellt, die nicht sofort aufgeht. Jene, die die Wahrheit in sich tragen, säen sie aus. In jener Inkarnation mag man nichts mehr von ihnen hören, doch eines Tages sind die Felder zur Ernte reif. Wir lesen zum Beispiel (39-42), wie viele der Samariter glaubten und zwar nicht aufgrund eines Offenbarwerdens übersinnlicher Kraft, sondern, indem sie dem lebendigen Wort des Meisters lauschten und ihnen ihr inneres Selbst sagte, daß er die Wahrheit sprach und sie sie annahmen.

Redet Jesus in Vers 21 von Anbetung *"es kommt die Zeit, daß ihr weder auf diesem Berge noch in Jerusalem den Vater anbeten werdet,"* so meint er damit, daß nur im menschlichen Tempel wirkliche Verehrung stattfindet und das gesamte Leben jener Frau Verehrung ausdrücken würde, wenn sie sich der Einweihung unterzöge, die auf sie wartete.

"Die ihn anbeten, die müssen ihn im Geist und in der Wahrheit anbeten (24)." Ihn anzubeten bedeutet nicht, dies in einem Tempelgebäude zu tun, sondern im lebenden Tempel des eigenen Seins; ihn anzubeten heißt, ein reines, gesundes und natürliches Leben zu führen.
Könnte der Mensch nur die Heiligkeit seines eigenen Körpers erfassen, anstatt sie als übertrieben, überflüssig zu betrachten oder sie zu vernachlässigen. Wenn der Mensch nur soweit käme, seinem Körper Achtung zu erweisen und durch die Lebenskraft Gottes atmen lernte, wenn er seinen Körper mit klarem Wasser reinigte, die wahren Früchte der Erde äße und das reine Wasser der Quelle tränke. Lernte er doch nur, seinen Körper aufrecht und anmutig zu halten, indem er die Füße fest auf den Boden setzt und so sein ganzes Wesen

aufrichtet und das Licht der Sonne in sein Herz strömen läßt, indem er Gott ehrt. Dies bedeutet, das Brot Christi zu essen und sein belebendes Wasser zu trinken. Sagte Jesus nicht zur Frau am Brunnen, daß sie um das Lebenswasser bitten müsse – und verwies damit auf die Bedeutung des Gebetes. Die Seele sollte sich bemühen, sie sollte aufrichtig und wahrhaftig beten: “Oh, mögen mein Tun und meine Handlungen durch die Gnade deines Lebens gesegnet sein, die meinen Körper, den Tempel deiner Schöpfung, stärkt.

Möge ich so leben, daß jede Handlung zum Segen und Sakrament gereiche, auf daß ich deinen Tempel nicht entheilige.”

Die letzten Verse des Kapitels, die von der Heilung des Sohnes eines vornehmen Mannes berichten, der Jesus um Hilfe ersuchte, legen ein klares Zeugnis der Fernheilung ab. Jede Heilung geschieht auf geistig-seelischem Wege, da die Krankheit des Körpers Ergebnis der Krankheit der Seele ist. Diese Behauptung mag für euch eine Herausforderung darstellen, doch wir werden uns diesem Thema noch zuwenden, und wir glauben, ihr werdet das hier Gesagte bestätigen können.

V. Kapitel

Geistheilung

Die Wahrheit sollte nicht nur mit dem Verstand erfaßt werden, sondern sie sollte auch als Antwort auf die Schwingungen des Logos in den Tiefen eures Seins gefunden werden. Eure Worte mögen in euch eine gewisse Antwort hervorrufen, doch wenn ihr Weisheit und Verständnis erlangen wollt, solltet ihr innerlich auf die Stimme hören, die in eurem Innersten spricht. Bemüht euch nicht nur, die Worte zu verstehen, sondern strebt danach, den Einfluß der himmlischen Boten zu erfühlen und ihn zu verwirklichen; jene Boten, die sich durch die Sphären der Menschheit nähern, um ihr Inspiration zu bringen. Sie gießen die Strahlung der Liebe über euch aus und ihr Licht durchdringt jedes Atom eures physischen, mentalen, astralen und Ätherkörpers, indem es euer Bewußtsein für die Verwirklichung eines lichten Lebens stärkt. Ihr Einfluß vermag auch unbewußt auf euch zu wirken, aufgrund dessen reagiert ihr im Alltagsleben ganz spontan auf ihre positive Anregung. Freundlichkeit, Dienen und Liebe werden zu einem täglichen Bestandteil des Lebens und vollziehen sich ganz spontan, wie bei Heiligen, in denen ein Licht leuchtet, in denen strahlende Herrlichkeit ist.

Der wahrhaftige Mensch überwindet sich nicht um seiner selbst willen, in seinem eigenen Namen, sondern deswegen, da er allein dem Göttlichen hingegeben ist. Indem er in Gott lebt und ist, sein gesamtes Wesen in Gott ruht, wird ihm beständig göttliche Liebe zuteil. Indem er im Licht lebt, durchstrahlt ihn das Licht.

Das fünfte Kapitel des Evangeliums befaßt sich vorwiegend mit dem Heilen. Bevor wir näher darauf eingehen, möchten wir im allgemeinen über das Thema der geistigen Heilung sprechen. Ihr werdet euch erinnern, daß wir feststellten, inwiefern jede Krankheit auf die Seele zurückzuführen ist: Aufgrund dessen sollten gewisse Kräuter und Medikamente angewandt werden, die auf die Seele einwirken und sie so auf das Empfangen der wahren Heilkraft Gottes vorbereiten. Sie enthalten Elemente, die sowohl auf den seelischen als auch auf den physischen Körper einwirken. Die Heilung des physischen Körpers findet über die Seele bzw. den seelischen Körper statt.

Das folgende Kapitel bezieht sich auf die unruhigen Gewässer von Bethesda. Als das Wasser Wellen schlug, tauchten die Kranken darin unter, um Heilung zu empfangen. Wir verstehen das so, daß die Seele des Menschen zuerst vorbereitet werden muß.

Wir haben festgestellt, daß sich Krankheit entweder auf die Seele oder das Unterbewußte (oder das, was man als das Vorbewußtsein des Menschen beschreiben würde) zurückführen läßt und möchten hinzufügen, daß gewisse Krankheiten auch von unerkannter Besessenheit verursacht werden. Die alten Völker waren sich dessen bewußt, daß das Unterbewußtsein der Sitz vieler Krankheiten ist. Der sogenannte Zauberdoktor, der ein spezielles Wissen besaß, arbeitete am Unterbewußtsein des Patienten und befreite durch seine Behandlung den Patienten von Krankheit und Begrenzung. Es gab jedoch Krankheitszustände, denen auf diese Weise nicht beizukommen war. So befindet sich folglich auch der moderne Psychologe in einer hilflosen Situation. Könnte er die Gesetze von Reinkarnation und Karma anerkennen, würde ihm auffallen, daß viele Krankheitszustände nicht nur auf die Erinnerung des Unterbewußtseins, die der physische Körper speichert, zurückgehen, sondern auch auf die Erinnerungen der Seele.
Zum Beispiel mag ein Mensch vor langer Zeit durch böse Taten und Gedanken oder durch Machtgier bestimmte Bedingungen geschaffen haben und aufgrund dessen können ihm dunkle Kräfte anhängen. Er kann Elementale angezogen haben, die, so seltsam das auch klingt, ein langes Leben besitzen. Die Seele mag sich an solche ver-

gangenen Umstände – oder vorbewußten Zustände – erinnern, wenn sie sich wieder inkarniert, und sie nimmt nun das 'Urteil' auf sich, von dem in diesem Kapitel die Rede ist. Das Böse, das angezogen wurde und sich in des Menschen Aura sammelte, taucht in den nachfolgenden Inkarnationen wieder auf, und dann muß man sich ihm stellen, es muß gesühnt werden.

Es heißt, daß die Elementale, die der Mensch erschuf, die Aura durchdringen und ihr anhaften, was manchmal von einem weiterentwickelten, hellsichtigen Menschen erkannt werden kann. Dieses Anhaften, das von der Seele ausgeht, wirkt schließlich auch auf den physischen Körper, wo es sich als Krankheit manifestiert. Der Einfluß der Elementale mag sogar einen Unfall hervorrufen. Es gibt kein Glück oder Unglück. Sobald das göttliche Gesetz des Lebens verstanden wird, wissen wir, daß alles einen Grund hat, der tiefergehender ist als bloße Nachlässigkeit oder Nichtbeachtung.

Manche Krankheiten scheinen unheilbar, und ohne ersichtlichen Grund entgleitet der Patient den Händen des Arztes. Das bedeutet, daß gewisse Bedingungen, die aus der Vergangenheit mitgebracht werden, zum Tragen kommen bis sie ihren Abschluß finden. Danach sind sie bewältigt, gesühnt. Der Mensch mag die Elementale durch seine eigene Leidenschaft, Gier oder sein Verlangen nach Machtausübung über seine Mitmenschen geschaffen haben; tatsächlich stammt alles, das reiner Liebe und wahrer Bruderschaft entgegenwirkt, aus dem Schattenreich. Werden diese Elementale nicht in einer Inkarnation ausgelöscht, warten sie bis zur nächsten und noch länger – *bis ins dritte und vierte Glied* (oder Inkarnation)(Ex. 20.5).
Ein wahrer Heiler sollte daran denken, daß die Heilung des Körpers nicht immer das Richtige ist – und manchmal durch Leid und den Tod der Seele unbeschreiblich viel Gutes erwächst. Wenn die Menschen nur das weise und herrliche Gesetz des Vater-Mutter-Gottes erkennen möchten, das alles menschliche Leben bestimmt, wieviel glücklicher wären sie dann. Dann wären sie auch in der Lage, auf-

richtig zu sagen “dein Wille geschehe”. Diese Worte besagen nicht, daß wir uns zurücklehnen und alles Gott überlassen sollten. Nein, sie bedeuten, daß wir in Gottes Liebe ruhen, nachdem wir unser Bestes gemäß unserem eigenen Verständnis geleistet haben, nachdem wir uns in jeder erdenklichen Weise auf die göttliche Liebe vorbereitet haben, damit sie in uns wirke. Gottes Wille ist weise und vor allem liebevoll; er ist außerdem reines und vollkommenes Gesetz. Sobald sich die Seele in vollkommener Reinheit der Liebe und dem Leben Gottes öffnet, erfährt der Körper des Menschen plötzliche und vollkommene Genesung durch die geistige Heilung.

Eine tiefgreifende Heilung erfolgt tatsächlich selten, da nur wenige bereit sind, sich ganz und gar der Liebe Gottes hinzugeben. Gott ist Leben. Es reicht nicht zu sagen “ich glaube an Gottes Liebe”, da die Seele göttliche Liebe werden muß, was selten geschieht. Wenn ihr das Leben der Heiligen und vor allem das von Jesus studiert, werdet ihr die wahre Bedeutung des Wortes Liebe erkennen; ihr werdet das stete Ausströmen des wahren Geistes der Liebe feststellen, das der sanftmütige Jesus verkörperte, wie wir sagen dürfen. Uns gefällt dieser Ausdruck, der so klar und schlicht die Bedeutung der Liebe aufzeigt. Der sanftmütige Jesus, der nichts für sich behielt, aber immer gab; der allen Kreaturen, allen Menschen Liebe schenkte, angefangen bei den höchsten bis zu den geringsten. Jede schöne und edle Qualität, die wir kennen, drückt sich durch den Geist im Menschen aus, da sie im kosmischen Gesetz, das über allem Leben steht, ihren Ausdruck findet. Selbst das, was wir fälschlicherweise als das Böse bezeichnen, wird von Gott als Werkzeug benutzt, um das Schöne zu enthüllen – es wird nur zur Zerstörung und Vernichtung benutzt, damit anschließend ein Wiederaufbau, ein Neubeginn, stattfinden kann.

Geistige Kraft, geistiges Heilen wirkt über die Seele auf den physischen Körper. Aber Jesus bewies uns, daß es eine noch bessere Methode gab. Jesus heilte durch das Verströmen seiner Liebe – Liebe war der Schlüssel, Liebe war das Geheimnis, doch eine solche Liebe wird von den Menschen auf Erden sehr selten erfahren oder verstanden. Jesus, oder Christus in ihm, hatte mit dem Vater eine so vollkommene Einheit erreicht, daß dem Empfangen von Gottes Lebenskraft keine Grenzen gesetzt waren. Leben ist Liebe. Er war nicht nur imstande, Liebe zu geben, sondern vermochte die Schwingung seines Patienten so zu erhöhen, daß die kranke Seele Erhebung erfuhr und sich der göttlichen Liebe öffnete. Auf sich selbst angewiesen, hätte der Kranke solches nicht vermocht, doch durch die Hilfe eines so reinen und vollkommenen Menschen wie Jesus Christus, wurde er befähigt, sich der göttlichen Kraft zu öffnen, die ihn gesunden ließ.

"(5.1.-9) Danach war ein Fest der Juden und Jesus zog hinauf nach Jerusalem. Es ist aber in Jerusalem beim Schaftor ein Teich, der heißt auf hebräisch Betesda. Dort sind fünf Hallen; in denen lagen viele Kranke, Blinde, Lahme, Ausgezehrte.

Sie warteten darauf, daß sich das Wasser bewegte. Denn der Engel des Herrn fuhr von Zeit zu Zeit herab in den Teich und bewegte das Wasser. Wer nun zuerst hineinstieg, nachdem sich das Wasser bewegt hatte, der wurde gesund, an welcher Krankheit er auch litt.

Es war aber dort ein Mensch, der lag achtunddreißig Jahre krank. Als Jesus diesen daliegen sah und erfuhr, daß er schon lange krank sei, sagte er zu ihm: "Willst du gesund werden?" Der Kranke antwortete ihm: "Herr, ich habe keinen Menschen, um mich, sobald das Wasser in Wallung gerät, in den Teich zu bringen. Während ich aber hinkomme, steigt schon ein anderer vor mir hinab." Jesus sagte zu ihm: "Steh auf, nimm dein Bett und geh hin." Und sofort wurde der Mann gesund. Und er nahm sein Bett und ging umher: Es war aber Sabbat an jenem Tage.

Bemerkenswert hierbei ist der Engel, der das Wasser bewegt. Die Engel der Heilung sind während einer spirituellen Heilung immer anwesend. In einer Fernheilungsgruppe (*) bereiten sich die Teilnehmer vor und rufen die Engel der Heilung an, die Christusengel; die Engel nähern sich und "bewegen das Wasser", wie die Bibel es ausdrückt. Mit anderen Worten: sie bewegen die Seele des Kranken, damit er sich dem Heilungsstrahl öffne.

Ihr fragt, ob Musik oder Farbe ebenfalls die Seele zu beeinflußen vermag? Ja, die Schwingungen von Licht und Ton regen die Zentren an, so daß die Seele Heilung zu erlangen vermag.

Ebenfalls vermögen bestimmte Kräuter und Mineralien "das Wasser zu bewegen" oder den Seelenkörper vorzubereiten.

Wir möchten euch auf die Vollkommenheit dieser Heilung aufmerksam machen. Steh auf, nimm dein Bett und geh hin (8). Dies ist die Aufforderung des Vaters, die der Sohn vermittelt, die Aufforderung des Vaters an den inneren Christus, an den Sohn, der der Kranke ist. Steh auf! – und der Christus-Geist ersteht. Der Befehl richtete sich an den schlummernden Christus in der Seele des Kranken. "Erhebe dich, Bruder, nimm dein Bett und geh." Vernimm den Ruf Christi, des Gottessohnes. Höre nicht auf in deinem Streben bis das Ziel geistiger Befreiung erreicht ist .... bis du die geistige Schau erlangst, die geistige Befreiung. An den schlummernden Geist erging der Aufruf, vom Schlaf zu erwachen. Nimm dein Bett und geh hin – oder mit anderen Worten, werde aktiv, um durch dich den Herrn auszudrücken. *(5.10-18) Da sprachen die Juden zu dem, der gesund geworden war: „Es ist heute Sabbat, du darfst dein Bett nicht tragen. Er antwortet ihnen: Der mich gesund gemacht hat, sprach zu mir: „Nimm dein Bett und geh hin." Da fragten sie ihn: „Wer ist der Mensch, der zu dir gesagt hat: Nimm dein Bett und geh hin". Der aber gesund geworden war, wußte nicht, wer es war, denn Jesus war entwichen, da so viel Volk an dem Ort war. Danach fand ihn Jesus im Tempel und sprach zu ihm: "Siehe, du*

* W. E. bezieht sich hier auf das Heilen, wie es in der White Eagle Loge ausgeübt wird.

bist gesund geworden; sündige hinfort nicht mehr, daß dir nicht etwas Schlimmeres widerfahre." Der Mensch ging hin und berichtete den Juden, es sei Jesus, der ihn gesund gemacht habe. Darum verfolgten die Juden Jesus, weil er dies am Sabbat getan hatte. Jesus aber antwortete ihnen: *"Mein Vater wirkt bis auf diesen Tag, und ich wirke auch."* Darum trachteten die Juden noch viel mehr danach, ihn zu töten, weil er nicht allein den Sabbat brach, sondern auch sagte, Gott sei sein Vater, und machte sich selbst Gott gleich.

Was für ein Aufheben machten die Juden um das Heilen am Sabbat? Es ging ihnen darum, das Gesetz anstatt den Geist zu erfüllen. Jesus bewies ihnen, daß kein Fehl darin lag, am Sabbat zu heilen, und der Tempel Gottes weder aus Steinen noch aus Ziegeln bestand, sondern das Bewußtsein des Menschen ist, der Gott verehrt. Jesus erkannte, daß das Innerste des Menschen der wahre Tempel der Verehrung und Anbetung ist. 'Sabbat' ist jeder Tag, an dem der Mensch sich in Liebe übt und den Willen des Vaters tut. Jeder Tag ist für den Menschen Sabbat, der den Willen Gottes tut. *"Danach fand ihn Jesus im Tempel und sprach zu ihm: Siehe, du bist gesund geworden, sündige hinfort nicht mehr, daß dir nicht etwas Schlimmeres widerfahre (14)."* Erkennt ihr nicht, daß die Heilung der Kranken und Krüppel vielleicht nur eine Lebensspanne dauert, wenn des Menschen Seele sich nicht öffnete? Doch wenn die Seele durch die göttliche Liebe Erhebung erfährt, währt die Heilung ewiglich, da das Karma umgewandelt wird. Ohne die Verwandlung durch die Liebe wird die Seele in nachfolgenden Leben stets mit ihrem Karma konfrontiert werden. Achtet darauf, wie Jesus durch seine Handlung das Karma jener beeinflußte, die er heilte. Selbst bei der Kreuzigung ließ er noch Wunder geschehen, da er aus höchstem Mitgefühl, aus höchster Liebe handelte, indem er das Karma derer auf sich nahm, die er rettete. In jenem Fall war der Kranke Jesus für seine Heilung verpflichtet, woraus neues Karma erwuchs, doch Jesus nahm die Rückzahlung der karmischen Schuld nicht an. So half Jesus den Menschen, indem er ihre Seele erhob, ihr Karma umwandelte. Statt der Forderung "Auge um Auge" schenkte Jesus Liebe und half dem betreffenden Menschen auf diese Weise, sein Karma zu sühnen.

Wenn ihr in der Lage seid, jemandem, der euch verletzt, Liebe zu schenken, anstatt zu hassen oder Zorn zu zeigen, dann erfahrt ihr Befreiung eurer karmischen Schuld diesem Menschen gegenüber und befreit auch ihn. Indem Jesus so handelte, verwandelte er das Karma vieler Seelen im Laufe seiner Mission. Seit dieser Zeit beeinflußt er auch das Karma der Welt, da es sich allmählich durch die Liebe Christi ändert; dergleichen bedeutet die Transformation des Karmas durch Liebe.

(5.19-20) Da antwortete Jesus und sprach zu ihnen: „Wahrlich, wahrlich, ich sage euch: Der Sohn kann nichts von sich aus tun, sondern nur, was er den Vater tun sieht; denn was dieser tut, das tut gleicherweise auch der Sohn. Denn der Vater hat den Sohn lieb und zeigt ihm alles, was er tut, und wird ihm noch größere Werke zeigen, so daß ihr euch verwundern werdet." Der Sohn vermag aus eigener Kraft nichts zu tun, nur das, was er den Vater vollbringen sieht. Der Sohn, das Christuskind, wohnt im Menschen, doch vermag er aus sich selbst heraus nichts zu tun, erst wenn er sich dem Willen des Vaters öffnet. Was die Herrlichkeit des Sohnes, die durch Jesus leuchtete, vollbrachte, wird im Laufe der Zeit von allen Kindern Gottes vollbracht werden, wenn sich die Anforderungen des geistigen Gesetzes erfüllen, das sogenannte Wunder zuläßt. Christus wohnt in jedem und sobald der Mensch erkennt, versteht und sich öffnet, tut er den Willen des Vaters, der in ihm wirkt, und er wird dadurch Gott näher kommen *„(5.21-22) Denn wie der Vater die Toten auferweckt und macht sie lebendig, so macht auch der Sohn lebendig, welche er will. Denn der Vater richtet niemand, sondern hat alles Gericht dem Sohn übergeben."*

Gott richtet keinen Menschen, doch trotzdem sind Gottes Gesetze unausweichlich und unwandelbar. Gott richtet nicht, sondern überläßt das Richten dem Sohn.

Der Sohn wohnt im Menschen und richtet schließlich selbst.

Es heißt, daß die Seele des Menschen vor den Richterstuhl, den Thron Gottes, kommen wird. Diese überholte und orthodoxe Lehre enthält trotzdem eine fundamentale Wahrheit, denn wenn die Seele letztendlich vor der Herrlichkeit des Lichtes steht, kann sie nicht anders als sich selbst zu richten. Inkarnation um Inkarnation tauchen die gleichen Lektionen auf und werden immer wieder beiseite gelegt, bis zu jenem entscheidenden Augenblick, in dem sich die Seele so sieht, wie sie wirklich ist. Sie erkennt sich selbst – "Mensch erkenne dich selbst" – und richtet sich selbst. In den alten Mysterienschulen wurde der Neophyt vor einen magischen Spiegel gestellt, der sein wahres, inneres Selbst widerspiegelte. Und der Sohn in ihm richtete über ihn.*

Es gibt noch eine andere Auslegung. Das Leben des Vaters ist Liebe, und durch das Leben, das der Vater dem Sohn schenkt, wird der Sohn ebenfalls reine und vollkommene Liebe. Wenn demgemäß der Mensch von Gottes Leben und Liebe erfüllt ist, richtet er nicht mehr nach dem Gesetz der Erde, sondern dem des Himmels. Sein Richten geschieht in Liebe. Wenn die Liebe richtet, gibt es kein Fehlurteil. Nur absolute Liebe vermag gerecht zu richten. Erkennt ihr solches nicht? Nur die Liebe verleiht die Macht, weise zu richten und zu unterscheiden.

„(5.23) Damit sie alle den Sohn ehren, wie sie den Vater ehren. Wer den Sohn nicht ehrt, der ehrt den Vater nicht, der ihn gesandt hat."

Meine Brüder, diese Worte enthalten eine wunderbare Wahrheit. Wir wollen versuchen, sie so einfach wie möglich zu erklären. Indem wir den Sohn verehren, heißt dies Christus zu verehren, der uns als Sohn Gottes durch Jesus offenbart wurde. Wir verehren ihn, wir

---

* Siehe Anhang, "Urteil"

beten ihn an - doch unseren Nächsten an unserer Seite ehren wir nicht und dienen ihm auch nicht, wir mögen ihn sogar verachten. Trotzdem bittet Jesus seine Zuhörer ganz klar, den Sohn zu ehren, denn wenn ihr dergleichen nicht tut, wie könnt ihr dann Gott, der ihn sandte, ehren. Der Sohn kommt vom Vater und jener Sohn ist euer Nächster, da der Sohn in eurem Nächsten lebt. Wenn ihr das erkennt, bricht das Zeitalter der Morgendämmerung für den Menschen an. Jeder Mensch sollte seinen Nächsten ehren - dies ist die perfekte Lehre der Bruderschaft.

„(5.24 - 29) Wahrlich, wahrlich, ich sage euch: Wer mein Wort hört und glaubt dem, der mich gesandt hat, der hat das ewige Leben und kommt nicht in das Gericht, sondern er ist vom Tode zum Leben durchdrungen. Wahrlich, wahrlich, ich sage euch: Es kommt die Stunde und ist schon jetzt, daß die Toten hören werden die Stimme des Sohnes Gottes, und die sie hören werden, die werden leben. Denn wie der Vater das Leben hat in sich selber, so hat er auch dem Sohn gegeben, das Leben zu haben in sich selber, und er hat ihm Vollmacht gegeben, das Gericht zu halten, weil er der Menschensohn ist. Wundert euch darüber nicht. Denn es kommt die Stunde, in der alle, die in den Gräbern sind, seine Stimme hören werden, und werden hervorgehen, die Gutes getan haben, zur Auferstehung des Lebens, die aber Böses getan haben, zur Auferstehung des Gerichts."

Als der Meister von der Auferstehung des Lebens sprach, sagte er: "Derjenige, der Gutes getan hat, wird von den Toten auferstehen." Früher glaubte man, dies hieße, daß die Körper der guten Menschen aus dem Grabe auferstehen würden, doch wir entnehmen den Worten des Meisters, in denen er sich auf die Auferstehung der Seele zum ewigen Leben bezieht, daß er damit meint, daß die Seele derart geläutert und emporgehoben werde, daß sie sich nicht wieder inkarnieren muß und so vom Tod zur Herrlichkeit erhoben wird. Die Seele, die zur "Auferstehung in Verdammnis" verurteilt wird (wir glauben, die Übersetzung überbetont das ganze Geschehen), muß sich wieder inkarnieren, sie muß sich langen Phasen der Begrenzung im Fleisch unterziehen, bis alle Lektionen gelernt sind und die Seele schließlich das ewige Leben ererbt. Eine ähnliche Wahrheit findet ihr in den Lehren des Buddha. Der Buddhist erstrebt die Befreiung vom Rad der Wiedergeburt und bemüht sich in seinem Leben, die Schaffung neuen Karmas zu vermeiden, das ihn an dieses Rad bindet.

„(5.30 - 40) Ich kann nichts von mir aus tun. Wie ich höre, so richte ich, und mein Gericht ist gerecht; denn ich suche nicht meinen Willen, sondern den Willen dessen, der mich gesandt hat.
Wenn ich von mir selbst zeuge, so ist mein Zeugnis nicht wahr. Ein anderer ist's, der von mir zeugt; und ich weiß, daß das Zeugnis wahr ist, das er von mir gibt. Ihr habt zu Johannes geschickt, und er hat die Wahrheit bezeugt. Ich aber nehme nicht Zeugnis von einem Menschen; sondern ich sage das, damit ihr selig werdet. Er war ein brennendes und scheinendes Licht; ihr aber wolltet eine kleine Weile fröhlich sein in seinem Licht. Ich aber habe ein größeres Zeugnis als das des Johannes; denn die Werke, die mir der Vater gegeben hat, damit ich sie vollende, eben diese Werke, die ich tue, bezeugen von mir, daß mich der Vater gesandt hat. Und der Vater, der mich gesandt hat, hat von mir Zeugnis gegeben. Ihr habt niemals seine Stimme gehört noch seine Gestalt gesehen, und sein Wort habt ihr nicht in euch wohnen; denn ihr glaubt dem nicht, den er gesandt hat. Ihr sucht in der Schrift, denn ihr meint, ihr habt das ewige Leben darin; und sie ist's, die von mir zeugt; aber ihr wollt nicht zu mir kommen, daß ihr das Leben hättet."

Johannes glich einem Licht (so wie alle weisen Menschen erleuchtet sind), doch der Sohn des Menschen muß seinem eigenen Licht folgen, das glänzender ist als jedes Licht, das von einem anderen kommt. Ihr mögt zu einem Lehrer aufschauen und in ihm ein geistiges Strahlen bemerken, doch es ist kein so großes Strahlen wie das des Lichtes des Vater-Mutter-Gottes im Christuskind, das das größere Licht darstellt, das jeden Menschen erleuchtet. Der Weg, die Wahrheit und das Leben ist nicht das Licht einer anderen Seele, so wunderbar es auch sein mag, sondern das Licht des inneren Sohnes.

Deswegen sagen wir, tut nicht, was wir euch sagen, seid nicht von uns abhängig, sondern folgt dem Licht in eurem eigenen Herzen. Euer eigenes Offensein gegenüber dem Logos ist euer wahres Licht.

„(5.41 - 47) Ich nehme nicht Ehre von Menschen; aber ich kenne euch, daß ihr nicht Gottes Liebe in euch habt. Ich bin gekommen in meines Vaters Namen, und ihr nehmt mich nicht an. Wenn ein anderer kommen wird in seinem eigenen Namen, den werdet ihr annehmen. Wie könnt ihr glauben, die ihr Ehre voneinander annehmt, und die Ehre, die von dem alleinigen Gott ist, sucht ihr nicht? Ihr sollt nicht meinen, daß ich euch vor dem Vater verklagen werde; es ist einer, der euch verklagt: Moses auf den ihr hofft. Wenn ihr Moses glaubtet, so glaubtet ihr auch mir; denn er hat von mir geschrieben. Wenn ihr aber seinen Schriften nicht glaubt, wie werdet ihr meinen Worten glauben?"

Der, der im Namen des Vaters kommt, ist sanftmütig und lebt oft bescheiden, indem er keine Ansprüche stellt. Die Welt steht ihm nicht offen. Doch der Mensch, der in seinem eigenen Namen mit großer Ankündigung kommt, wird von der Welt aufgenommen. Meine Brüder, es ist die süße, innere Liebe des Sohnes, nach der wir in unserem Bruder Ausschau halten müssen, und nichts anderes. Name, Position, Reichtum sind nichts im Vergleich zum Licht des Sohnes in uns. Danach müssen wir in unserem Bruder suchen, dies müssen wir zu erkennen lernen, und dem sollten wir uns öffnen. In vorgenannten Versen spricht der Herr Jesus von der ewigen Realität und Wahrheit und ist bemüht, seine Hörer dem Logos (der Wahrheit) zu öffnen, der von Anfang an gewesen ist und in allen Lehren der Mysterienschule vorkommt. Jesus spricht von Moses als von einem Menschen, der die Wahrheit alter Weisheit gekannt hatte *„. . . wenn ihr Moses glaubtet, so glaubtet ihr auch mir (46)."* Öffnet sich ein Mensch der Stimme Gottes in ihm, kennt er die Wahrheit. Es bedarf keiner Überzeugung, keiner Argumente. Die Wahrheit ist in ihm, sie stärkt ihn und führt ihn dem Leben zu. Sie erhebt ihn vom Tod zum Leben. Alles dies sprach der Sohn des Vaters, das wahre

Licht, das wir Christus nennen, und das Jesus durchstrahlte – das Licht, das vom Vater kommt und das das Wesen des Menschen als Ergebnis seiner Offenheit für die Schwingung des Logos zu erhellen vermag.

Es ist der Wille des Vater-Mutter-Gottes, daß die Menschen einander lieben. Den Willen Gottes zu tun, bedeutet zu lieben, und indem ihr liebt und seinem Willen und Gebot folgt, werdet ihr die Wahrheit erkennen. Die Wahrheit befreit euch von allen Einschränkungen, von physischen, mentalen und astralen Einschränkungen, von Verlangen, Krankheit, Sorgen und Karma. Sie befreit euch von Karma und Wiedergeburt. Die Wahrheit des inneren Christus erhebt die Seele zu ewiger Freiheit.

Meine Brüder, wir wollen Gott danken für all die Liebe, Wahrheit und das Glück, für alles, das uns zuteil wird. Wir sind nichts ohne Gottes Liebe. Ohne den Geist des Vater-Mutter-Gottes sind wir nichts. Jedes Glück, jede Freude, meine Kinder, ist das Ergebnis dessen, daß ihr Gott annehmt sowie die großen Heerscharen der Engel und Menschen.

Vater-Mutter-Gott wir danken dir; wir danken dir für diese weitere Gelegenheit, von dir zu lernen. Wir danken dir für die Liebe und das Licht in unserem Sein. Tue mit uns, was du für richtig hältst; dein Wille geschehe in uns. Denn du bist Weisheit und Liebe und du gibst uns Gesundheit, Heiligkeit, Vollkommenheit und Glück.

VI. Kapitel

Das Brot des Lebens

Die mystischen Lehren des Johannes-Evangeliums enthalten alles – sofern man sie versteht – was der Mensch für sein geistiges Leben benötigt. Jedoch bleibt so vieles in der christlichen Lehre unerklärt. Die Worte von Jesus werden gewöhnlich in weltlichem Sinne ausgelegt, doch der Schüler der geistigen Wahrheit erkennt, daß alle diese Lehren eine dreifache Bedeutung besitzen, auf dreifache Weise gedeutet werden können. Um dies zu belegen: das sechste Kapitel des Johannes wird gewöhnlich im materiellen Sinn ausgelegt, doch es bezieht sich ebenfalls auf die Mentalebene und unterscheidet desweiteren zwischen dem mentalen und geistigen Aspekt. Das Juwel der Wahrheit besitzt viele Facetten, alle ergänzen einander, keine enthält die ganze Wahrheit, durch jede scheint ein Strahl der Wahrheit und alle Facetten werden aus der Mitte des Juwels erhellt. Das Herz des Ganzen liegt in seiner geistigen Bedeutung.

Die Menschen machen häufig den Fehler, die vielfältigen Aspekte der Wahrheit voneinander zu trennen; sie versuchen, die materielle Seite von der geistigen zu lösen. Dies ist nicht richtig – man sollte das Leben als ein Ganzes betrachten, indem man den Sinn und Wert jedes Aspektes erkennt und alle zu einem vollkommenen Ausdruck der Wahrheit verbindet. Ihr sagt auch nicht "meine Hände haben mit meinen Füßen nichts zu tun – da ich mit meinen Händen nicht laufen kann, entledige ich mich ihrer". Eure Hände verrichten Aufgaben, die nur sie zu tun vermögen und eure Füße haben ebenfalls ihre Aufgabe. So verhält es sich mit allen Seinsebenen, allen Aspekten der Wahrheit. Die physische Seite besitzt ihren Sinn und ihre Aufgabe, anderenfalls hätte Gott sie nicht erschaffen, und das materielle Leben besitzt auch seinen Platz in der Entwicklung des Menschen. Wir vermögen die materiellen Pflichten nicht beiseite zu schieben, da wir hier auf der Erde sind, um die Materie zu meistern und die Seele, die nicht darauf achtet, wohin sie geht, kommt zu Fall und erleidet sozusagen Verletzungen und Abschürfungen. Zwischen allen Seinsebenen sollte ein harmonischer Ausgleich bestehen. Harmonie und Ausgleich sind der Gegenstand des Lebens.

Wir werden uns in Kürze mit der Geschichte der Speisung der Fünftausend und mit jener befassen, in der Jesus über das Wasser schritt. Denkt daran, was wir zur Interpretation der Wahrheit auf verschiedenen Ebenen gesagt haben; sogenannte Wunder finden auf der physischen und materiellen Ebene statt und können ohne weiteres auf ihr stattfindden. 'Wunder' ist ein Wort, das dazu verwandt wird, um einen Vorgang, ein Geschehnis außerhalb des Rahmens der bekannten physikalischen Gesetze zu beschreiben, doch genau genommen ist ein Wunder das Ergebnis des natürlichen Ausdruckes des göttlichen Gesetzes auf der physischen Ebene.

In der Geschichte der Speisung der Fünftausend gab es nur zwei kleine Fische und fünf Brotlaibe, mit denen die Menge gespeist werden sollte. Nachdem diese vom Herrn gesegnet und unter den Fünftausend ausgeteilt worden waren, wurde damit bewiesen, daß genug für alle da war und nicht weniger als zwölf Körbe Nahrung, die mehr Speise enthielten als am Anfang vorhanden war, blieben übrig. Ist es möglich, daß ein solches Wunder wirklich stattfinden kann?

Ja, da der Herr das geistige Gesetz verstand. Er war Meister über die Materie und wußte, wie er die kreative Macht in sich anzuwenden hatte, um die materiellen Atome zu beherrschen. Eine solche kreative Handlung kann aufgrund einer Bewußtseinserhebung stattfinden; die zusätzliche Nahrung kann aus der universellen Lebenssubstanz von einem Meister materialisiert werden, von jemandem, der

Meister über die gesamte Materie ist. Alle unsere Bedürfnisse können erfüllt werden, sobald wir die Kraft der Liebe verstehen.

Gleichzeitig gibt es eine andere Auslegung dieses Wunders. Wir lesen, daß sich Jesus "auf einen Berg begab, um zu beten" und die Jünger oft mitnahm. Dies bedeutet, daß Jesus sein Bewußtsein und das seiner Jünger auf eine höhere Ebene erhob – er erklomm einen 'Berg'!

Auch wir vermögen solches in geringerem Grade zu tun, wenn wir meditieren. Unser erstes Ziel dabei ist es, von der Erdgebundenheit frei zu werden. Wir erheben uns auf einen Berg, und sobald wir Platz genommen haben, erscheint der Meister. Wir müssen uns zuerst über die materiellen Dinge erheben, um den Himmel zu erreichen, und in jenem Bewußtseinszustand machen wir Erfahrungen, die wir später nicht zu erklären, über die wir nicht zu sprechen vermögen, da Worte das Geschaute nicht beschreiben können.

Nachdem sie sich auf den Berg des Gebetes, des Strebens zurückgezogen hatten, sammelte Jesus eine große Menge um sich. Kann es sein, daß es sich hierbei um eine Schar geistiger Wesen handelte? Wir glauben, daß es Männer und Frauen waren, die es nach der Wahrheit dürstete. Jesus, der solches spürte, begann zu ihnen zu reden und erhob durch seine Liebe und geistige Kraft ihre Schwingungen, doch es dürstete sie noch immer, sie sehnten sich noch weiter nach dem Brot des Lebens, nach geistiger Nahrung. So wandte sich Jesus an die Jünger und fragte, mit was man die Menge speisen könnte. Er kannte die Antwort, doch wollte er sie einer Prüfung unterziehen. Einer der Jünger antwortete: *„Es ist ein Kind hier, das hat fünf Gerstenbrote und zwei Fische; aber was ist das für so viele?"* (9)

Achtet auf die Symbolik der Laibe und der Fische. Dürfen wir dergleichen so auslegen, daß der Meister selbst in seiner Inkarnation als Jesus von Nazareth die beiden Fische und Gerstenlaibe symbolisierte – daß er die Speise war, derer die Menschen bedurften? Denkt daran, er war der große Lehrer des Fische-Zeitalters, eines Zeitalters, das durch die Fische symbolisiert wurde. Die Gerstenlaibe symbolisieren das wahre Brot des Lebens, das lebensspendende Brot. Jesus befahl sich in die Hände Gottes und erbat den Segen für diese Nahrung. Mit anderen Worten, er gab sich selbst dem göttlichen und vollkommenen Leben hin, es wurde ihm Kraft zuteil und die Nahrung, die lebendige Speise der Wahrheit, wurde durch ihn an alle verteilt. Er stellte sich in den Dienst der Menge. Es gibt das Gesetz des geistigen Gebens. Man vermag geistig nicht zu geben, ohne etwas wiederzubekommen. Wenn ihr darauf achtet, werdet ihr bei spirituellen Menschen feststellen, daß sie um so mehr erhalten, je mehr an wahrem Geist sie verströmen. Jesus gab soviel seines geistigen Selbst, daß, nachdem alles verspeist war, alle geistige Nahrung aufgenommen worden war, die Jünger noch zwölf Körbe mit der übriggebliebenen Speise zu füllen vermochten. Wie herrlich ist es doch zu sehen, wie bei dieser geistigen Speisung mehr als genug für alle übrig ist, und die Jünger imstande sind, die Körbe mit den Resten zu füllen, die die Menge nicht mehr zu sich zu nehmen vermag. Die Quelle geistiger Wahrheit, geistiger Kraft, ist unerschöpflich.

Jesus spricht später vom "Brot des Lebens". Er spricht vom Gott-Vater (wir benutzen eher den Ausdruck "Vater-Mutter-Gott", da es unmöglich ist, die beiden zu trennen) und sagt: "Du, oh Gott, bist das wahre Brot des Lebens und du hast deinen Geist deinem Sohn gegeben. Dein Sohn hat an deinem Geist teil; deshalb sind der Vater und der Sohn eins, sind Vater-Mutter-Sohn, die einzige, heilige, vollkommene, gesegnete Dreieinigkeit des Lebens. Da der Geist des Vater-Mutter-Gottes in mir wohnt, bin ich das Brot. Nicht die Worte, die ich spreche, sondern die Kraft, die von mir ausgeht, ist das Brot des Lebens für alle Menschen. Nehmet und esset, dies ist mein Leib."

Wir sehen, daß der Körper des kosmischen Christus alles himmlische und physische Leben durchdringt, denn die Mutter Erde, die das physische Brot des Lebens hervorbringt, wird vom Licht, dem Körper Christi, durchdrungen. Vater-Mutter-Gott, du erhältst unseren Körper, Verstand und Geist, du erhältst alle unsere Seinsebenen.

Jesus spricht, daß das Manna, das Moses dem Volk reichte, nicht das Brot des Himmels ist. Jenes Manna, das den Kindern Israels in der Wüste zu Füßen gelegt wurde, war Nahrung für den Verstand, nicht für den Geist. Viele Menschen, vor allem in diesem Zeitalter, suchen nach diesem Manna, einer mentalen Nahrung und glauben, sie wäre das Brot des Himmels und vertiefen sich in komplizierte, mentale Übungen, die zwar interessant und unterhaltsam sind, doch den Geist hungrig lassen. Das Manna, das sich an den Verstand, die mentale Ebene wendet, befriedigte die Israeliten vorübergehend. Doch Jesus betont, daß dies nicht das wahre Brot ist.

"Ich bin das Brot des Lebens"(35). – ICH BIN das Brot des Lebens ist der reine Geist Gottes, der Geist Christi, der alle mentalen Grenzen transzendiert und in Liebe überfließt. Selbst wenn wir die Speisung der Fünftausend als materielles Wunder auslegen, erkennen wir hier Jesu große Liebe für die Menschen und sein Verständnis für ihre Bedürfnisse und Gefühle. Er vermochte sich in die Seele jedes einzelnen hineinzuversetzen und fühlte den Hunger und die Sehnsucht jedes einzelnen in sich selbst.

Wir hätten gerne, daß ihr das Kapitel sorgfältig lest und das Gelesene im Lichte eurer Eingebung interpretiert. Zudem bitten wir euch, meine Brüder, folgt dem inneren Licht, legt die Dinge selbst aus; möge euer Verstand durch Christus erleuchtet sein, und ihr werdet wahrscheinlich mehr verstehen als wir selbst euch zu offenbaren vermögen.

„(6.1 – 26) Danach fuhr Jesus weg über das Galiläische Meer, das auch See

von Tiberias heißt. Und es zog ihm viel Volk nach, weil sie die Zeichen sahen, die er an den Kranken tat. Jesus aber ging auf einen Berg und setzte sich dort mit seinen Jüngern. Es war aber kurz vor dem Passa, dem Fest der Juden. Da hob Jesus seine Augen auf und sieht, daß viel Volk zu ihm kommt, und spricht zu Philippus: „Wo kaufen wir Brot, damit diese zu essen haben?" Das sagte er aber, um ihn zu prüfen; denn er wußte wohl, was er tun wollte.

Philippus antwortete ihm: „Für zweihundert Silbergroschen Brot ist nicht genug für sie, daß jeder ein wenig bekomme." Spricht zu ihm einer seiner Jünger, Andreas, der Bruder des Simon Petrus: „Es ist ein Kind hier, das hat fünf Gerstenbrote und zwei Fische; aber was ist das für so viele?" Jesus aber sprach: "Laßt die Leute sich lagern."

Es war aber viel Gras an dem Ort. Da lagerten sich etwa fünftausend Männer. Jesus aber nahm die Brote, dankte und gab sie denen, die sich gelagert hatten; desgleichen auch von den Fischen, soviel sie wollten. Als sie aber satt waren, sprach er zu seinen Jüngern: "Sammelt die übrigen Brocken, damit nichts umkommt." Da sammelten sie und füllten von den fünf Gerstenbroten zwölf Körbe mit Brocken, die denen übrigblieben, die gespeist worden waren. Als nun die Menschen das Zeichen sahen, das Jesus tat, sprachen sie: "Das ist wahrlich der Prophet, der in die Welt kommen soll."

Als Jesus nun merkte, daß sie kommen würden und ihn ergreifen, um ihn zum König zu machen, entwich er wieder auf den Berg, er selbst allein. Am Abend aber gingen seine Jünger hinab an den See, stiegen in ein Boot und fuhren über den See nach Kapernaum. Und es war schon finster geworden, und Jesus war noch nicht zu ihnen gekommen. Und der See wurde aufgewühlt von einem starken Wind. Als sie nun etwa eine Stunde gerudert hatten, sahen sie Jesus auf dem See gehen und nahe an das Boot kommen; und sie fürchteten sich.

Er aber sprach zu ihnen: "Ich bin's; fürchtet euch nicht." Da wollten sie ihn ins Boot nehmen; und sogleich war das Boot am Land, wohin sie fahren wollten.

Am nächsten Tag sah das Volk, das am anderen Ufer des Sees stand, daß kein anderes Boot da war als das eine, und daß Jesus nicht mit seinen Jüngern in das Boot gestiegen war, sondern seine Jünger waren allein weggefahren. Es kamen aber andere Boote von Tiberias nahe an den Ort, wo sie das Brot gegessen hatten unter der Danksagung des Herrn. Als nun das Volk sah, daß Jesus nicht da war und seine Jünger auch nicht, stiegen sie ein in die Boote und fuhren nach Kapernaum und suchten Jesus. Und als sie ihn fanden am andern Ufer des Sees, fragten sie ihn: „Rabbi, wann bist du hergekommen? " Jesus antwortete ihnen und sprach: "Wahrlich, wahrlich, ich sage euch: Ihr sucht mich nicht, weil ihr Zeichen gesehen habt, sondern weil ihr von dem Brot gegessen habt und satt geworden seid."

Der letzte Vers ist der bedeutendste und enthält den Schlüssel zum ganzen Kapitel. Ihr werdet bemerken, wie Jesus sprach, daß ihr Bewußtsein erhoben wurde, sie auf höhere Ebenen aufgenommen wurden, da sie das Brot aßen; mit anderen Worten, da seine Zuhörer von Jesus den göttlichen Geist empfingen, das herrliche Licht, das er ausstrahlte, erlebten sie eine Bewußtseinserhöhung. Nicht das Schauen von Wundern ruft diese Wirkung hervor, sondern das Betreten der inneren Kammer und das Fühlen von Christi Gegenwart. Wenn ihr in euch sein Sein aufnehmt, eßt ihr das Brot des Lebens, ihr kommuniziert mit Jesus Christus. Nicht die Worte, nicht die Wunder, die ihr bestaunt, sondern das Brot des Lebens, das ihr zu euch nehmt, die Gegenwart des Geistes, der Segen des Meisters – das ist Kommunion.

Die Geschichte von Jesus, in der er über das Wasser schreitet, beweist, daß er über alle Anfechtungen erhaben war, die von den emotionalen und niederen Mentalebenen aufsteigen. Der Herr Jesus schritt über die Wellen. Und als die Jünger ihn in ihr vom Sturm bewegtes Boot aufnahmen, beruhigte sich das Wasser und das Boot lief in seinen Bestimmungshafen ein. Mit anderen Worten, sobald die Emotionen unter Kontrolle gebracht werden – sobald ihr, die Jünger, Christus annehmt, seid ihr nicht länger in Gefahr; ihr liegt im Hafen. Alles ist gut. Bemüht euch stets, daran zu denken.

„(6.27 – 35) Schafft euch Speise, die nicht vergänglich ist, sondern die bleibt zum ewigen Leben. Die wird euch der Menschensohn geben; denn auf dem ist das Siegel Gottes, des Vaters. Da fragten sie ihn: „Was sollen wir tun, daß wir Gottes Werke wirken?"

Jesus antwortete und sprach zu ihnen: „Das ist Gottes Werk, daß ihr an den glaubt, den er gesandt hat." Da sprachen sie zu ihm: „Was tust du für ein Zeichen, damit wir sehen und dir glauben? Was für ein Werk tust du? Unsere Väter haben in der Wüste das Manna gegessen, wie geschrieben steht. "Er gab ihnen Brot vom Himmel zu essen."

Da sprach Jesus zu ihnen: "Wahrlich, wahrlich, ich sage euch: Nicht Moses hat euch das Brot vom Himmel gegeben, sondern mein Vater gibt euch das wahre Brot vom Himmel. Denn Gottes Brot ist das, das vom Himmel kommt und gibt der Welt das Leben."

Da sprachen sie zu ihm: "Herr, gib uns allezeit solches Brot." Jesus aber sprach zu ihnen: "Ich bin das Brot des Lebens. Wer zu mir kommt, den wird nicht hungern; und wer an mich glaubt, den wird nimmermehr dürsten."
(Die weiteren Verse setzen das Thema fort.)

Wer an mich glaubt wurde als Glaubensfrage ausgelegt. Zeigt Glauben. Glaubt an mich. Doch diese Worte bedeuten mehr als Glauben im gewöhnlichen Sinne; an Jesus Christus zu glauben, bedeutet sein Leben in uns aufzunehmen, nach seinem Beispiel zu leben. Dies ist wahrer Glaube.

An sich glauben, das "ICH BIN", heißt sich so führen zu lassen, so vom sanftmütigen Leben, der sanften Liebe durchdrungen zu werden, daß wir werden wie Christus. Glauben heißt, das Licht, die Liebe, die Weisheit, die Sanftmut, die Gerechtigkeit und die Wahrheit Christi zu werden, es heißt, um die Kraft Christi in sich zu wissen.

Ein oder zwei weitere Fragen erheben sich in diesem Zusammenhang. Erinnert ihr euch, daß Jesus zu anderer Gelegenheit sagte, daß die, die reinen Herzens sind, Gott schauen werden? (Mt. 5.8). In diesem Kapitel spricht er davon, daß diejenigen, die Gott geschaut haben, in ihm (Jesus), den Sohn Gottes erkennen – nur die Schlichten und Reinen, die den Kindern gleichen. Eine weitere Auslegung bezieht sich, wie wir meinen, auf das symbolische Essen des Fleisches und das Trinken von Jesu Blut. Hier verstehen wir die Lehre der Bruderschaft in ihrem weitesten Sinn als "Bruderschaft des Geistes". Hier nimmt jeder Mensch vom Fleisch und Blut (dem geistigen Leben) seines Nächsten und nimmt damit an dessen Erfahrungen, Gefühlen, Sorgen und Bestrebungen teil. Bruderschaft ist die vollkommene Lebensweise; es gibt nichts Höheres als wahre Bruderschaft. Jesus sprach: *"Liebet euch untereinander" (Joh. 15.12)* und weiter: *"Du sollst den Herrn, deinen Gott, lieben von ganzem Herzen, von ganzer Seele und von ganzem Gemüt" (Mt. 22.37)*. Damit meinte er, daß man allen Menschen wahre brüderliche Liebe schenken solle – nicht nur wenigen, nicht nur denen, die ihr liebt – sondern allen, indem ihr mit ihnen das Brot und den Wein des Geistes teilt.

Jesus verweist erneut darauf, daß Zeichen und Wunder wenig oder nichts bedeuten. Manna verhilft den Menschen nicht zum ewigen Leben. Sie können wahres Leben nicht durch den Verstand oder Intellekt erhalten, sondern nur durch die Liebe Christi in ihrem Herzen. Das göttliche Feuer ewigen Lebens entspringt dem Herzen, in dem Christus wohnt.

VII. Kapitel

Von der Unterscheidung wahrer Werte

Ein häufig auftauchendes Märchen erzählt die Geschichte eines Prinzen, der sich auf die Suche begibt, die ihm schließlich die Hand einer schönen Prinzessin einbringt. Zu Beginn warnt man ihn vor den vor ihm liegenden Gefahren, doch trotzdem bleibt er unerschrocken und erklärt, er werde sein Ziel erreichen. Nach vielen Abenteuern gelangt er zum Schloß, findet und heiratet die Prinzessin seiner Träume. Diese Verbindung steht symbolisch für die Vereinigung der Seele mit dem höheren Selbst, es ist die Vereinigung mit dem geliebten Menschen. Es handelt sich um die Geschichte eines jeden Menschen.

Doch was hat dieses Märchen von der Suche der Seele mit dem siebenten Kapitel des Johannes-Evangeliums zu tun? Nur soviel, als Jesus seinen Jüngern die gleiche Geschichte in anderer Form erzählt. Wir alle sind vom Herzen des Vater-Mutter-Gottes auf eine Suche entsandt worden, und manchmal erleiden wir tiefen Schmerz auf unserem Weg. Sobald die Seele bewußt ihre geistige Suche verfolgt, wird sie sich zweier unterschiedlicher Pfade bewußt, jenes des der Welt zugewandten Menschen und jenes des Gott zugewandten Menschen. Die Welt ist nur allzu bereit, einen armen Christen zu verurteilen, ihn zu verspotten und ihn in Versuchung zu führen (wie in Bunyan's "Pilgrim's Progress"), damit er vom Pfade abweiche.

Beim Lesen dieses Kapitels werdet ihr auf strittige Fragen stoßen, auf einen Unglauben, da die Schriftgelehrten und Pharisäer die Gültigkeit der Lehren Jesu in Frage stellten. (Sie waren die Intellektuellen jener Tage und sind die Intellektuellen aller Zeiten, da es Schriftgelehrte und Pharisäer immer geben wird; es ist eine Entwicklungsstufe, die der Mensch durchschreitet). *"Und die Juden verwunderten sich und sprachen: Wie kann dieser die Schrift verstehen, wenn er es doch nicht gelernt hat?"(15)* Dies ist stets die Reaktion des weltlichen Verstandes. Sie verstehen nicht, daß im Universum ein tiefer Brunnen der Wahrheit besteht, den die Seele zu berühren vermag, an den die Seele in tiefer Meditation heranreicht, die wahre Bescheidenheit erlangt hat, die weiß, daß alle Wahrheit, alle Güte, von Gott herkommt. Jesus sprach: *"Was fragst du mich nach dem, was gut ist? Gut ist nur Einer."*(Mt. 19.17). Güte rührt von Gott her; die erleuchtete Seele ist sich dessen bewußt, daß alle Weisheit, die sie besitzt, nicht von ihr kommt, sondern dem Strom der Wahrheit, der Gott ist, entspringt – dem Geist Gottes und nicht dem Geist des eigenen Selbst.

Wie erreicht man jenen Zustand, in dem man die Wahrheit aus den universellen Bereichen der Weisheit empfängt? Durch beständiges Streben, durch Aufrichtigkeit im Leben und Zielgerichtetheit. Wir verstehen darunter, daß die Seele, die sich der Suche nach dem Schatz von unbeschreiblichem Wert bewußt ist, sich bemüht, sich auf den Geist einzustimmen, und das geistige Wesen wahrnimmt, das jeder Manifestation und jedem Ereignis im Leben zugrunde liegt.

Die wahrhaft Großen erkennen und unterscheiden beständig den wahren Weg des Lebens vom falschen, den wahren Weg, auf dem alle Lebenswerte geistiger Art erkannt werden. Der Durchschnittsmensch beurteilt die Dinge nach ihrem Preis und fast immer nach ihrem Äußeren. Er erblickt leuchtendes Gold und glaubt, es werde ihn auf ewig zufriedenstellen. Er bemächtigt sich des Goldes, verschließt es, lebt und stirbt, nachdem er einen wertlosen Gegenstand in Verwahrung genommen hat. So sieht die Lebenseinstellung des normal sterblichen Menschen aus. Doch ein Mensch, der in Gott lebt, beurteilt alle Dinge nach ihrem geistigen Wert.

Gelegentlich ist es schwierig, zwischen dem Wertlosen und dem

Wertvollen zu unterscheiden. Nachdem ihr schließlich eures Weges sicher seid, und eure Werte sich zu verlagern beginnen, mag euch auffallen, daß man euch ablehnt. Es scheint, als ob der geistige Einfluß manchmal eine unbewußte Reaktion der Welt hervorruft, und es entstehen Ablehnung und Schwierigkeiten, obwohl die Leute freundlich und wohlmeinend sind. Jene, die einen Eindruck des wahren geistigen Weges besitzen, sind im allgemeinen daran interessiert ihre Eindrücke weiterzuvermitteln; einige jedoch sind übereifrig, überbegeistert und unklug. Nachdem ein Mensch, der in Gott lebt, nur kleine Erfahrungen gesammelt hat, lernt er, Zurückhaltung zu üben und hilft allein durch Freundlichkeit, und indem er seine Liebe seinem Nächsten schenkt.

Der Meister war sich des der Welt zugewandten Menschen wohlbewußt. In diesem Kapitel stellen wir fest, daß Jesus vom inneren Leben spricht. Die Schriftgelehrten und Pharisäer, viele seiner Anhänger und selbst einige seiner Jünger zeigten sich verwirrt; sie sahen sich enttäuscht und waren nur allzu bereit, Ärger und Streit gegen Jesus zu schüren. Als das Fest der Juden nahte, entsandte Jesus seine Jünger zum Tempel, auf daß sie bekanntgaben, er wäre noch nicht bereit zu kommen. Doch er ging allein in aller Ruhe dorthin.

Was dürfen wir daraus schließen? Jesus zog sich von seinen Gefährten in die inneren Welten, zur Kommunion, zur geistigen Schau zurück, so wie ihr euch in Meditation versenkt und euch von der äußeren Welt zurückzieht und trotzdem bei vollem Bewußtsein bleibt; in diesem Zustand wird ein Meister weder durch Raum noch durch Zeit begrenzt und kann sich in seinem Seelenkörper dorthin begeben, wohin er möchte. Wir glauben, daß Jesus sich in Meditation versenkte und sich in seinem Seelenkörper zum Fest begab, um zu sehen, was dort geschah. Die Jünger und die Juden zeigten sich verwirrt, da sie wußten, daß er irgendwo anwesend war. Sie fühlten Angst und Zorn, da sie ihn weder zu sehen noch zu berühren vermochten.

Später spricht Jesus davon, daß er sich zu einem Ort begeben werde, zu dem die Jünger nicht folgen können. Die Juden zeigten sich darüber irritiert und sprachen: *„Wo will dieser hingehen, daß wir ihn nicht finden könnten?"* (35) Der Ort, den Jesus aufsuchte, entzog sich allem intellektuellen Verständnis, er lag jenseits aller religiösen Lehren und allen Wissens jener Zeit. Jesus suchte jenes goldene, weit entfernte Schloß auf, in dem er sich mit seinen Lieben verband. Dies soll nicht allein heißen, daß sein Geist, seine Seele, aufgrund seines Todes bald seinen Körper verlassen würde; der Geist vermag andere Reiche aufzusuchen, während er im Körper verbleibt, eine Lehre, die den wahren Rosenkreuzern wohlbekannt ist. Die wahren Rosenkreuzer kennen den Ort, den Jesus aufsuchte; auch sie folgen dem Pfad, den Jesus beschritt. Sie streben nach der mystischen Hochzeit, der Vereinigung ihrer Seele mit dem Geliebten. "Ihr könnt mir nicht folgen", sprach Jesus. Kein auf die Welt ausgerichteter Mensch vermag dem Pfad zu folgen, nur die wahrhaft Bescheidenen, jene, die Gott geschaut haben; die Reinen im Herzen, die den Kindern gleichen, die Schlichten, so wie es der geliebte Bruder Franziskus von Assisi einer war, nur sie vermögen jenen Ort zu erreichen. Die sich an der Welt Ausrichtenden sind stets bemüht, das Geistige im Menschen abzutöten; dergleichen stellt den Konfliktgrund der heutigen Welt dar. Die Weltzugewandten suchen den Geist zu töten.

Wenden wir uns jetzt dem Evangelium zu und lesen wir, was darin steht.

„(7.1 - 7) Danach zog Jesus umher in Galiläa; denn er wollte nicht in Judäa umherziehen, weil ihm die Juden nach dem Leben trachteten. Es war aber nahe das Laubhüttenfest der Juden. Da sprachen seine Brüder zu ihm: "Mach dich auf von hier und geh nach Judäa, damit auch deine Jünger die Werke sehen, die du tust." Niemand tut etwas im Verborgenen und will doch öffentlich etwas gelten. Willst du das, so offenbare dich vor der Welt. Denn auch seine Brüder glaubten nicht an ihn. Da spricht Jesus zu ihnen: "Meine Zeit ist noch nicht da, eure Zeit ist allewege. Die Welt kann euch nicht hassen. Mich aber haßt sie, denn ich bezeuge von ihr, daß ihre Werke böse sind."

Bemerkt ihr den Konflikt? Die Jünger waren zu jener Zeit von der Welt, weltlich - sie hatten noch nicht Erleuchtung erlangt, sie verstanden nicht. Doch Jesus wußte um die Dinge.

„(7.8 - 9) Geht ihr hinauf zum Fest. Ich will nicht hinaufgehen zu diesem Fest, denn meine Zeit ist noch nicht erfüllt." Das sagte er und blieb in Galiläa.

Der wiederholte Bezug auf *meine Zeit* soll nicht so ausgelegt werden, daß der Meister auf die richtige Zeit des Herrn wartete. Er wußte, daß alle Dinge sich zur rechten Zeit ereignen und das der Mensch die Pläne Gottes nicht zu beschleunigen vermag. Der Mensch ist immer eifrig darauf bedacht, etwas zu tun, zu erreichen, doch der Meister spricht in seiner Weisheit: "Wartet". Jesus war geduldig, doch gleichzeitig auch bereit; er vertraute sich ganz und gar den Händen seines Vaters an. Er zeigte keine Eile wie es der Mensch so oft tut und sich auf Pfade begibt, die selbst Engel nicht zu beschreiten wagen. Er blieb ruhig und wartete, daß Gottes Zeit sich erfülle. *Meine Zeit ist noch nicht erfüllt.* In diesen Worten offenbart sich die Ruhe und Gelassenheit seines Wesens.

(7.10 - 16) Als aber seine Brüder hinaufgegangen waren zum Fest, da ging auch er hinauf, nicht öffentlich, sondern heimlich. Da suchten ihn die Juden auf dem Fest und fragten: "Wo ist er?" Und es war ein großes Gemurmel über ihn im Volk. Einige sprachen: "Er ist gut;" andere aber sprachen: "Nein, sondern er verführt das Volk." Niemand aber redete offen über ihn aus Furcht vor den Juden. Aber mitten im Fest ging Jesus hinauf in den Tempel und lehrte. Und die Juden verwunderten sich und sprachen: "Wie kann dieser die Schrift verstehen, wenn er es doch nicht gelernt hat?" Jesus antwortete ihnen und sprach: "Meine Lehre ist nicht von mir, sondern von dem, der mich gesandt hat."

Als es an der Zeit war, erschien Jesus leibhaftig, um das Volk zu lehren. Sofort riefen die weltlichen Menschen aus "Wer ist dieser

Mann? Er ist ungebildet und unbekannt“ - da sie nicht erkannten, daß Jesus nicht aus sich heraus lehrte, sondern daß das große Licht, die göttliche Wahrheit, die universelle Weisheit aus seinem Mund sprachen. Er hatte sich so sehr auf das Universum eingestimmt, daß er als Kanal diente, durch den jede Wahrheit, alles Wissen, alle Weisheit strömte. In sehr geringem Maße kann man solches heute bei hochentwickelten Menschen beobachten, die höheren Intelligenzen als Kanal oder Medium dienen. Doch jemand, der Meisterschaft erlangt hat, wird für die reine und universelle Wahrheit zum Kanal.

„(7.17 - 19) Wenn jemand dessen Willen tun will, wird er innewerden, ob diese Lehre von Gott ist oder ob ich von mir selbst aus rede. Wer von sich selbst aus redet, der sucht seine eigene Ehre; wer aber die Ehre dessen sucht, der ihn gesandt hat, der ist wahrhaftig, und keine Ungerechtigkeit ist in ihm. Hat euch nicht Moses das Gesetz gegeben? Und niemand unter euch tut das Gesetz. Warum sucht ihr mich zu töten?“

Erkennt ihr, was für eine wunderbare Wahrheit hier zum Ausdruck kommt? Derjenige, der von sich selbst aus spricht, spricht nur über sich und seine Absichten, doch derjenige, der das Werkzeug Gottes ist, denkt nicht an seine eigene Herrlichkeit; er weiß, er ist nichts und alles, das er erreicht, verdankt er dem Licht Gottes, der göttlichen Wahrheit. Gott sei Ehre und Herrlichkeit jetzt und immerdar.

„(7.20 - 21) Das Volk antwortete: “Du bist besessen; wer sucht dich zu töten?“ Jesus antwortete und sprach zu ihnen: “Ein einziges Werk habe ich getan, und es wundert euch alle.“

Da Jesus zwischen der geistigen Wahrheit und der Realität zu unterscheiden vermochte, sprachen die Intellektuellen “In dir steckt der Teufel.“ Kommt diese Haltung uns heute nicht auch vertraut vor? Verfügen nicht jene über klare geistige Unterscheidung, denen man manchmal nachsagt, sie stünden auf der Seite des Teufels, des Bösen?

„(7.22 - 29) Moses hat euch doch die Beschneidung gegeben - nicht daß sie von Moses kommt, sondern von den Vätern -, und ihr beschneidet den Menschen auch am Sabbat. Wenn nun ein Mensch am Sabbat die Beschneidung empfängt, damit nicht das Gesetz des Moses gebrochen werde, was zürnt ihr dann mir, weil ich am Sabbat den ganzen Menschen gesund gemacht habe?

Richtet nicht nach dem, was vor Augen ist, sondern richtet gerecht.

Da sprachen einige aus Jerusalem: "Ist das nicht der, den sie zu töten suchen? Und siehe, er redet frei und offen, und sie sagen ihm nichts. Sollten unsere Oberen nun wahrhaftig erkannt haben, daß er der Christus ist? Doch wir wissen, woher dieser ist; wenn aber der Christus kommen wird, so wird niemand wissen, woher er ist."

Da rief Jesus, der im Tempel lehrte: "Ihr kennt mich und wißt, woher ich bin. Aber nicht von mir selbst aus bin ich gekommen, sondern es ist ein Wahrhaftiger, der mich gesandt hat, den ihr nicht kennt. Ich aber kenne ihn; denn ich bin von ihm, und er hat mich gesandt."

Jesus war sich seines göttlichen Ursprungs bewußt, der Quelle, von der er kam und der Bestimmung seiner Reise. Im Gegensatz dazu zeigt der weltorientierte Mensch Verwirrung, mißachtet seinen Ursprung und seine Aufgabe. Jesus betont ganz klar den Unterschied zwischen jenen, die wissen und jenen, die nicht wissen. Der wahre Mensch, der Weitblick besitzt und weiß, wohin er geht, beurteilt das Leben nach den Gesetzen des Geistes und gemäß den geistigen Werten.

Um wahre Werte zu erkennen, bedarf es großen Unterscheidungsvermögens, meine Brüder. Ihr werdet feststellen, daß ihr an jeder Biegung eures Lebens, in allen Angelegenheiten mit euren Mitmenschen, in euren Gefühlen, Gedanken und Urteilen, die so schnell über eure Lippen kommen, immer mit zwei Wertmaßstäben konfrontiert werdet - dem weltlichen, materiellen und dem wahrhaft geistigen Maßstab. Auf der einen Seite besteht Härte, geringe Brüderlichkeit, Unfreundlichkeit, auf der anderen das brüderliche Streben andere so zu behandeln, wie ihr selbst behandelt werden möchtet, das Bestreben, sich an Stelle derer zu versetzen, die Ungerechtigkeit erleiden und unverstanden sind. Eure Seele dürstet danach, Wissen und Weisheit zu erlangen, um solchen Problemen richtig zu begegnen, um in allen Lebenslagen gerecht, weise und liebevoll zu handeln.

„(7.30 - 39) Da suchten sie ihn zu ergreifen; aber niemand legte Hand an ihn, denn seine Stunde war noch nicht gekommen. Aber viele aus dem Volk glaubten an ihn und sprachen: Wenn der Christus kommen wird, wird er etwa mehr Zeichen tun, als dieser getan hat? Und es kam den Pharisäern zu Ohren, daß im Volk solches Gemurmel über ihn war. Da sandten die Hohenpriester und Pharisäer Knechte aus, die ihn ergreifen sollten.

Da sprach Jesus zu Ihnen: "Ich bin noch eine kleine Zeit bei euch, und dann gehe ich hin zu dem, der mich gesandt hat. Ihr werdet mich suchen und nicht finden; und wo ich bin, könnt ihr nicht hinkommen." Da sprachen die Juden untereinander: "Wo will dieser hingehen, daß wir ihn nicht finden könnten? Will er zu denen gehen, die in der Zerstreuung unter den Griechen wohnen, und die Griechen lehren? Was ist das für ein Wort, daß er sagt: Ihr werdet mich suchen und nicht finden; und wo ich bin, da könnt ihr nicht hinkommen?"

Aber am letzten Tag des Festes, der der höchste war, trat Jesus auf und rief: "Wen da dürstet, der komme zu mir und trinke. Wer an mich glaubt, wie die Schrift sagt, von dessen Leib werden Ströme lebendigen Wassers fließen." Das sagte er aber von dem Geist, den die empfangen sollten, die an ihn glaubten; denn der Geist war noch nicht da; denn Jesus war noch nicht verherrlicht.

Der Bezug auf das "lebensspendende Wasser" geht nach unserer Meinung auf den Felsen zurück, aus dem das Wasser strömte, als

Moses auf ihn schlug. Wir meinen, daß eine korrektere Übersetzung dies klarer zum Ausdruck bringen würde. Wird man berührt, strömt das lebensspendende Wasser aus dem Felsen, der ursprünglich so hart und unnachgiebig schien, aber nur, wenn man wirklich berührt wird. Jesus sprach: *"Wen da dürstet, der komme zu mir und trinke"(37).* Er bezieht sich dabei auf jene Wahrheit, die im Christus-Geist liegt und die das Wasser des Lebens ist, von dem alle eines Tages trinken werden. Es kommt die Zeit, zu der jeder Mensch durch geistigen Durst ermattet und Schwäche erleidet, und wo er ausrufen wird *"Warum tut Gott mir solches an?"* So ruft die Seele, die nach einem Schluck des lebensspendenden Wassers dürstet, der allein ihren Durst zu stillen vermag. Dazu berührt Gott den Stein des weltlichen Herzens, was wahrscheinlich durch Leid, Sorge und Enttäuschung zum Ausdruck kommt. Die Seele versteht oder erkennt nicht, was geschieht, doch sobald sie trinkt und ihr Durst gelöscht wird, kommt es zu Verständnis und Frieden, weil sie dann die Kraft des lebendigen Gottes schaut, sie vom Wasser getrunken hat, das nur strömt, wenn sie von der Hand Gottes angerührt wird.

(7.40 – 43) Einige nun aus dem Volk, die diese Worte hörten, sprachen: "Dieser ist wahrhaftig der Prophet." Andere sprachen: "Er ist der Christus." Wieder andere sprachen: "Soll der Christus aus Galiläa kommen? Sagt nicht die Schrift: aus dem Geschlecht Davids und aus dem Ort Bethlehem, wo David war, soll der Christus kommen?"

So entstand seinetwegen Zwietracht im Volk. Stellt dies nicht die heutige Welt dar und ganz besonders den Standpunkt des Materialisten, der seinen eigenen Wertmaßstäben anhängt? Falls ein Prophet oder geistiger Lehrer diesen Standpunkt nicht vertritt, taugt er nichts. Dem Kritiker mangelt es an genügend Weitblick oder Unterscheidungsvermögen, um die Wahrheit zu erkennen, die im Menschen wohnt. Die Wege des Geistes, meine Brüder, sind immer sanft ... sanft, bescheiden, demütig, und wenn dies erkannt wird, dürft ihr sicher sein, daß ihr an die Wahrheit rührt. Hütet euch vor Arroganz, Selbstgefälligkeit und dem Klang der Trompeten *"Ich bin in kleinen Dingen,"* spricht der Herr, *"in einfachen Dingen."*

VIII. Kapitel

Das Gesetz des Menschen und das Gesetz des Herrn

Im achten Kapitel des Johannes-Evangeliums stoßen wir wiederholt auf die gleiche Wahrheit. Beachtet, wie klar der Geist Jesu war, wie vollkommen er das Wesen der Dinge erfaßte und wie jämmerlich der intellektuelle Denker es in vielerlei Augenblicken versäumt, die Bedeutung des Herrn zu erfassen. Im Verlauf dieses Kapitels soll aufgezeigt werden, daß Jesus der Wahrheit treu blieb, während einige seiner Zuhörer und sogar seine Jünger, von der Wahrheit abfielen. Jesus spricht von der absoluten Wahrheit, dem Leben und der Liebe, die nur von Gott kommen. Die Menschen, die ihm zuhörten, hatten weder von der Wahrheit noch von Gott eine auch nur geringe Vorstellung. Der Christus-Geist in der Seele des Menschen muß zum vollen Erblühen kommen, und sobald dies geschieht, wird der Mensch die Wahrheit kennen und sie in Gedanken, Worten und Werken zum Ausdruck bringen. Ist der Christus-Geist noch unentwikkelt, kann man ihn mit einem Kind vergleichen, und der Mensch versteht ihn nicht und versteht auch nicht die Wahrheit. Er wartet in der Dunkelheit der Ignoranz des Menschen, und durch die Dunkelheit vermag der Mensch ihn nicht zu erfassen.

In diesem Kapitel sollen erneut die beiden Lebensaspekte aufgezeigt werden, und ihr werdet in ihnen euer Alltagsleben erkennen. Jesus besitzt eine klare und vollkommene Vorstellung von Gott, seinem Vater, und daran hält er fest. Seine Handlungen, Gedanken und Worte drücken reine göttliche Liebe aus; in ihm ist kein Raum für etwas anderes, er verurteilt nicht. Fast am Anfang des Kapitels lesen wir die Geschichte jener Frau, die Ehebruch beging und stellen fest, wie eifrig ihre Ankläger bestrebt waren, den Herrn davon zu überzeugen, daß er sie verurteile. "Wir haben sie ertappt, wir sahen, daß sie sündigte. Was sagst du dazu?" fragten sie, da sie wußten, daß die Frau nach dem Gesetz des Moses die Steinigung verdient hatte. Nach unserer Auslegung entspricht das Gesetz des Moses dem irdischen Gesetz, handelt es sich um das Gesetz der materiellen Welt. Doch die Gesetze der Welt entsprechen nicht unbedingt den Gesetzen Gottes, daß heißt, sie entsprechen nicht der absoluten Lebenswahrheit. Im Gegenteil, sie brechen oft das Gesetz Gottes. Mißversteht uns nicht: wir wollen damit nicht sagen, daß ihr das vom Menschen geschaffene Gesetz nicht befolgen sollt. Jesus sagte an anderer Stelle: *"So gebt dem Kaiser, was des Kaisers ist, und Gott, was Gottes ist."* (Mk.12.17) Im gegenwärtigen Zustand der Evolution und geistigen Entwicklung gibt es viele, die kein anderes Gesetz als das von Moses verstehen. Der Mensch erschafft sich selbst seine eigenen Gesetze und gemäß dem selbsterschaffenen Standard wird er regiert. Wir versuchen damit zu klären, daß es zwei Aspekte, zwei Gesetze gibt – das Gesetz Gottes und das Gesetz Moses.

Die Juden hofften, daß sie damit dem Meister eine Falle stellen könnten. "Was wirst du dieser Frau jetzt sagen?" forderten sie ihn heraus. Er sah sie nicht an. Er sah nicht einmal die Frau an. Er war damit befaßt, etwas auf den Boden zu zeichnen. Seht hierin den sanftmütigen, mitfühlenden Geist Christi. Er ist immer da. Er sah die Ankläger der Frau nicht an, da er sie nicht einmal mit einem Blick beschuldigen wollte, also beugte er seinen Kopf und schrieb. In dieser schlichten Haltung liegt eine tiefe Bedeutung. Jesus nahm zum Gesetz Gottes Zuflucht. Er verurteilte weder die Ankläger noch die Angeklagte, sondern war bemüht, durch seine Haltung bestimmte geistige Kräfte in Bewegung zu setzen, die das Gewissen der Ankläger als auch der Angeklagten wecken würden. Entspricht dergleichen nicht einer wunderbaren Geisteshaltung? Wieviele auf der Welt vermögen solches zu tun? Und doch ist es genau das, was in der geistigen Welt und beim Abtragen des Karmas geschieht.

Gott hat in die Seele Wahrheit gesetzt, welche, sobald sie durch das Gewissen angeregt wird, der Seele ihre Irrtümer enthüllt. Niemand sollte gemäß des Gesetzes Moses verurteilen oder Unrecht richten. Wir sprechen jetzt von kleinen Ungerechtigkeiten, die uns allen widerfahren. Wir sollten in Zusammenhang mit diesen Dingen ruhig bleiben. Es gibt keinen Grund zur Selbstgerechtigkeit, wenn ihr bestrebt seid, dem Gesetz Gottes zu folgen. Diese herrliche und wunderbare Wahrheit, dieses Gesetz, arbeitet mit absoluter Genauigkeit. Jede Seele ist ihr eigener Ankläger. Sobald sie sich erkennt, ihr niederes Selbst offengelegt wird, klagt sie sich selbst an und bedarf keiner äußeren Verurteilung. Im weiteren Verlauf des Kapitels bezieht sich Jesus auf ein Selbst oder Leben, das 'unten' liegt (23). Mit zunehmendem Wachstum erkennt die Seele jenes niedere Selbst, das 'unten' liegt und weiß, wenn sie Unrecht getan hat. Dann strömt eine große Liebe durch die Seele. Sobald das Gewissen erwacht, kommt es zu Gewissensbissen. Sobald wahre Trauer, wahres Bedauern verspürt werden, umfaßt der Führer oder Lehrer sanft den Sünder, seinen Schüler, tadelt ihn niemals und wiederholt auch nicht die Dinge, die der Vergangenheit angehören, sondern führt die Seele helleren Bereichen entgegen. Die Seele bedarf dann der Hölle nicht mehr, sie hat daran genug gelitten. Tiefe Reue vermag so tief und heftig zu sein, daß die Seele keiner weiteren Verurteilung bedarf, nur des heilenden Balsams der Liebe.

Solches wollte Jesus durch seine Handlungen lehren. Er verurteilte nicht einmal die Ankläger. Er wollte nicht, daß sie sich unwohl oder schuldig fühlten. Doch sie mußten lernen, daß er den Geist Gottes in jedem Gedanken, in jeder Haltung zum Ausdruck brachte. Jesus wußte, daß Gott des Menschen Richter in sein eigenes Herz setzt, der Richter des Menschen ist Gott in ihm. *Jesus aber richtete sich auf und fragte sie: "Wo sind sie, Frau? Hat dich niemand verdammt?" Sie antwortete: "Niemand, Herr." Und Jesus sprach: "So verdamme ich dich auch nicht: geh hin und sündige hinfort nicht mehr,"* (10-11) obwohl er wußte, daß die Frau gesündigt hatte. Dies heißt, daß wir imstande sein sollten, Recht von Unrecht zu unterscheiden, doch wir sollten über keinen Sünder richten, da wir sein Karma nicht kennen, noch die Umstände, die ihn zu einer solchen Handlung veranlaßt haben. Wir sollten nicht wagen zu richten und je mehr die Seele an Weisheit zunimmt, desto überzeugter ist sie von dieser Wahrheit.*

Wenn ihr nur das Leben Jesu so sehen könntet, wie wir es sehen. Dann würdet ihr den sanftmütigen, liebevollen und wahrhaftigen Sohn Gottes erkennen. Der wahre Lehrer, der wahre Sohn, enthält sich der Verurteilung, da er weiß, daß jeder Mensch ein Gewissen besitzt, und er trägt zur Erweckung des Gewissens bei, hilft der Seele, sich selbst zu erkennen. *"So verdamme ich dich auch nicht; geh hin und sündige hinfort nicht mehr."* Jesus sanfte Worte drangen ins Herz der Frau und ihr Herz, die Stimme ihres Gewissens, sprach zu ihr.

Jesus erzählte seine Zuhörern vom Gesetz Gottes. Sie versuchten ihn zu beschuldigen, da sie sagten, er spräche nicht von sich, sondern vom Vater. Sie beschuldigten ihn, daß er besessen wäre, da er verkündete, er wäre von Gott. Einige Menschen glauben irrtümlicherweise und behaupten dies auch, sie werden von großen Persönlichkeiten inspiriert, um Eindruck zu machen, um dem Gewicht zu verleihen, was sie zu sagen haben. Ein wahrer geistiger Lehrer bedarf dessen nicht. Ein wahrhaft großer Mensch – sei er inkarniert oder nicht – möchte keinerlei Aufmerksamkeit auf seine Persönlichkeit lenken, da er weiß, daß er aus sich selbst heraus nichts ist und daß alles Gute in ihm von Gott kommt. Jesus bestritt, daß er von einem Dämon besessen wäre. *"Ich suche nicht meine Ehre … Wenn ich mich selber ehre, so ist meine Ehre nichts. Es ist aber mein Vater, der mich ehrt."* (50,54) Er drückte es mit vielerlei Worten aus: *"Alles, das ich tue, kommt vom Vater, Gott tut die Werke – ich bin nichts. Wäre ich von einem Dämon besessen, würde ich nicht alles Gott geben."* Bemerkt ihr im

* Siehe Anhang "Urteil"

ganzen Kapitel, wie sein sanfter Geist in Wahrheit und Liebe leuchtet? Jesus spricht von den Sündern als von "Toten", tot gegenüber dem geistigen Leben, da es Gott ist, der sich durch den Menschen ausdrückt und ihm Leben verleiht. Sie sind nicht lebendig, da das Leben nur zum gottähnlichen Menschen kommt. Die lebendige Seele ist bemüht, das ewige Leben auszudrücken oder, mit den Worten Jesu, nicht ihren eigenen Willen zu tun, sondern den des Vaters. Solche Menschen besitzen das ewige Leben, denn ihr Leben drückt Gott aus, sie leben Gott. Haß, Grausamkeit, Vorurteile und von selbstsüchtigen Wünschen beherrscht zu sein, bedeuten Tod. Das niedere Selbst zieht den Tod an, Gott im Menschen ist das ewige Leben. In eurer Bibel steht geschrieben, daß sich beim letzten Trompetenstoß die Toten aus ihren Gräbern erheben werden. Die "Toten" sind hier die Sklaven des Materialismus; der Klang der Trompete ist die mächtige Schwingung, die die Seele läutert und die Toten im Geiste stärkt, sie erstehen aus dem Grab des Materialismus. Der geistige Klang (die Trompete), die geistige Schwingung stärkt ihre Seelen, wenn sie bereit sind, und sie erstehen aus dem Grab und schreiten vorwärts, um dem König, Christus, zu begegnen, der einst sprach: Wenn ich emporgehoben werde, will ich alle Menschen zu mir ziehen.

Jetzt könnt ihr die Gedanken, die wir euch bescheiden zur Betrachtung vorgelegt haben, besser und deutlicher verstehen.

"(8.1-19) Jesus aber ging zum Ölberg. Und frühmorgens kam er wieder in den Tempel, und alles Volk kam zu ihm, und er setzte sich und lehrte sie. Aber die Schriftgelehrten und Pharisäer brachten eine Frau zu ihm, beim Ehebruch ergriffen, und stellten sie in die Mitte, und sprachen zu ihm: "Meister, diese Frau ist auf frischer Tat beim Ehebruch ergriffen worden. Moses aber hat uns im Gesetz geboten, solche Frauen zu steinigen. Was sagst du?" Das sagten sie aber, ihn zu versuchen, damit sie ihn verklagen könnten. Aber Jesus bückte sich und schrieb mit dem Finger auf die Erde. Als sie nun fortfuhren, ihn zu fragen, richtete er sich auf und sprach zu

ihnen: "Wer unter euch ohne Sünde ist, der werfe den ersten Stein auf sie." Und er bückte sich wieder und schrieb auf die Erde.

Als sie aber das hörten, gingen sie weg, einer nach dem anderen, die Ältesten zuerst; und Jesus blieb allein mit der Frau, die in der Mitte stand.

Jesus aber richtete sich auf und fragte sie: "Wo sind sie, Frau? Hat dich niemand verdammt?" Sie antwortete: "Niemand, Herr." Und Jesus sprach: "So verdamme ich dich auch nicht; geh hin und sündige hinfort nicht mehr."

Da redete Jesus abermals zu ihnen und sprach: "Ich bin das Licht der Welt. Wer mir nachfolgt, der wird nicht wandeln in der Finsternis, sondern wird das Licht des Lebens haben." Da sprachen die Pharisäer zu ihm: "Du gibst Zeugnis von dir selbst; dein Zeugnis ist nicht wahr." Jesus antwortete und sprach zu ihnen: "Auch wenn ich von mir selbst zeuge, ist mein Zeugnis wahr; denn ich weiß, woher ich gekommen bin und wohin ich gehe; ihr aber wißt nicht, woher ich komme oder wohin ich gehe. Ihr richtet nach dem Fleisch, ich richte niemand. Wenn ich aber richte, so ist mein Richten gerecht; denn ich bin's nicht allein, sondern ich und der Vater, der mich gesandt hat. Auch steht in eurem Gesetz geschrieben, daß zweier Menschen Zeugnis wahr sei. Ich bin's, der von sich selbst zeugt; und der Vater, der mich gesandt hat, zeugt auch von mir."

Da fragten sie ihn: "Wo ist dein Vater?"

Jesus antwortete: "Ihr kennt weder mich noch meinen Vater; wenn ihr mich kenntet, so kenntet ihr auch meinen Vater."

Seht ihr, wie einfach er erklärt – *wenn ihr mich kenntet, so kenntet ihr auch meinen Vater,* was bedeutet, daß, wären sich die Menschen des wahren Lebens bewußt gewesen, hätten sie die Liebe gelebt, dann hätten sie sofort die Wahrheit im Meister erkannt. Hat ein Mensch einmal das wahre Licht erkannt, erkennt er sofort das Licht in seinem Nächsten. Dies ist das wahre Zeichen und der innere Halt des

Freimaurers. Wir benötigen Gott, um ihn zu erkennen. Wenn ihr den *Menschensohn erhöhen werdet, dann werdet ihr erkennen, daß ich es bin* (28) ...Sobald der Mensch das wahre Licht erblickt, erkennt er das Licht in seinem Nächsten.

"(8.20-22) Diese Worte redete Jesus an dem Gotteskasten, als er lehrte im Tempel; und niemand ergriff ihn, denn seine Stunde war noch nicht gekommen. Da sprach Jesus abermals zu ihnen: "Ich gehe hinweg, und ihr werdet mich suchen und in eurer Sünde sterben. Wo ich hingehe, da könnt ihr nicht hinkommen." Da sprachen die Juden: "Will er sich denn selbst töten, daß er sagte: "Wo ich hingehe, da könnt ihr nicht hinkommen?"

Ihr seht, daß sich ihr Geist die ganze Zeit an den physischen Körper, an das äußere Leben, heftete. Sie verstanden nicht, daß Jesus vom geistigen Leben sprach. *Wo ich hingehe, da könnt ihr nicht hinkommen.* Sie begriffen nicht, daß er damit meinte, daß er sich in den Himmel emporhob und sie aufgrund ihrer Sünden im Grab lagen und deshalb nicht zum Vater kommen konnten.

(8.23-26) Und er sprach zu ihnen: "Ihr seid von unten her, ich bin von oben her; ihr seid von dieser Welt, ich bin nicht von dieser Welt. Darum habe ich euch gesagt, daß ihr sterben werdet in euren Sünden; denn wenn ihr nicht glaubt, daß ich es bin, werdet ihr sterben in euren Sünden." Da fragten sie ihn: "Wer bist du denn?" Und Jesus sprach zu ihnen: "Zuerst das, was ich euch sage. Ich habe viel von euch zu reden und zu richten. Aber der mich gesandt hat, ist wahrhaftig, und was ich von ihm gehört habe, das rede ich zu der Welt."
Beachten wir das Wort 'von'. *Ich habe viel von euch zu reden und zu richten* – von euch zu richten, nicht über euch zu richten. Wir legen das so aus, daß Jesus imstande war, zwischen Leben und Tod zu unterscheiden, er war imstande, ihren Grad geistigen Lebens zu erkennen oder das materielle Totsein. Mit anderen Worten, sie waren seine Lehrer, denn ihre Taten verhalfen Jesus zu einem zunehmenden Verständnis. Ihr mögt eine bestimmte Handlung betrachten; es ist nicht

notwendig sie zu beurteilen, doch ihr könnt aus der Betrachtung lernen, um zu einer klaren Sicht zu gelangen. So lernt ihr Unterscheidung.

„(8.27-59) *Sie verstanden aber nicht, daß er zu ihnen vom Vater sprach. Da sprach Jesus zu ihnen: "Wenn ihr den Menschensohn erhöhen werdet, dann werdet ihr erkennen, daß ich es bin und nichts von mir selber tue, sondern, wie mich der Vater gelehrt hat, so rede ich. Und der mich gesandt hat, ist mit mir. Er läßt mich nicht allein; denn ich tue allezeit, was ihm gefällt." Als er das sagte, glaubten viele an ihn. Da sprach nun Jesus zu den Juden, die an ihn glaubten: "Wenn ihr bleiben werdet an meinem Wort, so seid ihr wahrhaftig meine Jünger und werdet die Wahrheit erkennen und die Wahrheit wird euch frei machen."*

Da antworteten sie ihm: "Wir sind Abrahams Kinder und sind niemals jemandes Knecht gewesen. Wie sprichst du dann: Ihr sollt frei sein?"

Jesus antwortete ihnen und sprach: "Wahrlich, wahrlich, ich sage euch: "Wer Sünde tut, der ist der Sünde Knecht. Der Knecht bleibt nicht ewig im Haus; der Sohn bleibt ewig. Wenn euch nun der Sohn frei macht, so seid ihr wirklich frei. Ich weiß wohl, daß ihr Abrahams Kinder seid; aber ihr sucht mich zu töten, denn mein Wort findet bei euch keinen Raum.
Ich rede, was ich von meinem Vater gesehen habe; und ihr tut, was ihr von eurem Vater gehört habt."

Sie antworteten und sprachen zu ihm: "Abraham ist unser Vater." Spricht Jesus zu ihnen: "Wenn ihr Abrahams Kinder wärt, so tätet ihr Abrahams Werke. Nun aber sucht ihr mich zu töten, einen Menschen, der euch die Wahrheit gesagt hat, wie ich sie von Gott gehört habe. Das hat Abraham nicht getan. Ihr tut die Werke eures Vaters."

Da sprachen sie zu ihm: "Wir sind nicht unehelich geboren. Wir haben einen Vater: Gott."
Jesus sprach zu ihnen: "Wäre Gott euer Vater, so liebtet ihr mich; denn ich

bin von Gott ausgegangen und komme von ihm; denn ich bin nicht von selbst gekommen, sondern er hat mich gesandt. Warum versteht ihr denn meine Sprache nicht? Weil ihr mein Wort nicht hören könnt. Ihr habt den Teufel zum Vater, und nach eures Vaters Gelüste wollt ihr tun. Der ist ein Mörder von Anfang an und steht nicht in der Wahrheit; denn die Wahrheit ist nicht in ihm. Wenn er Lügen redet, so spricht er aus dem Eigenen; denn er ist ein Lügner und der Vater der Lüge. Weil ich aber die Wahrheit sage, glaubt ihr mir nicht. Wer von euch kann mich einer Sünde zeihen? Wenn ich aber die Wahrheit sage, warum glaubt ihr mir nicht? Wer von Gott ist, der hört Gottes Worte; ihr hört darum nicht, weil ihr nicht von Gott seid."

Da antworteten die Juden und sprachen zu ihm: "Sagen wir nicht mit Recht, daß du ein Samariter bist und einen bösen Geist hast?"

Jesus antwortete: "Ich habe keinen bösen Geist, sondern ich ehre meinen Vater, aber ihr nehmt mir die Ehre. Ich suche nicht meine Ehre; es ist aber einer, der sie sucht, und er richtet. Wahrlich, wahrlich, ich sage euch: Wer mein Wort hält, der wird den Tod nicht sehen in Ewigkeit."

Da sprachen die Juden zu ihm: "Nun erkennen wir, daß du einen bösen Geist hast. Abraham ist gestorben und die Propheten, und du sprichst: Wer mein Wort hält, der wird den Tod nicht schmecken in Ewigkeit. Bist du mehr als unser Vater Abraham, der gestorben ist? Und die Propheten sind gestorben. Was machst du aus dir selbst?"

Jesus antwortete: "Wenn ich mich selber ehre, so ist meine Ehre nichts. Es ist aber mein Vater, der mich ehrt, von dem ihr sagt: Er ist unser Gott; und ihr kennt ihn nicht; ich aber kenne ihn. Und wenn ich sagen wollte: Ich kenne ihn nicht, so würde ich ein Lügner, wie ihr seid. Aber ich kenne ihn und halte sein Wort. Abraham, euer Vater, wurde froh, daß er meinen Tag sehen sollte, und er sah ihn und freute sich."

Das sprachen die Juden zu ihm: "Du bist noch nicht fünfzig Jahre alt und hast Abraham gesehen?"

Jesus sprach zu ihnen: "Wahrlich, wahrlich, ich sage euch: ehe Abraham wurde, bin ich." Da hoben sie Steine auf, um auf ihn zu werfen. Aber Jesus verbarg sich und ging zum Tempel hinaus."

Wir bemerken hierbei zwei unterschiedliche Gedankengänge: uns fällt auf, daß Jesus stets vom geistigen Aspekt spricht, von der ewigen Wahrheit Gottes in ihm und auf der anderen Seite die Juden, die den weltlichen Standpunkt einnehmen. Als Jesus von ihrem Vater sprach, glaubten sie, er rede von Abraham, doch tatsächlich sprach er von geistigen Dingen und der 'Vater' hier ist der Vater der Dunkelheit oder des niederen Selbst, aller niedrigen Aspekte der Menschheit oder dessen, was orthodoxe Menschen als "Satan" bezeichnen würden. (Das Wort Satan bedeutet für uns nicht das gleiche wie für den orthodoxen Menschen. Satan oder Saturn repräsentieren den Geist Luzifers, den Vater der Geister der Weisheit, die auf die Evolution des Menschen einwirken). Jesus bezog sich hier auf den Herrn des negativen oder destruktiven Aspektes des Lebens. Dann lesen wir den wunderbaren Satz: *Ehe Abraham wurde, bin ich,* was bedeutet, daß, bevor Abraham unter den Menschen lebte, bereits die Kraft existierte, die aus dem Meister sprach. Lange vor der Erschaffung der Erde – vor "Abraham" – war der Große Geist (den wir Christus nennen), der Sohn Gottes. Jesus sprach: *Ich bin der Weg, die Wahrheit und das Leben* (14.6). Doch es war nicht Jesus, der Mensch, der sprach, es war Christus, der dritte Aspekt der Dreieinigkeit, der sprach "ICH BIN... ICH BIN die Wahrheit in euch ... ICH BIN die Liebe in euch ... ICH BIN das Leben in euch, denn ICH BIN gekommen, euch das ewige Leben zu geben.

Dann fährt Jesus fort: *"Abraham, euer Vater, wurde froh, daß er meinen Tag sehen sollte, und er sah ihn und freute sich."* Wir glauben in diesem Zusammenhang, daß sich Abraham, der jüdische Heilige, wahrscheinlich etwa zur gleichen Zeit inkarnierte wie Jesus. Vielleicht war er sogar Zacharias oder einer der Jünger gewesen. Auf jeden Fall deutet Jesus an, daß der, der einst Abraham war, sich wieder inkarnierte, sich der Werke Jesu bewußt war und sich an ihnen erfreute. Wie andere Kapitel endet auch dieses mit den Worten: *Jesus verbarg sich und ging zum Tempel hinaus.* (59) Sie hoben Steine auf – vielleicht die gleichen, mit denen sie jene Ehebrecherin steinigen wollten, doch er hatte sich unsichtbar gemacht. Wir wissen sehr gut, daß die Heiligen im Himalaya und in den Anden sich unsichtbar machen können und dies willentlich, sofern es ihrem Zweck dient. Dies ist möglich, da die Meister wissen, wie man die Schwingung der Atome im Körper erhöht, was sich jedoch menschlichem Wissen entzieht. Solches tat Jesus – er machte sich unsichtbar und entschwand aus ihrer Mitte.

IX. Kapitel

Die Bedeutung des Leidens

Unser Thema befaßt sich jetzt nicht so sehr mit dem Geist, sondern mit der Seele, da das neunte Kapitel vor allem von Reinkarnation und Karma handelt. Einige Fragen der Geistheiler und ihrer Patienten werden wahrscheinlich eine Antwort finden, da es interessant ist zu erfahren, wie die Seelenentfaltung sich im Wohlbefinden des Körpers widerspiegelt.

Es ist nur wenigen Menschen bekannt, daß das körperliche Befinden mit seinen physischen und materiellen Problemen den äußeren Ausdruck ihres Innenlebens darstellt. Mit materiellen Problemen meinen wir jene, die einen wesentlichen Bestandteil des materiellen Lebens ausmachen – die Umgebung, Arbeit und die finanziellen Unsicherheiten, die dem westlichen Durchschnittsmenschen so bedeutsam erscheinen. Mit physischen Problemen meinen wir jene, die die körperliche Gesundheit betreffen und in der Seele entstehen. Die Probleme der Seele, das heißt Schwierigkeiten, die eine psychologische Ursache besitzen oder aus der Entwicklung der Seelen- oder psychischen Kräfte entstehen, finden ihren Ausdruck im äußeren Selbst, im materiellen und physischen Leben. So darf man ziemlich sicher annehmen, daß die Leiden des Menschen auf physischer Ebene manchmal auch auf das Seelenerwachen zurückzuführen sind.

Beim Durchlesen dieses Kapitels sollten wir vorgenannten Gedanken besondere Aufmerksamkeit schenken, da sie den Schlüssel zum wahren Verständnis des Meisters darstellen. Es ist wahrhaftig bedauerlich, daß so wenige die wunderbare Weisheit Jesu verstehen. Wenn ihr seinen Worten vollkommene Aufmerksamkeit schenkt,

werdet ihr geistige Einstimmung und Heilung finden.
(9.1-41) Und Jesus ging vorüber und sah einen Menschen, der blind geboren war. Und seine Jünger fragten ihn und sprachen: „Meister, wer hat gesündigt, dieser oder seine Eltern, daß er blind geboren ist?"

Jesus antwortete: "Es hat weder dieser gesündigt noch seine Eltern, sondern es sollen die Werke Gottes offenbar werden an ihm. Ich muß die Werke dessen wirken, der mich gesandt hat, solange es Tag ist; es kommt die Nacht, da niemand wirken kann. Solange ich in der Welt bin, bin ich das Licht der Welt."

Als er das gesagt hatte, spuckte er auf die Erde, machte daraus einen Brei und strich den Brei auf die Augen des Blinden. Und er sprach zu ihm: "Geh zum Teich Siloah – das heißt übersetzt: gesandt – und wasche dich!"

Da ging er hin und wusch sich und kam sehend wieder. Die Nachbarn nun und die, die ihn früher als Bettler gesehen hatten, sprachen: "Ist das nicht der Mann, der dasaß und bettelte?" Einige sprachen: "Er ist's"; andere: "Nein, aber er ist ihm ähnlich." Er selbst aber sprach: "Ich bin's." Da fragten sie ihn: "Wie sind deine Augen aufgetan worden?" Er antwortete: "Der Mensch, der Jesus heißt, machte einen Brei und strich ihn auf meine Augen und sprach: Geh zum Teich Siloah und wasche dich. Ich ging hin und wusch mich und wurde sehend."

Da fragten sie ihn: "Wo ist er?"

Er antwortete: "Ich weiß es nicht."

Da führten sie ihn, der vorher blind gewesen war, zu den Pharisäern. Es war aber Sabbat an dem Tag, als Jesus den Brei machte und seine Augen öffnete. Da fragten ihn auch die Pharisäer, wie er sehend geworden wäre. Er aber sprach zu ihnen: "Einen Brei legte er mir auf die Augen, und ich wusch mich und bin nun sehend." Da sprachen einige der Pharisäer: "Dieser Mensch ist nicht von Gott, weil er den Sabbat nicht hält." Andere aber spra-

chen: "Wie kann ein sündiger Mensch solche Zeichen tun?" Und es entstand Zwietracht unter ihnen. Da sprachen sie wieder zu dem Blinden: "Was sagst du von ihm, daß er deine Augen aufgetan hat?"

Er aber sprach: "Er ist ein Prophet."

Nun glaubten die Juden nicht von ihm, daß er blind gewesen und sehend geworden war, bis sie die Eltern dessen riefen, der sehend geworden war, und sie fragten sie und sprachen: "Ist das euer Sohn, von dem ihr sagt, er sei blind geboren? Wieso ist er nun sehend?" Seine Eltern antworteten ihnen und sprachen: "Wir wissen, daß dieser unser Sohn ist und daß er blind geboren ist. Aber wieso er nun sehend ist, wissen wir nicht, und wer seine Augen aufgetan hat, wissen wir auch nicht. Fragt ihn, er ist alt genug: laßt ihn für sich selbst reden."

Das sagten seine Eltern, denn sie fürchteten sich vor den Juden. Denn die Juden hatten sich schon geeinigt: wenn jemand ihn als den Christus bekenne, der solle aus der Synagoge ausgestoßen werden. Darum sprachen seine Eltern: Er ist alt genug, fragt ihn selbst.

Da riefen sie noch einmal den Menschen, der blind gewesen war, und sprachen zu ihm: "Gib Gott die Ehre. Wir wissen, daß dieser Mensch ein Sünder ist."

Er antwortete: "Ist er ein Sünder? Das weiß ich nicht; eins aber weiß ich: daß ich blind war und bin nun sehend."

Da fragten sie ihn: "Was hat er mit dir getan? Wie hat er deine Augen aufgetan?"
Er antwortete ihnen: "Ich habe es euch schon gesagt, und ihr habt's nicht gehört. Was wollt ihr's abermals hören? Wollt ihr auch seine Jünger werden?"
Da schmähten sie ihn und sprachen: "Du bist ein Jünger; wir aber sind Moses Jünger. Wir wissen, daß Gott mit Moses geredet hat; woher aber dieser

ist, wissen wir nicht." Der Mensch antwortete und sprach zu ihnen: "Das ist verwunderlich, daß ihr nicht wißt, woher er ist, und er hat meine Augen aufgetan. Wir wissen, daß Gott die Sünder nicht erhört; sondern den, der gottesfürchtig ist und seinen Willen tut, den erhört er. Von Anbeginn der Welt hat man nicht gehört, daß jemand einem Blindgeborenen die Augen aufgetan habe. Wäre dieser nicht von Gott, er könnte nichts tun."

Sie antworteten und sprachen zu ihm: "Du bist ganz in Sünden geboren und lehrst uns." Und sie stießen ihn hinaus.

Es kam vor Jesus, daß sie ihn ausgestoßen hatten. Und als er ihn fand, fragte er: "Glaubst du an den Menschensohn?"

Er antwortete und sprach: "Herr, wer ist's, daß ich an ihn glaube?"

Jesus sprach zu ihm: "Du hast ihn gesehen, und der mit dir redet, der ist's."

Er aber sprach: "Herr, ich glaube," und betete ihn an.

Und Jesus sprach: "Ich bin zum Gericht in diese Welt gekommen, damit, die nicht sehen, sehend werden, und die sehen, blind werden."

Das hörten einige der Pharisäer, die bei ihm waren, und fragten ihn: "Sind wir denn auch blind?"

Jesus sprach zu ihnen: "Wärt ihr blind, so hättet ihr keine Sünde; weil ihr aber sagt: Wir sind sehend, bleibt eure Sünde."

Dieses Kapitel spricht nicht nur von den körperlich Blinden, sondern auch von den in der Seele Blinden. Es wird darin der Schluß gezogen, daß die physisch Blinden durch ein geistiges Licht erblindet sind, das ihre Seele erweckte, und dieser Aufruhr verursachte physische Blindheit. Die physisch Blinden müssen nicht unbedingt geistig blind sein, tatsächlich beobachten wir häufig, daß das Umgekehrte der Fall ist. Zum Beispiel verlor Paulus sein Sehvermögen, als das Licht des Himmels ihn berührte; obwohl seine Seele Erwekkung und Stärkung erfuhr, vermochte sein Körper zu jener Zeit das himmlische Licht nicht zu ertragen. Solches deutete auch Jesus an, als er den Blinden mit Ton heilte (ein anderes Symbol des physischen Lebens). Indem er Ton auf die blinden Augen legte, sprach er, daß weder dieser Mann noch seine Eltern gesündigt hatten. Er war deswegen blind geboren, um Zeugnis vom Gesetz Gottes abzulegen, um allen zu zeigen, daß das göttliche Gesetz im Verborgenen hinter allem Leben wirkt, um das Wachstum der Seele zu entfalten.

Wir meinen, daß diejenigen, die leiden – vor allem die Blinden oder die Menschen mit beeinträchtigtem Sehvermögen – wahrscheinlich den letzten Schritt auf dem Weg der Seelenreinigung oder Seelenentwicklung tun. Wir fühlen uns ebenfalls geneigt zu sagen, daß 'jemand als Ergebnis des Karma' leidet. Doch diese Aussage ist wohl etwas zu frei. Vielleicht wäre es korrekter zu sagen "der Körper eines Menschen leidet, da er, seine Seele, das Ende eines gewissen Weges des Wachstums oder Lernens erreicht hat." Der Körper bezeichnet die Grenze, das Ende einer Seelenerfahrung, folglich meinen wir, daß diejenigen, die sich guter Gesundheit erfreuen, wahrscheinlich einen bestimmten Zyklus oder Lebensabschnitt abgeschlossen haben. Ihr mögt einwenden "Und was ist mit den Menschen, die sich grob und grausam gegenüber ihren Mitmenschen verhalten und trotzdem gesund und glücklich scheinen? Warum gibt es soviel Leid auf der Welt? Warum müssen Unschuldige leiden?" Unsere Antwort lautet: "Es gibt keine unschuldig Leidenden. Da der Betrachter unfähig ist, weit genug zurückzublicken oder weit genug auf dem Weg des Leidenden vorwärts zu schauen, bemerkt er nicht das Wirken des geistigen Gesetzes hinter dem Leiden. Der Fall eines Menschen, der sich trotz offensichtlicher Unzulänglichkeiten fortgesetzter Gesundheit und beständigen Glücks erfreut, ist schwieriger gelagert. Wir meinen, daß die Antwort in Jesu Worten zu finden sein mag, die sich auf den Blinden beziehen. Der offensichtlich gesunde oder sorgenfreie Mensch hat wahrscheinlich nicht das besondere Karma eines kranken Körpers in dieser Inkarnation abzutragen. Er mag seine Lektion auf andere Weise lernen und dabei wertvolle Erfahrungen gewinnen. Trotzdem mag er in seinem gegenwärtigen Leben neues Karma schaffen, und im kommenden Leben muß er das Ergebnis der Saat des Egoismus, der Gier oder Nachlässigkeit, die er heute säte, ernten. Dieses Karma mag sich entweder in materiellem oder emotionalem Leiden darstellen und letztendlich mag es sich in körperlichem Leiden offenbaren. Kommt es zu einer unheilbaren Krankheit, bedeutet dies, daß eine besondere Schwäche der Seele durch jene letztlich physische Krise ausgelöscht wird.

Indem wir die Worte des Meisters im neunten Kapitel verstehen, erblicken wir das zunehmende Licht. Wir weisen darauf hin, daß die psychische Entwicklung (wir sprechen hier nicht nur von der Entwicklung der Hellsichtigkeit, der Mediumschaft, sondern vor allem von der Entwicklung der Seelenqualitäten) von äußerster Bedeutung ist. Der Mensch sollte um sein Potential wissen und auch darum, was ihm in der Vergangenheit widerfahren sein mag und weshalb er Krankheit, Sorge, Schmerz, erleidet; er sollte um die Seelenentfaltung wissen, die sich in ihm als Ergebnis jenes Leides vollzieht. Wir möchten nicht, daß ihr glaubt, ein grausamer Gott habe euch eure Sorgen, Fehlschläge und Tragödien auferlegt, sondern sie sind Teil des natürlichen Prozesses der Seelenentwicklung. Was euch auf äußerer Ebene wie eine Katastrophe erscheint, das werdet ihr am Ende als Teil eines vollendeten Planes eurer Seelenentfaltung in Richtung Glückseligkeit, Licht und Erlösung erkennen, so ihr gegen letzteren Begriff nichts einzuwenden habt. Eine wunderbare Macht wirkt die ganze Zeit, und führt die Seele allmählich zur Fülle des spirituellen Lebens. Auf diese Weise wirken Christus, das Licht, das Leben und die Wahrheit in der Seele des Menschen und bringen ihm Erlösung. Darunter verstehen wir Erlösung durch Christus, etwas, gegen das sich viele Menschen wehren, da sie behaupten, der Mensch sei für sich verantwortlich, und er ernte, was er sät. Er könne von keinem anderen Menschen errettet werden. Nein, doch er vermag sich selbst zu retten, indem er durch den ewigen Geist Christi in sich lebt. Deswegen ist Christus die Erlösung der gesamten Menschheit.

Seid geduldig im Leid. Meine Brüder, versucht die Erfahrungen des Lebens ohne Unmut hinzunehmen, da Zorn das Abtragen des Karmas nur verlängert. Wenn ihr alles, das euch geschieht, als das Wirken des göttlichen Gesetzes hinnehmt, das vollkommene Liebe ist, dann werdet ihr die niederen Bewußtseinsebenen irdischen Leidens schnell durcheilen, und euch wird Licht und Glück zuteil. Euer Herz wird dann Lobgesänge auf seinen Schöpfer anstimmen, da ihr wissen werdet, daß selbst in eurem begrenzten physischen und materiellen Leben Gott einen wunderbaren Sinn erwirkt, der herrliche Blumen zur Blüte bringt – die vollkommenen Seelen von Männern und Frauen. Ihr mögt nun fragen "Müssen wir denn alle schlimmen und üblen Zustände und die Grausamkeit, die wir sehen, hinnehmen?" Sollen wir uns einfach zurücklehnen und sagen, es entspräche Gottes Willen und nichts tun, um das Leid zu lindern?" Meine Brüder, in einigen Fällen seid ihr hilflos und vermögt gar nichts zu tun, doch ihr könnt und müßt der Menschheit helfen, indem ihr etwas von der Liebe und dem Mitgefühl entwickelt, das der Meister so deutlich zum Ausdruck brachte. Geht euren täglichen Aufgaben mit Liebe nach und wendet euch niemals vom Leid ab. Tut alles, was ihr könnt, um das Leid auf jeder Ebene zu lindern, denn dies stellt eure Gelegenheit zu dienen dar; vor allem verbreitet Liebe und Mitgefühl, und denkt immer daran, daß euren Blicken verborgen Gott seine heilende Kraft wirken läßt. Dies gilt besonders für die heutige Welt. Ihr seht nur eine Seite, doch wir sind da, euch die andere zu zeigen, euren Glauben und euer Vertrauen in die unendliche Kraft zu stärken, in die göttliche Liebe, die aus dem Bösen das Gute hervorbringt und den Menschen aus seinem Leiden heraus in den Himmel führt. Ihr unterliegt heute dem gleichen Irrtum wie die Juden vor zweitausend Jahren. Die Juden vermochten nur die unmittelbaren äußeren Zustände und Ereignisse zu sehen und erwiesen sich blind gegenüber der Wahrheit des Geistes; sie verurteilten sogar den Meister, da er am Sabbat heilte; sie waren beschränkt durch die engstirnigen Konventionen und Sitten ihrer Religion und ihres Landes. Sie bewiesen weder Verständnis, noch innere Wahrnehmung. Sogar der Geheilte wurde von den Juden als Sünder betrachtet, und er wurde abgelehnt und geschmäht. Doch die Tatsache, blind geboren worden zu sein, zeigte dem Meister, daß er den Endpunkt einer gewissen Lektion erreicht hatte, die seine Seele zu lernen hatte. Jetzt war er psychisch erwacht, psychisch bewußt, da er das höchste Licht, das Leben und die Wahrheit Gottes in Jesus erkannt hatte. Desgleichen bewies Jesus, daß der Blinde zum Endpunkt einer Reihe von Ereignissen oder eines bestimmten Karmas gekommen war, das er selbst vor langer Zeit in der Vergangenheit geschaffen hatte.*

Jesus deutete an, daß die Juden psychisch blind waren, doch über die Ganzheit des Körpers verfügten. Diese geistige Feststellung von Seiten des Meisters sollte uns zu tiefem Nachdenken veranlassen. Wir haben hinsichtlich des Menschen voreilige und triviale Urteile und Kritik zur Hand, wir verurteilen Unzulänglichkeiten und Sünden, da wir nicht immer das Gesetz verstehen, das hinter den menschlichen Unzulänglichkeiten wirkt, seien sie körperlicher oder materieller Art.

Wir betonen, daß das Einströmen des göttlichen Lichtes, Lebens, der Liebe, der Wahrheit Christi, im Körper umgehend die verbliebenen Spuren vergangener Fehler auslöscht. Eine solche Läuterung vermag in einer Inkarnation vollbracht zu werden, und die

---

*) White Eagle hat in seinen Lehren auch darauf hingewiesen, daß physisches Leiden manchmal von der Seele angenommen wird, um anderen bei einem Lernprozeß zu helfen und zu dienen. Wir denken z. B. an die Eltern eines Kindes, das mit schweren Mißbildungen geboren wird und tatsächlich sind die Liebe und der Segen des Kindes, die die Eltern als Ergebnis ihrer eigenen Selbstlosigkeit erfahren, ein großes und unersetzliches Geschenk und Mittel zum Seelenwachstum und zur Karmaabtragung.

Seele erfreut sich hinterher der Freiheit. Jesus bewies solches, indem er den Blinden heilte.

Einige Menschen glauben, daß Leid das Ergebnis einer früheren Sünde ist. Doch nachdem man Jesus gefragt hatte, ob der von ihm geheilte Blinde oder seine Eltern gesündigt hatten, lautete seine Antwort "weder noch". Es stimmt, daß das Gesetz von Ursache und Wirkung während des ganzen menschlichen Lebens Gültigkeit besitzt, doch es gibt Gelegenheiten im Leben, wo Leiden nicht unbedingt das direkte Ergebnis vergangener Fehler darstellt.

Die auf die Erde zurückkehrende Seele erhält die Gelegenheit Gott zu dienen und nimmt Not und Leid hin, um die Menschheit etwas zu lehren. Lange bevor die Seele die Sphären durchdringt, um in einen Körper hineingeboren zu werden, spricht eine innere Stimme, die Stimme Gottes zu ihr und bietet ihr die Gelegenheit des Dienens und Opferbringens an. Der vom Herrn Jesus geheilte Blinde hatte freiwillig dieses Schicksal auf sich genommen. Er wußte lange bevor er geboren wurde, daß er als Werkzeug dienen würde, um Gottes Macht zu beweisen, die durch den Herrn Jesus Christus wirkte. Er war bereit zu leiden, damit anderen durch sein Leid geholfen würde. In seinem irdischen Bewußtsein war er sich dessen nicht bewußt, genauso wenig wie ihr euch der inneren Wahrheiten mit dem Verstand bewußt seid, der mit weltlichen Angelegenheiten befaßt ist. Ihr habt dabei weder Zeit noch Ruhe, um die zu euch sprechende Stimme Gottes zu vernehmen.

Diese Erklärung sollte euch dazu befähigen, der Menschheit mit größerer Liebe zu begegnen, da niemand von uns über den anderen urteilen kann. Wir sollten es nicht wagen, zu urteilen. Wenn du, mein Bruder, die innere Stimme vernommen hast, den Ton in der Stille, dann hast du den Geist Gottes berührt, und es wird für dich keine Trennung vom Nächsten geben, keine Trennung von deinem Vater, denn dein Vater im Himmel wohnt im Tempel deines eigenen

Seins. Nachdem ihr den euch innewohnenden Gott kennt, müßt ihr jeden Menschen lieben, da Gott in ihm wohnt.

So sprechen wir zu den Leidenden – denkt daran, daß es sich nicht immer um eine Frage des Karma-Abtragens handelt. In tieferem Sinne handelt es sich um eine Form des Dienens, da durch Leid und das Beispiel eines edlen Lebens, andere zu lernen vermögen und ihnen hierdurch geholfen werden kann. Karma kann stets durch die erlösende Kraft von Gottes Liebe, die im Menschen wirkt, umgewandelt werden. Wir können nicht oft genug die erlösende Kraft der Liebe betonen.

"Wir müssen die Werke dessen wirken, der mich gesandt hat, solange es Tag ist; es kommt die Nacht, da niemand wirken kann. Solange ich in der Welt bin, bin ich das Licht der Welt."(4 – 5) Solange das ICH BIN, der göttliche Funke, der Sohn Gottes, dem Fleisch der äußeren Existenz innewohnt, solange ist das ICH BIN das Licht der Welt. Doch falls sich das ICH BIN von der Welt zurückzieht, dann liegt die Welt in Dunkelheit. Dergleichen enthält eine tiefe Wahrheit, und wir sind nicht sicher, ob wir so tief in sie eindringen können wie wir es an dieser Stelle gerne tun würden. Wir glauben jedoch, daß Jesus mit der "Nacht, da niemand wirken kann" einen Zeitabschnitt meint, in dem die Seele nicht dem Tod, aber der Passivität verfällt. Einige behaupten, daß diese Worte sich auf den Zeitabschnitt zwischen den Inkarnationen beziehen und ganz einfach bedeuten, daß die Seele solange in einem Schlummerzustand verharrt bis sie sich wieder inkarniert. Wir pflichten dieser Aussage nicht bei, möchten aber auch keine starren und voreiligen Schlüsse ziehen, da es viele Stufen der Entfaltung und Verständnisebenen gibt.

Nachdem manche Seelen den Körper verlassen haben, sind sie sich nicht sofort des Jenseits bewußt, doch es mag sein, daß sie in einen Zustand der Passivität treten, in dem sie einige Zeit verharren; dann erwachen sie und inkarnieren sich möglicherweise, ohne einen besonders bewußten Zustand außerhalb des Körpers erlebt zu haben. Dies geschieht jedoch selten und am wenigsten trifft es für fortgeschrittene Seelen zu. Es gibt eine weitere Auslegung – den Zeitraum zwischen den großen Lebenszyklen oder Zeitaltern, in dem eine Phase der Passivität und Ruhe existiert, die "Nacht", in der niemand wirken kann. Auf diese kosmische Wahrheit bezieht sich ein Hinweis in der Genesis. Gott erschuf an sechs Tagen, an denen er seine Energien wirken ließ, am siebten Tag, dem Tag der kosmischen Stille, ruhte er. Jesus deutete an, daß es im Leben des Menschen eine Phase gibt, die mit der Nacht vergleichbar ist, in der niemand wirkt. Es handelt sich um eine Phase der Ruhe, der Passivität, des Schlafes.

Wir müssen die Werke dessen wirken, der mich gesandt hat, solange es Tag ist;(4) bedeutet, daß während der Zeit, zu der das Bewußtsein des ICH BIN in den Menschen einströmt, während er in der Welt lebt, er aktiv das Werk Gottes wirken sollte. Er sollte keinerlei Zeit verschwenden. Er sollte sich stets durch das Gottesbewußtsein und auf gottähnliche Weise ausdrücken, weiterentwickeln und demgemäß leben.

X. Kapitel

Die Macht der Liebe

Jede Seele muß irgendwann für die Wahrheit einstehen und sich für das Gute und Wahre einsetzen. Manchmal wurde euch ein Ritter in scheinender Rüstung beschrieben, der das hocherhobene Schwert der Wahrheit trägt, oder ihr habt ihn selbst schon in euren Meditationen gesehen. Dieser strahlende Ritter symbolisiert euer höheres Selbst oder euren inneren Führer. Der Führer eurer Seele mag euch auf vielerlei Art erscheinen. Er oder sie können den Astralkörper eines Menschen aus einer seiner oder ihrer früheren Inkarnationen annehmen, oder sie können das Gewand des reinen Geistes tragen – vielleicht sollten wir es als himmliches Gewand leuchtenden Lichtes und strahlender Schönheit bezeichnen. Wenn ihr euch euren Führer auf diese Weise vorstellt, so stimmt ihr euch auf die Ebenen reinen Geistes ein, und solches sollte täglich euer Ziel sein, wenn ihr den Weg des Schülers geht.

Auf den Anfangsstufen des geistigen Pfades liegt ein weit verbreiteter Fehler in der Tagträumerei, der sich darin ausdrückt, daß man in einem verschwommenen und unbestimmten Zustand lebt. Manchmal kommt es dabei zur Selbstverherrlichung, manchmal zu einer unausgeglichenen Emotionalität, die an die eines Schulkindes für einen bewunderten Lehrer erinnert. Doch der Schüler auf dem Pfad sollte nicht in einem solchen träumerischen, nebulösen Zustand leben; er muß sich mit den Problemen des täglichen Lebens sowie mit den zwischenmenschlichen Beziehungen auf praktische und liebevolle Weise auseinandersetzen, da die beste Schule für den Schüler in den täglichen Kontakten mit Menschen des Alltags besteht. Die Reibung des Alltagslebens stellt den Prozeß dar, der die Fläche des "rauhen Quadersteines" des Schülers glättet, so daß er zu einem vollkommenen Stein eines Meistermaurers wird. Kein Mensch vermag sich seiner Lebenserfahrung zu entziehen. Wir sagen dies mit großem Ernst. Doch oft lauft ihr vor euren Aufgaben davon und wieder und immer wieder wird euch die gleiche Erfahrung vorgesetzt, bis schließlich eine gewisse Schwäche oder ein Fehler ausgelöscht oder eine Lektion gelernt wird.

Gott, das höchste Licht und die Herrlichkeit des Lebens, ist unendlich weise und sein Wesen ist Liebe; die gesamte Schöpfung unterliegt dem Gesetz der Liebe. Deswegen sollten wir jene Umstände willkommen heißen, gegen die unsere niedere Natur und unser niederes Selbst rebellieren und uns als tapfere Krieger im Kampf erweisen, da wir wissen, daß an seinem Ende die Liebe wartet. Die Bhagavad Gita, eine der weisesten Schriften der Welt, erzählt die gleiche Geschichte des Konfliktes zwischen dem höheren und niederen Selbst des Menschen. Das erstere erkennt dabei innerlich und intuitiv den Weg der Liebe, während letzteres nach Wohlbehagen, Bequemlichkeit und Selbstherrlichkeit strebt.

Das zehnte Kapitel des Johannes-Evangeliums, mit dem wir uns nun befassen, bietet uns einen weiteren Schlüssel zum spirituellen Leben. Es befaßt sich vor allem mit der Macht der Liebe. Wie wenige unter denen, die Sklaven ihres Körpers sind, vermögen das Wunder, die Süße und die göttliche Reinheit der Liebe zu erfassen. Es gibt viele Stufen der Liebe, doch die Wahrheit der Liebe stellt den Schlüssel oder Edelstein im Gebäude eures eigenen Tempels und des großen Tempels des Universums dar. Der Gegenstand allen spirituellen Strebens, die Antwort auf alle Probleme, Ängste und Schmerzen, der große Sieger über den Tod – ist die Liebe.

All dies findet ihr eingewebt in das zehnte Kapitel des Johannes-Evangeliums.

Wir lernen unsere Lektionen in der Grundschule der Erde. Wenn wir das menschliche Drama betrachten, das sich um uns herum im Leben abspielt und unser eigenes Leben durchleuchten, um die Ursache unseres Leides zu finden, fällt uns oft auf, daß es sich hierbei um einen Mangel oder die falsche Anwendung von Liebe handelt, um ein Mißverständnis von Liebe oder Liebe ohne Weisheit. Es gibt viele Stufen, viele unterschiedliche Manifestationen der Qualität der Liebe. Die Liebe, die sich zunächst in der niederen Natur des Menschen zeigt, erfährt Veredelung, bis sie schließlich rein und selbstlos in der vollkommenen Seele des Eingeweihten oder Meisters offenbar wird, einer Liebe, die in das Leben und die Seele jedes Mannes und jeder Frau strömt, die mitfühlend ist und Freud und Leid teilt, eine Liebe, die keine Trennung kennt und die stets eins ist mit dem Vater-Mutter-Gott.

Diese Lehre ist in den Leitsätzen enthalten, die wir zur Führung unserer Loge gegeben haben, sie drückt sich in der Wiedervereinigung des Kindes mit dem Vater-Mutter-Gott, der Wiedervereinigung in der heiligen Familie aus.

Jene, die sich von ihren Mitmenschen isolieren, die sich vom niederen Aspekt des Lebens zurückhalten, können von der Erreichung eines solchen Ideals der Liebe weiter entfernt sein als einfachere Männer und Frauen, deren Liebe vor allem körperlicher Art ist, da die Lektionen des Lebens auch auf der Anfangsstufe menschlicher Liebe gelernt werden können – der Liebe des Ehemannes für seine Frau, des Bruders für seine Schwester, der Mutter für ihr Kind, des Vaters für seinen Sohn, des Freundes für seinen Freund. Dieses Gefühl menschlicher Liebe stellt den Anfang dar und enthält den Samen und das Versprechen göttlicher Liebe. Ohne das spontane Bedürfnis zu lieben anstatt geliebt zu werden, vermag sich die Knospe nicht zu öffnen. Die meisten Menschen sehnen sich danach geliebt zu werden; einige schenken ganz spontan Liebe, da dies ihrem innersten Bedürfnis entspringt, und es für sie so natürlich ist, an den von ihnen geliebten Menschen zu denken, für ihn zu sorgen, sich um sein Wohl zu kümmern wie zu atmen und zu schlafen.

Dies ist eine der Lektionen, die die Seele in den Hallen des Lernens jenseits des physischen Lebens erwartet. Sobald sie sich an ihren neuen Lebenszustand gewöhnt hat und das Geleit ihres Führers und Lehrers erkennt, erwacht allmählich der Gedanke "ich liebe ... ich liebe" anstatt "ich möchte geliebt werden". Das Bedürfnis zu lieben entspringt einer Bewußtseinserweiterung, der Erkenntnis, daß Liebe, jede Handlung, jeden Gedanken, jedes Motiv des menschlichen Lebens durchdringen und durchstrahlen sollte, eine Liebe, die sich verströmt, die sich ohne Nachdenken und Zögern verbreitet.

Wenn der Meister in diesem Kapitel von der Pforte spricht, die zur Herde führt und von seinen Schafen, so denkt er dabei an die Liebe, an das Gefühl der Liebe, die große Wahrheit und das Licht. Die Pforte führt zur Herde und die Schafe folgen dem Hirten durch sie hindurch. Diese Pforte heißt Liebe. Der Hirte kann ein geistiger Lehrer sein, der euren Glauben, euer Vertrauen und eure Liebe fördert. Der wahre Hirte tritt ein durch das Tor der Liebe und die Schafe erfassen dies intuitiv und instinktiv und folgen ihm nach.

Der Meister sprach auch von Wölfen, die darauf bedacht waren, die Schafe zu verschlingen. Hierbei handelt es sich um die falschen Lehrer und Führer, die bestrebt sind, andere aufgrund intellektueller Fähigkeiten oder okkulter Macht zu beherrschen oder durch – sagen wir – falsche Lehren, die sie den Menschen vermitteln.

Die Meister aller Zeitalter, die auf verschiedenen Ebenen den Pfad der spirituellen Evolution des Menschen beschritten, erschienen, um dem Menschen die Wahrheit zu verkünden, und jene Wahrheit war gestern dieselbe wie sie es heute ist und morgen sein wird. Jeder Meister lehrte in seiner eigenen Sprache und auf seine Weise die eine große Wahrheit, wie der Mensch selbst den Weg zu den geistigen Welten zu finden vermag, den Weg zur Mitte.
Denkt an jenen großen Lebensball, die Sonne, und betrachtet ihre Mitte, das Innerste der Sonne. Einige unter euch, meine Brüder,

würden sie als Punkt in diesem Kreise bezeichnen. Dergleichen stellt euer Ziel dar. Dies ist es auch, was jeder Meister den Menschen aufzeigen möchte – wie man die geistigen Welten durch diese Pforte betritt.

Jesus sah sich als den Hirten an und er sprach mehr als einmal: *Ich bin der gute Hirte und kenne die Meinen.* (14) Meine Kinder, mißversteht dies bitte nicht. Er will damit nicht sagen, daß er Menschen eines bestimmten Glaubens erwählt und sie seine Schafe nennt. Nein. Er bezieht sich vielmehr auf den individuellen Geist in jedem Menschen. Jeder, der sich dem Geist der Liebe öffnet, findet die Wahrheit, folgt dem guten Hirten auf seinem Weg und der Herde durch die Pforte – mit anderen Worten, er erreicht kosmisches Bewußtsein, wo sich alle Grenzen auflösen und die Schafe sofort der Stimme des Hirten folgen. Jede Seele, die auf dem einen wahren Pfad wandelt, gelangt zur Herde oder erreicht kosmisches Bewußtsein, da sie erkennt, daß sie Teil des Ganzen ist und es keine Trennung von irgend jemand oder irgend etwas gibt. Das heißt, daß er die Nöte und Freuden der gesamten Menschheit auf sich nimmt. Meine Kinder, vergeßt dies nicht, wenn ihr der Herde folgt, wenn ihr göttliches Leben und Bewußtsein erlangt, wird euch damit alle Freude und alles Wissen zuteil. Das Leben besitzt auf diese Weise keinerlei Grenzen mehr. Es ist Ganzheit, Unendlichkeit und Ewigkeit.

Der Herr, der gute Hirte, kennt seine Schafe, da er ihr Herz, ihre Schwingung kennt. Eure Gedanken, Gebete und Bemühungen erschaffen eine Schwingung und dies nicht allein auf den niederen Ebenen, sondern auf allen Ebenen bis hinauf zur Mitte, zum Thron Gottes.

(10.1) Wahrlich, wahrlich, ich sage euch: Wer nicht zur Tür hineingeht in den Schafstall, sondern steigt anderswo hinein, der ist ein Dieb und ein Räuber. Der Weg zur Herde ist der der Liebe, der Sanftmut und Selbstdisziplin. Räuber und Diebe sind jene, die anstatt den Pfad zu beschrei-

ten, darum bemüht sind, der Herde auf andere Weise zu folgen. Es gibt zum Beispiel jene, die aus dem Verlangen nach Wissen heraus, sich den Eingang durch mentale oder magische Kräfte, durch die Macht des Intellekts, zu erzwingen versuchen. Es ist etwas anderes, über spirituelle Wahrheit zu lesen, sie mit dem Verstand zu erfassen, anstatt jene Wahrheit im Leben durch jeden Gedanken, jedes Wort und jede Handlung auszudrücken. Jesus erklärt an anderer Stelle, daß der wahre Weg steinig und das spirituelle Leben hart ist, vor allem zu Beginn. Es gibt Schwierigkeiten bei jedem Schritt, doch allmählich wird die Seele stärker, standhafter und gelassener und ist imstande, sich gegenteiligen Stimmen zu widersetzen. Es gibt keine Abkürzung in den Himmel. Man betritt ihn nicht durch irgendein Fenster, sondern durch die Pforte der Selbstdisziplin. Heißt also jede Zurückweisung willkommen. Handelt entschlossen und nehmt jede Enttäuschung als eine Gelegenheit wahr, auf dem Pfad vorwärts zu kommen.

(10.2 – 3) Der aber zur Tür hineingeht, der ist der Hirte der Schafe. Dem macht der Türhüter auf, und die Schafe hören seine Stimme; und er ruft seine Schafe mit Namen und führt sie hinaus.

Wir meinen, daß der "Hüter der Schwelle" sich auf das Innere Bewußtsein des Menschen bezieht, der innere Christus, der das Wahre vom Falschen zu unterscheiden weiß und allem den Zutritt verwehrt, das unwahr, unwirklich ist.

Jeder, der die Bedeutung der Liebe erfaßt hat, erkennt sofort die Stimme der Liebe bei einem anderen Menschen oder bei seinem Lehrer. Diese Erkenntnis läßt sich mit dem Verständnis der Freimaurer gleichsetzen oder den Geheimsymbolen der Mysterienschulen. Eine Seele, die die Einweihung der Liebe erfahren hat, bedarf der Worte nicht, da sie Licht und Wahrheit verbreitet und alle Schafe des Herrn sich ihr öffnen.

(10.4 – 5) Und wenn er alle seine Schafe hinausgelassen hat, geht er vor ih-

nen her, und die Schafe folgen ihm nach; denn sie kennen seine Stimme. Einem Fremden aber folgen sie nicht nach, sondern fliehen vor ihm; denn sie kennen die Stimme des Fremden nicht.

Wer sind die Fremden? Jene, die falsche Lehren verbreiten. Jene, die nicht mit der Stimme der Liebe sprechen. Jene, denen die Liebe unbekannt ist, sind für jene Fremde, die lieben.

(10.6 – 10) Dies Gleichnis sagte Jesus zu ihnen; sie verstanden aber nicht, was er ihnen damit sagte. Da sprach Jesus wieder: Wahrlich, wahrlich, ich sage euch; Ich bin die Tür zu den Schafen. Alle, die vor mir gekommen sind, die sind Diebe und Räuber; aber die Schafe haben ihnen nicht gehorcht. Ich bin die Tür, wenn jemand durch mich hineingeht, wird er selig werden und wird ein- und ausgehen und Weide finden. Ein Dieb kommt nur, um zu stehlen, zu schlachten und umzubringen. Ich bin gekommen, damit sie das Leben und volle Genüge haben sollen.

Wir glauben, daß sich Jesus hier auf den Antichrist bezieht, dessen Weg nicht der Weg der Liebe, der Sanftmut, der Wahrheit ist.

Die Erlösung wird der Seele nur durch Liebe, durch die Erleuchtung des Herz-Zentrums zuteil. Im Herz-Zentrum liegt das Juwel, das Christuslicht. Es mag Menschen geben, die jahrelang vergleichende Religionswissenschaften studieren, die über eine Ansammlung intellektuellen Wissens verfügen, doch wir möchten erneut betonen, daß es nur einen einzigen Weg zur Erlösung und Errettung der Seele gibt und dieser führt über die Christus-Liebe.

(10.11 – 13) Ich bin der gute Hirte. Der gute Hirte läßt sein Leben für die Schafe. Der Mietling aber, der nicht Hirte ist, dem die Schafe nicht gehören, sieht den Wolf kommen und verläßt die Schafe und flieht – und der Wolf stürzt sich auf die Schafe und zerstreut sie, denn er ist ein Mietling und kümmert sich nicht um die Schafe.
Derjenige, der sich nicht um die Schafe sorgt, vermag der Prüfung der Liebe

nicht standzuhalten. * *(10.14-15) Ich bin der gute Hirte und kenne die Meinen, und die Meinen kennen mich, wie mich mein Vater kennt und ich kenne den Vater. Und ich lasse mein Leben für die Schafe.*

Die Seele, die in das große Reich der Liebe aufgenommen wurde, läßt alle selbstsüchtigen Wünsche hinter sich. Das "Ich" hört zu herrschen auf, das "Ich", das Ego, wird aufgegeben, jeglicher Gedanke an das Ego wird beiseite gelegt. Die Aussage *"ich lasse mein Leben für die Schafe"* bedeutet, daß ein solcher Eingeweihter selbst den größten Sünder liebt. Ihr könnt dies noch nicht verstehen. Es bedeutet, daß die Liebe des Eingeweihten so tief und umfassend sein muß, bis er die Sorgen und das Böse auf der Erde in sich hineinzunehmen vermag und so Schlechtes in Gutes, Dunkelheit in Licht verwandelt. Zu einer bestimmten Zeit erfährt jeder in seinem Leben, daß die Seele alles hingibt, das Ego um des Ganzen willen niederlegt - eine Hingabe, von der in der Offenbarung des Johannes die Rede ist (4.10), wo die Kronen der Ältesten vor dem Thron Gottes niedergelegt werden. Keine Seele kann selbstsüchtig und isoliert bleiben und das behalten, von dem sie glaubt, sie besitze es. Sie muß Liebe schenken und nochmals Liebe an die Schöpfung schenken, sie muß in allen Lebensumständen geben.

(10.16) Und ich habe noch andere Schafe, die sind nicht aus diesem Stall; auch sie muß ich herführen, und sie werden meine Stimme hören und es wird eine Herde und ein Hirte werden.

Wir haben davon bereits gesprochen. Die Worte beziehen sich nicht auf unterschiedliche Rassen und Nationalitäten. Sie bedeuten, daß dort, wo wahre Erleuchtung ist, jeder Lehrer der einen Herde angehört. Es gibt gute, wohlmeinende und treue Menschen, die jedoch noch nicht das leuchtende Juwel der Liebe erblickt haben. Wenn in ihnen das kosmische Christusbewußtsein erwacht, werden auch sie

---

*Siehe Anhang, Seite 230, "Verstand"

diesem Kreis angehören. Obwohl es viele Wege gibt, erreichen schließlich alle das höchste Licht.

(10.17 - 18) Darum liebt mich mein Vater, weil ich mein Leben lasse, daß ich's wiedernehme. Niemand nimmt es von mir, sondern ich selber lasse es. Ich habe Macht, es zu lassen, und habe Macht, es wiederzunehmen. Dies Gebot habe ich empfangen von meinem Vater.

"Die Niederlegung des Lebens" legen wir als vollkommene Hingabe des Selbst an das Höchste aus, was wir bereits an anderer Stelle erwähnt haben. Es gibt eine weitere Auslegung, die besagt, daß eine große und hochentwickelte Seele ihren Körper abzulegen vermag, d. h. er kann willentlich und zu einem bestimmten Zweck entmaterialisiert und später wieder verdichtet werden.

(10.19 - 24) Da entstand abermals Zwietracht unter den Juden wegen dieser Worte. Viele unter ihnen sprachen: Er hat einen bösen Geist und ist von Sinnen; was hört ihr ihm zu. Andere sprachen: Das sind nicht Worte eines Besessenen; kann denn ein böser Geist die Augen der Blinden auftun? Es war damals das Fest der Tempelweihe in Jerusalem, und es war Winter. Und Jesus ging umher im Tempel in der Halle Salomos. Da umringten ihn die Juden und sprachen zu ihm: Wie lange hältst du uns im Ungewissen? Bist du der Christus, so sage es frei heraus.

Der Heilige bedarf keiner Erklärungen. Das Licht und die Kraft, die er ausstrahlt, sollten genügend Zeugnis ablegen. Die Schafe erkennen ihren Hirten nicht an dem, was er sagt und nicht einmal daran, was er weiß, sondern an seiner Schwingung der Aufrichtigkeit, Zuwendung und Reinheit.

Euch mag auffallen, daß man von Jesus sagte, er "ginge umher in der Halle Salomons" als er seine Worte sprach – im Licht der Sonne, im großen Licht. Mit anderen Worten, die Wahrheit, die er aussprach, kam von der universellen Sonne, vom höchsten Licht. Er-

kennt ihr die esoterische Bedeutung dieser Erklärung?
(10.25 - 42) Jesus antwortete ihnen: Ich habe es euch gesagt, und ihr glaubt nicht. Die Werke, die ich tue in meines Vaters Namen, die zeugen von mir. Aber ihr glaubt nicht, denn ihr seid nicht von meinen Schafen. Meine Schafe hören meine Stimme, und ich kenne sie, und sie folgen mir; und ich gebe ihnen das ewige Leben, und sie werden nimmermehr umkommen, und niemand wird sie aus meiner Hand reißen.

Mein Vater, der mir sie gegeben hat, ist größer als alles, und niemand kann sie aus des Vaters Hand reißen. Ich und der Vater sind eins. Da hoben die Juden abermals Steine auf, um ihn zu steinigen. Jesus sprach zu ihnen: Viele gute Werke habe ich euch erzeigt vom Vater; um welches dieser Werke willen wollt ihr mich steinigen.

Die Juden antworteten ihm und sprachen: Um eines guten Werkes willen steinigen wir dich nicht, sondern um der Gotteslästerung willen, denn du bist ein Mensch und machst dich selbst zu Gott.

Jesus antwortete ihnen: Steht nicht geschrieben in eurem Gesetz: Ich habe gesagt: Ihr seid Götter? Wenn er die Götter nennt, zu denen das Wort Gottes geschah, - und die Schrift kann doch nicht gebrochen werden -, wie sagt ihr dann zu dem, den der Vater geheiligt und in die Welt gesandt hat: „Du lästerst Gott-, weil ich sage: Ich bin Gottes Sohn? Tue ich nicht die Werke meines Vaters, so glaubt mir nicht; tue ich sie aber, so glaubt doch den Werken, wenn ihr mir nicht glauben wollt, damit ihr erkennt und wißt, daß der Vater in mir ist und ich in ihm.

Da suchten sie abermals ihn zu ergreifen. Aber er entging ihren Händen. Dann ging er wieder fort auf die andere Seite des Jordans an den Ort, wo Johannes zuvor getauft hatte und blieb dort. Und viele kamen zu ihm und sprachen: Johannes hat kein Zeichen getan: aber alles, was Johannes von diesem gesagt hat, das ist wahr. Und es glaubten dort viele an ihn.
Sobald das Schaf den Hirten erkennt, sobald die Seele das wahre Licht erblickt hat, ist sie nicht mehr vom Herrn, von der Liebe ge-

trennt. Wir möchten gerne die tiefe Wahrheit verkünden, daß der Eingeweihte, der durch wahre Liebe wiederersteht, immer von seinen Mitmenschen erkannt wird. Wenn ihr euren Weg beschreitet, so seid bemüht, das wahre Licht der Sonne, jene Liebe und Schönheit in eurem Leben und eurem Herzen widerzuspiegeln. Seid stets bestrebt, euch jedem Impuls der Freundlichkeit und Selbstlosigkeit zu öffnen. Dies ist der wahre Weg. Ich liebe, ich liebe ... ich bin Liebe. Ich helfe meinem Mitmenschen anstatt ihn zu steinigen.

Die stillen Gestalten der unsichtbaren Brüder verströmen Licht; sie geben mit unendlicher Sanftmut. Sie sprechen tief in eurem Herzen und sagen euch, daß ihr wahrhaftig und aufrichtig in kleinen Dingen sein sollt, wie etwa bei einfachen täglichen Prüfungen. Auf diese Weise erhebt ihr euch Schritt um Schritt in die himmlische Welt. Könnten wir nur die Hallen des Lichtes und der Weisheit beschreiben, die dich mein Bruder und meine Schwester erwarten, die ihr betreten und wo ihr den höchsten Segen ewigen Glückes empfangen werdet.

Wir wollen uns vor dem Thron zum Gebet zusammenfinden, damit wir in unserer Aufgabe nicht fehlen, unserem Nächsten dabei zu helfen, das große Heer der Gesegneten im Himmel zu erkennen, darum zu wissen und mit ihm eins zu werden. Gott helfe uns hierbei. Amen.

XI. Kapitel

Die Auferstehung des Menschen

In dem uns hier vorliegenden Kapitel stoßen wir auf die spirituelle und innere Bedeutung der Worte des Herrn, die nicht vom Verstand allein erfaßt werden sollten, sondern vom Christusgeist in uns, der uns allein die Wahrheit, das Leben und die Liebe offenbart.

(11.1 - 26) Es lag aber einer krank, Lazarus aus Betanien, dem Dorf Marias und ihrer Schwester Marta. Maria aber war es, die den Herrn mit Salböl gesalbt und seine Füße mit ihrem Haar getrocknet hatte. Deren Bruder Lazarus war krank. Da sandten die Schwestern zu Jesus und ließen ihm sagen: Herr, siehe, der, den du lieb hast, liegt krank. Als Jesus das hörte, sprach er: Diese Krankheit ist nicht zum Tode, sondern zur Verherrlichung Gottes, damit der Sohn Gottes dadurch verherrlicht werde. Jesus aber hatte Marta lieb und ihre Schwester und Lazarus. Als er nun hörte, daß er krank war, blieb er noch zwei Tage an dem Ort, wo er war; danach spricht er zu seinen Jüngern: Laßt uns wieder nach Judäa ziehen. Seine Jünger aber sprachen zu ihm: Meister, eben noch wollten die Juden dich steinigen, und du willst wieder dort hinziehen?

Jesus antwortete: Hat nicht der Tag zwölf Stunden? Wer bei Tag umhergeht, der stößt sich nicht; denn er sieht das Licht dieser Welt. Wer aber bei Nacht umhergeht, der stößt sich; denn es ist kein Licht in ihm. Das sagte er, und danach spricht er zu ihnen: Lazarus, unser Freund, schläft, aber ich gehe hin, ihn aufzuwecken.

Da sprachen seine Jünger: Herr, wenn er schläft, wird's besser mit ihm. Jesus aber sprach von seinem Tode; sie meinten aber, er rede vom leiblichen Schlaf. Da sagte es ihnen Jesus frei heraus: Lazarus ist gestorben; und ich bin froh um euretwilllen, daß ich nicht dagewesen bin, damit ihr glaubt. Aber laßt uns zu ihm gehen. Da sprach Thomas, der Zwilling genannt wird, zu den Jüngern: Laßt uns mit ihm gehen, daß wir mit ihm sterben.

Als Jesus kam, fand er Lazarus schon vier Tage im Grabe liegen. Betanien aber war nahe bei Jerusalem, etwa eine halbe Stunde entfernt. Und viele Juden waren zu Marta und Maria gekommen, sie zu trösten wegen ihres Bruders. Als Marta nun hörte, daß Jesus kommt, geht sie ihm entgegen; Maria aber blieb daheim sitzen. Da sprach Marta zu Jesus: Herr, wärst du hier gewesen, mein Bruder wäre nicht gestorben. Aber auch jetzt weiß ich: Was du bittest von Gott, das wird dir Gott geben.

Jesus spricht zu ihr: Dein Bruder wird auferstehen.

Marta spricht zu ihm: Ich weiß wohl, daß er auferstehen wird - bei der Auferstehung am Jüngsten Tage.

Jesus spricht zu ihr: Ich bin die Auferstehung und das Leben. Wer an mich glaubt, der wird leben, auch wenn er stirbt; und wer da lebt und glaubt an mich, der wird nimmermehr sterben. Glaubst du das?

Ich bin die Auferstehung und das Leben - bedeutet, daß das "ICH BIN" oder der Christusgeist im Herzen des Menschen der göttliche Funke des Lichtes ist, der der Auferstehung und dem Leben gleichkommt. Der Christusgeist, die schöpferische Kraft und das Leben wohnen in jedem Gotteskind. ICH BIN die Liebe in euch. ICH BIN das Leben in euch. Ich bringe euch ewiges Leben.

(11.27 - 29) Sie spricht zu ihm: Ja, Herr, ich glaube, daß du der Christus bist, der Sohn Gottes, der in die Welt gekommen ist. Und als sie das gesagt hatte, ging sie hin und rief ihre Schwester Maria heimlich und sprach zu ihr: Der Meister ist da und ruft dich. Als Maria das hörte, stand sie eilend auf und kam zu ihm.

Wie in anderen Kapiteln erkennen wir auch hier zwei unterschiedliche Gedankenebenen, zwei Verständnisebenen - die geistige und die weltliche. Auf der einen Seite sehen wir den Meister, Jesus Christus, der die innere Bedeutung des Lebens, das geistige Gesetz verstand, und wir sehen, wie er das geistige Gesetz unmittelbar zum Ausdruck bringt. Auf der anderen Seite fällt uns auf, daß die Juden und das Volk - und selbst die Jünger, deren Augen noch geschlossen sind - von der Verstandesebene, aus dem materiellen Selbst her sprachen, wie dies weltliche Menschen tun. Wir bemerken, daß Jesus stets am spirituellen Leben und dem geistigen Gesetz festhielt, und alles, das geschah, im Licht der Wahrheit, im Licht des inneren Christus, auslegte. Hierbei handelt es sich um etwas, das wir alle lernen müssen, denn sobald Männer und Frauen die Offenbarung des spirituellen Lebens und Gesetzes erlebt haben, müssen sie das geistige Gesetz in allen kleinen Dingen des Lebens anwenden. Es gibt keine Ausnahme; ein Weiser sagte einmal "es gibt keinen Kompromiß zwischen Recht und Unrecht." Aus diesem Grunde leiden viele, die den geistigen Weg betreten. Sie sind nicht stark genug, ihre geistigen Überzeugungen zu vertreten, sie sehen ihre Probleme weiterhin von der Seite des materiellen Aspektes und lassen sich von materiellen Erwägungen leiten anstatt fest auf dem geistigen Pfad zu verbleiben. Doch es gibt keinen Kompromiß.

Sobald ihr einen Fuß auf den geistigen Pfad gesetzt habt, laßt euch nicht in den Strudel materieller Dinge ziehen, oder ihr erleidet erneut geistige Blindheit. Wenn ihr euch bemüht, alle eure Probleme von einem geistigen Standpunkt zu sehen, wenn ihr euch bemüht, die Wahrheit im Leben und in des Menschen Seele zu erkennen, dann werdet ihr die Herrlichkeit Gottes schauen.

Der Tod des Lazarus kann und sollte in diesem Sinne verstanden werden. Einige Glaubensschulen ziehen es vor, die Geschichte einzig und allein als Zeugnis eines physischen Wunders zu verstehen; wir sagen nicht, daß es keines war, doch das Hauptanliegen der Geschichte besteht darin, das Erwachen des geistigen Lebens in Lazarus aufzuzeigen. Studiert dieses Kapitel und ihr werdet verstehen, was wir meinen. Ihr bemerkt, daß dem körperlichen Tod wenig Bedeutung beigemessen wird, da der Herr ihn als unwichtig erachtete. Für ihn war die Erweckung des Lazarus vom geistigen Tod wichtig.

Als Jesus vorschlug, das Haus von Lazarus aufzusuchen, hatten die Jünger Einwände: Meister, *Meister, eben noch wollten die Juden dich steinigen, und du willst wieder dorthin ziehen? Jesus antwortete: Hat nicht der Tag zwölf Stunden? (8-9)* und meinte in anderen Worten damit, daß es für alles eine Zeit gäbe. Meine Zeit, den physischen Körper zu verlassen, steht fest. Dies ist jedoch ohne Bedeutung, denn solange mein Leben mit Dienen verbracht wird, beschützt mich Gott. Damit soll gesagt werden, daß der Mensch nicht töricht sein und die Vorsehung versuchen soll, indem er sich unnötigerweise in Gefahr begibt, doch wenn ihn Gott in seinen Dienst stellt, mag er in Ruhe gehen, wohin er will, und obwohl es Gefahren geben mag, kommt seine Zeit erst, wenn die Phase seines Dienens abgeschlossen ist.

Wir möchten euch bitten, das geistige Gesetz nicht zu brechen, indem ihr nachlässig seid oder es an Sorgfalt mangeln laßt, doch wenn ihr euch statt dessen um die Dinge des Herrn kümmert und in Harmonie mit dem geistigen Gesetz arbeitet, werdet ihr in allen Gefahren beschützt werden. *Hat nicht der Tag zwölf Stunden?* Jene, die das Gesetz befolgen, haben nichts zu fürchten, denn alles geschieht genau nach einem Plan und es gibt eine Zeit und einen Ort für alles. Nachdem all dies gesagt und getan wurde und die Zeit des Menschen erfüllt ist, besteht die edelste Haltung dem Tod gegenüberzutreten in einer stillen Annahme der Vollkommenheit und Genauigkeit von Gottes Plan.

Lernt in Übereinstimmung mit dem geistigen Gesetz zu leben, mit dem Gesetz Gottes, das Harmonie und Wohlbefinden bedeutet. Verletzt nicht die Gesetze Gottes, die in eurem Körper wirken, denn euer Körper ist ein Tempel Gottes, und ihr solltet ihn keiner Gefahr aussetzen, ihn nicht übermüden, kein ausschweifendes Leben führen und euch statt dessen um natürliche und gesunde Nahrung kümmern. Wenn ihr Gottes Gesetze mißachtet, verletzt ihr das geistige Gesetz. Ihr solltet eurem Körper die notwendige Pflege und Hygiene zukommen lassen, euch umsichtig ernähren, ihn mit Achtung behandeln, euch nicht überarbeiten, sondern maßvoll leben, damit die Seele sich zu entsprechender Zeit erhebt und von dannen geht ... "Ich komme, Herr, denn ich habe deinen Ruf vernommen."

Solange ihr dem geistigen Gesetz folgt, lebt ihr in vollkommener Gelassenheit. Folgt dem wahren Ruf des Geistes, selbst wenn ihr euch in Gefahr befindet, denn solange ihr dem Willen Gottes gehorcht, ist alles gut. Alles, das geschieht, ist gut.

Wer bei Tag umhergeht, der stößt sich nicht – wer im Licht schreitet, dem geschieht nichts. Wenn ihr den Gesetzen des Geistes folgt, wird immer das Licht für euch leuchten. Dergleichen haben wir bereits erklärt. Beherrschen Dunkelheit und Verwirrung die Seele, kommt der Mensch zu Fall.

Vers 41 berichtet davon, daß der Stein vom Grabe entfernt wurde. Wir deuten das so, daß der Stein mit dem weltlichen Geist gleichzusetzen ist, der den Menschen in seinem Grabe verschließt. Der materiell ausgerichtete Wissenschaftler, der materiell gesinnte Religionswissenschaftler, der materiell eingestellte Mensch in jedem Lebensbereich, sie sind mit jemandem in einem geschlossenen Raum, in einem Grab gleichzusetzen, das durch den Stein des sterblichen Geistes des Materialismus versiegelt ist. Mit anderen Worten hat sich der Mensch, der tot gegenüber geistigen Dingen ist, selbst ins Grab begeben und andere mit ähnlicher Geisteshaltung versiegeln sein Grab mit dem Stein. Ist die Welt nicht immer bereit, den Stein des Materialismus vor einen Menschen zu rollen und ihn damit in seinem Grab einzuschließen? Wie schwierig ist es doch für diese Menschen, sich wieder zu befreien? Jene, die im Leben tot sind, können nur durch das Wort wieder zum Leben erweckt werden, durch den Trompetenstoß, durch das Öffnen ihres Innersten für Christus, den Sohn, den wahren geistigen Bruder der geistig Erstorbenen. Christus, der Sohn, sprach durch den Herrn zu Lazarus, und er erstand aus dem Grabe. Auf diese Weise werden die geistig Toten wieder ins Leben gerufen, doch Gott bedarf eines reinen und vollkommenen Werkzeuges, um die Toten zum Leben zu erwecken.

Im Johannes-Evangelium spricht Christus durch des Herrn Mund und offenbart sich durch sein Leben. Die Auferstehung des Lazarus findet ständig in der Welt um uns herum statt. Genau wie Lazarus haben auch wir in unserem Grab gelegen, bis wir uns schließlich Gott öffneten und als Antwort auf seinen Ruf auferstanden sind.

(11.30 – 44) Jesus aber war noch nicht in das Dorf gekommen, sondern war noch dort, wo ihm Marta begegnet war. Als die Juden, die bei ihr im Hause waren und sie trösteten, sahen, daß Maria eilend aufstand und hinausging, folgten sie ihr, weil sie dachten: Sie geht zum Grab, um dort zu weinen. Als nun Maria dahin kam, wo Jesus war, und ihn sah, fiel sie ihm zu Füßen und sprach zu ihm: Herr, wärst du hier gewesen, mein Bruder wäre nicht gestorben.

Als Jesus sah, wie sie weinte und wie auch die Juden weinten, die mit ihr gekommen waren, ergrimmte er sich im Geist und wurde sehr betrübt und sprach: Wo habt ihr ihn hingelegt? Sie antworteten ihm: Herr, komm und sieh es. Und Jesus gingen die Augen über. Da sprachen die Juden: Siehe, wie hat er ihn lieb gehabt. Einige aber unter ihnen sprachen: Er hat dem Blinden die Augen aufgetan; konnte er nicht auch machen, daß dieser nicht sterben mußte?

Da ergrimmte Jesus abermals und kam zum Grab. Es war aber eine Höhle, und ein Stein lag davor. Jesus sprach: Hebt den Stein weg! Spricht zu ihm Marta, die Schwester des Verstorbenen: Herr, er stinkt schon; denn er liegt seit vier Tagen. Jesus spricht zu ihr: Habe ich dir nicht gesagt: Wenn du glaubst, wirst du die Herrlichkeit Gottes sehen? Da hoben sie den Stein weg.

Jesus aber hob seine Augen auf und sprach: Vater, ich danke dir, daß du mich erhört hast. Ich weiß, daß du mich allezeit hörst; aber um des Volkes willen, das umhersteht, sage ich's, damit sie glauben, daß du mich gesandt hast. Als er das gesagt hatte, rief er mit lauter Stimme: Lazarus, komm heraus! Und der Verstorbene kam heraus, gebunden mit Grabtüchern an Füßen und Händen, und sein Gesicht war verhüllt mit einem Schweißtuch. Jesus spricht zu ihnen: Löst die Binden und laßt ihn gehen!

Jesus sprach zu den Trauernden *"löst die Binden und laßt ihn gehen"*, was besagt, daß weltliche Gefährten dazu beitragen, eine Seele zu binden. Es gibt Menschen, die die Macht besitzen, euch in einem Leben des Materialismus gefangen zu halten. Ihr Einfluß und ihre Gedanken vermögen euch zu beherrschen, bis ihr endlich die Stimme vernehmt. Dann kann euch nichts mehr binden, nichts mehr zurückhalten.

Maria wies darauf hin, daß der Körper des Lazarus verwest sein könnte. Auch hier spricht der Herr wieder, indem er alles andere beiseite schiebt, von der Herrlichkeit Gottes, die Verfall und Tod nicht anerkennt. Er sieht nur das Licht, das die Seele des Lazarus erleuchtet.

Vor dieser Aussage gibt es einen Satz, der sich auf die Trauer von Maria und Marta bezieht. Jesus weinte und jene, die das sahen, sprachen *"siehe, wie hat er ihn lieb gehabt (36),* da sie glaubten, Jesus trauere um den Verlust eines Freundes, doch dies war nicht der Grund für Jesu Kummer. Er weinte, da er ganz die Gefühle seiner Freunde teilte – ein Beispiel wahrer Brüderlichkeit. Wir lesen, daß Maria daheim blieb und in stiller Meditation verharrte. Maria hatte bereits wahrhaft erfaßt, wer Christus, der in Jesus wirkte, war. Marta war jedoch eifrig mit Haushaltsdingen beschäftigt und so erfüllt von der Nachricht des Todes, daß sie dem Herrn entgegeneilte. Maria verharrte in Schweigen, da sie die Beziehung zwischen dem Herrn, ihr selbst und den anderen besser verstand. Wir dürfen sagen, daß Maria durch das Fest oder die Feier der Liebe wahre Bruderschaft erfuhr, ein Ereignis, bei dem der Geist oder die Seele des Eingeweihten mit seinen anderen Brüdern verschmilzt, was jedoch nur geschieht, wenn die Seele eine Bewußtseinserhebung und das Verständnis wahrer Liebe erfährt. Wahrhaftig in die Bruderschaft des Christus-Lichtes aufgenommen zu werden heißt, daß jemand so sehr mit den Sorgen und Freuden anderer verschmilzt, daß er mitempfindet; er bringt dem Leidenden nicht nur Mitgefühl entgegen, sondern er identifiziert sich mit ihm. Dies ist ein Zustand, den wir alle erreichen sollten. Wenn die gesamte Menschheit im Geiste eins wird, ergibt sich daraus eine große Veränderung. Es wird keine Rücksichtslosigkeit und gedankenlose Grausamkeit mehr geben, da der Mensch wissen wird, daß er selbst leidet, wenn er seinem Bruder Leiden verursacht.

Wahre Brüderlichkeit bedeutet ein Herz, das sich auf das Herz des Bruders einstimmt, bedeutet, daß die Augen durch die Tränen naß werden, die der Bruder vergießt. Aus diesem Grunde weinte Jesus. Er vergießt Tränen, da Maria weint. Er fühlt die Bitterkeit und Sorge, die sie durch den Verlust ihres Bruders erfährt. Er trauert im Geist, als er Lazarus ruft, denn auch er ist im Grab gefangen, in dem Lazarus liegt. Sein ganzes Sein verschmilzt mit dem von Lazarus und erweckt ihn vom Tod zum Leben.

Es muß zum Erwachen der Vorstellungskraft kommen, bevor der wahre Bruder das Leid eines anderen versteht. Die Entwicklung der Vorstellungskraft stellt einen notwendigen Teil beim Erwachen des Menschen dar, doch ihr erreicht dergleichen nicht durch mentales Bestreben, sondern eher durch die Entwicklung des Gefühls, von Bewußtheit, durch Meditation und Erfahrung. Die Vorstellung befähigt den Sehenden sich in die Gefühle eines anderen Menschen hineinzuversetzen, vorübergehend der Geist zu werden, dem die Botschaft entspringt. Dem Materialisten und Intellektuellen mangelt es an geistiger Bewußtheit.

(11.45 – 57) Viele nun von den Juden, die zu Maria gekommen waren und sahen, was Jesus tat, glaubten an ihn. Einige aber von ihnen gingen hin zu den Pharisäern und sagten ihnen, was Jesus getan hatte. Da versammelten die Hohenpriester und die Pharisäer den Hohen Rat und sprachen: Was tun wir? Dieser Mensch tut viele Zeichen. Lassen wir ihn so, dann werden sie alle an ihn glauben, und dann kommen die Römer und nehmen uns Land und Leute. Einer aber von ihnen, Kaiphas, der in dem Jahr Hoherpriester war, sprach zu ihnen: Ihr wißt nichts; ihr bedenkt auch nicht: Es ist besser für euch, ein Mensch sterbe für das Volk, als daß das ganze Volk verderbe. Das sagte er aber nicht von sich aus, sondern weil er in dem Jahr Hoherpriester war, weissagte er. Denn Jesus sollte sterben für das Volk, und nicht für das Volk allein, sondern auch, um die verstreuten Kinder Gottes zusammenzubringen.

Von dem Tage an war es für sie beschlossen, daß sie ihn töteten. Jesus aber ging nicht mehr frei umher unter den Juden, sondern ging von dort weg in eine Gegend nahe der Wüste, in eine Stadt mit Namen Ephraim, und blieb dort mit den Jüngern.

Es war aber nahe das Passahfest der Juden; und viele aus der Gegend gingen hinauf nach Jerusalem vor dem Fest, daß sie sich reinigten. Da fragten sie nach Jesus und redeten miteinander, als sie im Tempel standen: Was meint ihr? Er wird doch nicht zum Fest kommen? Die Hohenpriester und Pharisäer aber hatten Befehl gegeben: Wenn jemand weiß, wo er ist, soll er's anzeigen, damit sie ihn ergreifen könnten.

Selbst heute wird der einzelne vorgeblich um der Gemeinschaft willen verfolgt. Doch Jesus sprach, daß in des Vaters Augen jede Seele zählt. *Kauft man nicht zwei Sperlinge für einen Groschen? Dennoch fällt keiner von ihnen auf die Erde ohne euren Vater. Nun aber sind auch eure Haare auf dem Haupt alle gezählt (Mt. 29 – 30).* Die Welt glaubt, daß der einzelne geopfert werden darf, falls dies angebracht erscheint, doch gemäß dem Gesetz des Geistes ist jede Seele kostbar. In den letzten Versen lesen wir, daß es der Welt darum ging, Jesus zu töten, doch er erwartete die zwölfte Stunde des Tages, zu der seine Zeit sich erfüllte. Dann war er bereit, sich selbst hinzugeben, wie es im Evangelium heißt.

Zwei gleichzeitige Gedankenlinien beherrschen dieses Kapitel. Die allgemeine Auslegung ist materieller Natur und betrifft die Auferstehung des physischen Körpers von Lazarus. Doch Jesus wirkte in Übereinstimmung mit dem geistigen Gesetz, dessen höchstes Ziel darin liegt, der Seele des Nächsten Licht, Leben und Wahrheit zu bringen. Deswegen lebte, starb und auferstand er.

Der Sinn jeden Menschenlebens liegt in der Auferstehung aus dem Grab niederer Gesinnung, der physischen Materie, in der Durchbrechung der Enge des irdischen Grabes und der Auferstehung zu Verständnis und Meisterschaft, damit die ganze Materie, der Äther, alle Gedankenschwingungen vom Geist der Liebe Christi durchdrungen werden, damit jede Lebensform durch den Geist des Schöpfers, durch Christus, erstehe.

Dies ist die Bedeutung der Auferstehung, der Erweckung des Menschen und jeder Form durch den wahren Lebensgeist.

Die Werke, die ich wirke, werdet auch ihr wirken. Jeder Mensch wird sich zu gegebener Zeit ganz und gar des ewigen Lebens und der Kraft und Schönheit des Christus-Geistes in ihm und seinem Nächsten bewußt sein.

XII. Kapitel

Die Läuterung des Körpers

Im Johannes-Evangelium kommt eine zentrale Wahrheit zum Ausdruck, eine Wahrheit, die das ganze Sein des Menschen umfaßt, die Wahrheit der Spiritualisierung allen Lebens und des damit verbundenen vollkommenen Gleichgewichtes. Wir wissen, daß einige Lehrer das Abtöten natürlicher Bedürfnisse und die Kasteiung des Fleisches befürworten, da sie dergleichen als den einzigen Weg zum ewigen Leben erachten, doch wir stimmen dem nicht zu. Wir betrachten im Gegenteil das Leben auf der Erde als etwas sehr Schönes, dessen man sich erfreut und das man in ganzer Fülle erfährt.

Wenn ihr zum Beispiel eßt, so tut dies nicht gedankenlos, sondern mit Freude. Denkt an eure Nahrung als Gabe Gottes und dankt dem Schöpfer dafür, denn Gott hat euch Nahrung gegeben, damit ihr nicht nur euren Körper nährt, sondern auch die Psyche oder den Ätherkörper. Seht nur das Beste, erkennt Gott in euren Freunden und in einer glücklichen Familie, nehmt sie in euer Herz auf, nehmt sie als Gabe Gottes an. Erfreut euch jeder Fähigkeit eures Körpers, eurer Seele und eures Geistes, und lobt Gott jeden Augenblick eures Lebens. Dankt ihm für die Natur, die Tiere, für die Künste und alle Dinge, die das Leben verschönern.

Wir glauben, daß das menschliche Leben zu vollkommener Form, vollkommener Gesundheit, vollkommenem Strahlen erblühen sollte. Wie eine schöne Rose, so sollte auch das Leben genügend Nahrung für seine Wurzeln, seinen Stiel, seine Blätter und Blüten in den Gaben der Erde finden und wie eine Rose sollte es auch seinen Platz im Sonnenlicht einnehmen zum Lobpreis Gottes. Der Körper, der der Tempel Gottes ist, sollte gepflegt werden, er sollte so weit wie möglich in ein reines Gewand gekleidet werden. Ihr solltet ihm harmonische Erholungsphasen einräumen, Muße zur physischen und mentalen Entwicklung und ähnlicher Interessen, und ihr solltet ihm Gelegenheit zur geistigen Kultivierung geben. Alle Körper des Menschen, die sein Sein ausmachen – das heißt der physische, astrale, mentale und ätherische Körper, sollten sich zur Vollkommenheit entwickeln und das wahre Leben Gottes ausdrücken. So wie die Dinge momentan stehen, verweigert man dem Körper oft das, dessen er bedarf, während der Mentalkörper oft zu sehr angeregt wird, indem man ihm ein übermäßiges Maß an Nahrung bietet, und der Astralkörper gleichzeitig zu wenig Disziplinierung erfährt. Der Mangel an Disziplin läßt Wünsche und Leidenschaften entstehen, die sich schließlich als Krankheit im physischen und mentalen Körper widerspiegeln, und so fällt das gesamte Sein aus der Harmonie.

Jesus spricht im vorliegenden Kapitel über diese Dinge und sagt, daß der Menscch sein sterbliches Leben verlieren muß, um das wahre Leben zu gewinnen. Wir möchten den 47. Vers betonen: *"Denn ich bin nicht gekommen, daß ich die Welt richte, sondern daß ich die Welt rette."* Was meinte der Herr damit? Wir müssen kurz vom Thema abschweifen, um zu wiederholen, daß beim Tod des physischen Körpers sich der ätherische Körper vom physischen zurückzieht. Wir haben bereits erklärt, daß der Ätherkörper aus zwei Teilen besteht. Jener Teil, der den Samen ewigen Lebens enthält, befindet sich im Tempel der Seele und der irdische Teil löst sich schließlich auf und stirbt.

Durch das Bestreben der Seele erlangt der feinere Ätherkörper ewiges Leben. Dieser Ätherkörper oder Seelenkörper wird durch das Leben des Menschen als Ganzes geschaffen, durch seine Handlungen, Bestrebungen und Wünsche und durch alles, das er im täglichen Leben zum Ausdruck bringt. Aus diesem Grunde ist es so wichtig, in der materiellen Welt und in einem physischen Körper zu leben, der das Ziel hat, Gott in jeder Kleinigkeit des täglichen Lebens auszudrücken.

Als Jesus sprach: *"Denn ich bin nicht gekommen, daß ich die Welt richte, sondern daß ich die Welt rette (47)*, meinte er damit das, was wir soeben gesagt haben, daß durch den Geist Christi das Leben des Menschen Harmonie und Vollkommenheit erfährt. Auf diese Weise errettet Christus den Menschen, erhebt ihn in den Himmel. Sagte er nicht *"und ich, wenn ich erhöht werde von der Erde, so will ich alle zu mir ziehen? (32)*

Wir wollen nun die Worte des Evangeliums lesen.

„(12.1 – 8) Sechs Tage vor dem Passahfest kam Jesus nach Betanien, wo Lazarus war, den Jesus auferweckt hatte von den Toten. Dort machten sie ihm ein Mahl, und Martha diente ihm; Lazarus aber war einer von denen, die mit ihm zu Tisch saßen. Da nahm Maria ein Pfund Salböl von unverfälschter, kostbarer Narde und salbte die Füße Jesu und trocknete mit ihrem Haar seine Füße; das Haus aber wurde erfüllt vom Duft des Öls. Da sprach einer seiner Jünger, Judas Ischariot, der ihn hernach verriet: Warum ist dieses Öl nicht für dreihundert Silbergroschen verkauft worden und den Armen gegeben? Das sagte er aber nicht, weil er nach den Armen fragte, sondern er war ein Dieb, denn er hatte den Geldbeutel und nahm an sich, was gegeben war. Da sprach Jesus: "Laß sie in Frieden. Es soll gelten für den Tag meines Begräbnisses. Denn Arme habt ihr allezeit bei euch; mich aber habt ihr nicht allezeit."

Wie ihr euch erinnert, tadelte Marta Maria, da sie ihre Pflichten im Haushalt vernachlässigte. Jesus jedoch sprach: *Maria hat das gute Teil erwählt (Lk. 10.42)*, wodurch ausgedrückt werden soll, daß Marta bei dieser Gelegenheit hätte erkennen sollen, was in Maria vorging. Marta ahnte es nicht, doch Jesus war sich bewußt, daß Maria ihr innerstes Sein der geistigen Wahrheit öffnete. Bei anderer Gelegenheit war Maria erneut die geistige Schau zuteil geworden; niemand außer ihr vermochte zu erkennen, daß der Herr bald sterben würde, keiner der anderen hegte einen solchen Gedanken, doch Marias inneres Selbst öffnete sich und nahm wahr, daß er von seinen Freunden Abschied nahm; als Symbol des Abschieds salbte sie seine Füße mit Duftöl. Maria verstand den Herrn wie keiner der anderen.

„(12.9 – 15) Da erfuhr eine große Menge der Juden, daß er dort war, und sie kamen nicht allein um Jesu willen, sondern um auch Lazarus zu sehen, den er von den Toten erweckt hatte. Aber die Hohenpriester beschlossen, auch Lazarus zu töten; denn um seinetwillen gingen viele Juden hin und glaubten an Jesus.

Als am nächsten Tag die große Menge, die aufs Fest gekommen war, hörte, daß Jesus nach Jerusalem käme, nahmen sie Palmzweige und gingen hinaus ihm entgegen und riefen: Hosianna! Gelobt sei, der da kommt in dem Namen des Herrn, der König von Israel. Jesus aber fand einen jungen Esel und ritt darauf wie geschrieben steht. Fürchte dich nicht, du Tochter Zion! Siehe, dein König kommt und reitet auf einem Eselsfüllen.

In einigen Glaubensschulen wird der Esel als Symbol der Seele des Menschen verstanden, die das Zentrum der Wünsche, des Fühlens und der Emotion darstellt. Ein weiteres Symbol für die Seele wird im Wasser gesehen; die Seele vermag bewegt zu sein wie das rauhe Meer und muß von Christus beherrscht und beruhigt werden (was Jesus damit bewies, indem er die Wogen des Meeres glättete). Der Esel, der Jesus nach Jerusalem trug, steht für die Seele oder Psyche und beweist, daß Jesus Meister seines emotionalen Selbst war (des Esels), so wie er auch Meister des bewegten Wassers war. Alle Menschen erfahren Gefühle und Leidenschaften, die sich in den Vordergrund drängen und das Urteilsvermögen trüben; der Mensch weiß auch, daß in dem Augenblick, in dem der wahre Christus-Geist zur Wirkung kommt, die Leidenschaften nachlassen.

Die Menge war bereit, jeden zu erwählen, der weltliche Position und Macht besaß, doch sie vermochte kaum wirkliches Verdienst und wahre geistige Größe zu unterscheiden. Sie ersetzte diese Qualitäten statt dessen durch Ruhm und Ansehen. Jesus war bemüht, ihr den besseren Weg zu zeigen. Er ritt auf einem Esel, dem Symbol der Demut. Die Menge jubelte ihm zu, doch er zeigte sich unbewegt. Die Menge ist stets bereit, jemanden in einer hohen Position zu erwählen, doch sie versäumt es, den wahren König zu unterscheiden.

„(12.16 – 23) Das verstanden seine Jünger zuerst nicht; doch als Jesus verherrlicht war, da dachten sie daran, daß dies von ihm geschrieben stand und man so mit ihm getan hatte. Das Volk aber, das bei ihm war, als er Lazarus aus dem Grabe rief und von den Toten auferweckte, rühmte die Tat. Darum ging ihm auch die Menge entgegen, weil sie hörte, er habe dieses Zeichen getan.

Die Pharisäer aber sprachen untereinander: Ihr seht, daß ihr nichts ausrichtet; siehe, alle Welt läuft ihm nach.

Es waren aber einige Griechen unter denen, die heraufgekommen waren, um anzubeten auf dem Fest. Die traten zu Philippus, der von Betsaida aus Galiläa war, und baten ihn und sprachen: Herr, wir wollten Jesus gerne sehen.

Philippus kommt und sagt es Andreas; und Philippus und Andreas sagen's Jesus weiter. Jesus aber antwortete ihnen und sprach: Die Zeit ist gekommen, daß der Menschensohn verherrlicht werde."

Der Sohn der Menschen ist an dieser Stelle, wie wir glauben, der Sohn im Fleische, oder er kennzeichnet den Ätherkörper des Menschen, von dem behauptet werden darf, er sei im Fleische geboren (in gewissem Sinne), da er die gleichen Schwingungen verspürt wie der physische Körper. Sein niederer Teil, der kurze Zeit nach dem Tod des physischen Körpers noch bei diesem verweilt und sich schließlich auflöst, ist tatsächlich ein Spiegelbild des physischen Körpers, doch von viel feinerer Struktur. Der reinere Teil des Ätherkörpers ist jener, der das ewige Leben gewinnt – er repräsentiert den Sohn des Menschen. Jesus spricht, daß der Sohn des Menschen Herrlichkeit erfahren werde, da das spirituelle Leben ihn erfüllen und zu ewigem Leben erheben wird.

„(12.24) Wahrlich, wahrlich, ich sage euch: Wenn das Weizenkorn nicht in die Erde fällt und erstirbt, bleibt es allein; wenn es aber erstirbt, bringt es viel Frucht."

Das Körperselbst ist die Hülle, die abfällt, doch im Inneren befindet sich das Leben; falls sich die äußere Hülle nicht öffnet, erstirbt auch das innere Leben. Mit anderen Worten, der Mensch muß erst vor der Welt sterben, bevor ihm das ewige Leben zuteil wird. Alle niederen Wünsche und Gefühle müssen zunächst sterben. Dies geschieht schließlich auch, doch falls der Mensch ihnen anhaftet, ist er mit einem Toten gleichzusetzen. Es ist erforderlich, sich von sterblichen Fesseln zu lösen, um geistige Schwingen zu erhalten.

Geht eine Seele in die Geisteswelt über, so ist sie noch durch ihr altes Selbst belastet und ist sozusagen noch von der Erde, irdisch; sie erlebt eine wunderbare geistige Erfahrung während sie offensichtlich noch schläft. Erwacht sie schließlich zu wahrem Leben, wird sie sich des allgegenwärtigen Gottes bewußt – des Gottes, der in allem Leben ist, in den Blumen, den Bäumen, der Luft, die sie atmet, im fließenden Wasser, in der Substanz der Erde selbst, Gottes im Nächsten, in allen Formen, des Gottes, der in allem ist. Doch um sich dessen bewußt zu werden, muß sich die Seele zunächst von allen irdischen Fesseln lösen, sie muß bereit sein, für die höchste Liebe Gottes alles hinzugeben. Durch diese Hingabe erfährt sie Erneuerung, da sie in Gott wiedergeboren wird; sie sieht ihren Nächsten und die, die ihr lieb sind, in leuchtenderem Licht und strahlenderer Schönheit als jemals zuvor, und auch sie erfahren für sie Erneuerung, nicht in ihrem niederen Selbst, doch als reine Seelen. Indem sie ihr sterbliches Leben hingibt, das ihr erstmals so kostbar schien, gewinnt sie ein reicheres Leben. Ihr verliert niemals einen lieben Menschen, da die Liebe keine Trennung kennt; für die, die wahrhaft lieben, gibt es keinen Verlust.

„(12.25) Wer sein Leben lieb hat, der wird's verlieren; und wer sein Leben auf dieser Welt haßt, der wird's erhalten zum ewigen Leben."

Wenn der Mensch nicht mehr vom Verlangen und den Leidenschaften des Körpers und des niederen Selbst beherrscht wird, gelangt er zum Göttlichen, wird er in ein höheres Leben hineingeboren. Dies kann geschehen, während er sich noch im physischen Körper befindet; die Seele befreit sich nur von ihren Wünschen, um mit der tiefen Freude eines reicheren Lebens erfüllt zu werden. Dies muß geschehen, da es dem Menschen bestimmt ist, sich aller Gaben Gottes zu erfreuen und jeden Moment zu leben, um Glück auszudrücken.

„(12.26 – 29) Wer mir dienen will, der folge mir nach; und wo ich bin, da soll mein Diener auch sein. Und wer mir dienen wird, den wird mein Vater ehren.

Jetzt ist meine Seele betrübt. Und was soll ich sagen? Vater, hilf mir aus dieser Stunde? Doch darum bin ich in diese Stunde gekommen. Vater, verherrliche deinen Namen. Da kam eine Stimme vom Himmel: Ich habe ihn verherrlicht und will ihn abermals verherrlichen. Da sprach das Volk, das dabeistand und zuhörte: Es hat gedonnert. Die andern sprachen: Ein Engel hat mit ihm geredet."

Gottes Name erfährt durch den vollkommenen Menschen, der Vollkommenheit und das ewige Leben durch Christus in sich erreicht hat, Verherrlichung. Das Geheimnis, das wir lehren wollen, ist das, daß der Mensch durch den Christus-Geist Herrlichkeit erfährt und der Sinn im Leben des Menschen liegt darin, das Fleisch und die Erde zu preisen, die Schwingungen der physischen Materie zu erleben, bis der gesamte Planet ätherisch und spiritualisiert wird und der Mensch wieder in den Schoß des Vater-Mutter-Gottes zurückkehrt.

"*(12.30-33) Jesus antwortete und sprach: Diese Stimme ist nicht um meinetwillen geschehen, sondern um euretwillen. Jetzt ergeht das Gericht über diese Welt; nun wird der Fürst dieser Welt ausgestoßen werden. Und ich, wenn ich erhöht werde von der Erde, so will ich alle zu mir ziehen. Das sagte er aber, um anzuzeigen, welchen Todes er sterben würde.*

... nicht den Tod des inneren spirituellen Lebens, sondern den Tod des irdischen Teiles des Ätherkörpers. Die Regierenden in dieser Welt, der Körper, das niedere Selbst, müssen sterben. Der innewohnende Geist wird so mächtig, daß der Körper und das physische Leben keine Vorherrschaft mehr besitzen. Wenn ich erhöht werde – das heißt, wenn der Christus-Geist erwacht – will ich alle Menschen zu mir ziehen. Dies sind wahre Worte, denn durch das Erwachen der inneren Christusschaft wird der Mensch aus wahrhaftigen Motiven heraus seine geistigen Pflichten erfüllen, mit wahrhaftigen Gedanken und durch wahrhaftige Handlungen, und er wird durch das Beispiel und die Kraft seines wahren Selbst alles um ihn herum erhöhen.

(12.34-50) Da antwortete ihm das Volk: Wir haben aus dem Gesetz gehört, daß der Christus in Ewigkeit bleibt; wieso sagst du dann: Der Menschensohn muß erhöht werden? Wer ist dieser Menschensohn?
Da sprach Jesus zu ihnen: Es ist das Licht noch eine kleine Zeit bei euch. Wandelt, solange ihr das Licht habt, damit euch die Finsternis nicht überfalle. Wer in der Finsternis wandelt, der weiß nicht, wo er hingeht. Glaubt an das Licht, solange ihr's habt, damit ihr Kinder des Lichtes werdet.
Das redete Jesus und ging weg und verbarg sich vor ihnen. Und obwohl er solche Zeichen vor ihren Augen tat, glaubten sie doch nicht an ihn, damit erfüllt werde der Spruch des Propheten Jesaja, den er sagte: Herr, wer glaubt unserm Predigen? Und wem ist der Arm des Herrn offenbart? Darum konnten sie nicht glauben, denn Jesaja hat wiederum gesagt: Er hat ihre Augen verblendet und ihr Herz verstockt, damit sie nicht etwa mit den Augen sehen

und mit dem Herzen verstehen und sich bekehren, und ich ihnen helfe. Das hat Jesaja gesagt, weil er seine Herrlichkeit sah und redete von ihm.

Doch auch von den Oberen glaubten viele an ihn; aber um der Pharisäer willen bekannten sie es nicht, um nicht aus der Synagoge ausgestoßen zu werden. Denn sie hatten lieber Ehre bei den Menschen als Ehre bei Gott.

Jesus aber rief: "Wer an mich glaubt, der glaubt nicht an mich, sondern an den, der mich gesandt hat. Und wer mich sieht, der sieht den, der mich gesandt hat. Ich bin in die Welt gekommen als ein Licht, damit, wer an mich glaubt, nicht in der Finsternis bleibe. Und wer meine Worte hört und bewahrt sie nicht, den werde ich nicht richten; denn ich bin nicht gekommen, daß ich die Welt richte, sondern daß ich die Welt rette.

Wer mich verachtet und nimmt meine Worte nicht an, der hat schon seinen Richter: Das Wort, das ich geredet habe, das wird ihn richten am Jüngsten Tage. Denn ich habe nicht aus mir selbst geredet, sondern der Vater, der mich gesandt hat, der hat mir ein Gebot gegeben, was ich tun und reden soll. Und ich weiß: sein Gebot ist das ewige Leben. Darum: was ich rede, das rede ich so, wie es mir der Vater gesagt hat."

Die letzten Sätze drücken wiederum das gleiche aus: das innere Licht im Menschen kann das ganze Leben vergeistigen und verschönern. Wenn das innere Licht im materiellen Leben bis ins Kleinste hinein Ausdruck findet, geschieht Gottes Wille, denn Gottes Wille bedeutet die Vollkommenheit des Menschen. Darin liegt die Christus-Botschaft – in der Manifestation des Himmelslichtes auf Erden. Wenn das Göttliche durch die Seele scheint, verlöscht es nicht mit dem physischen Körper, sondern wird zum ewigen Leben erhoben; desweiteren besteht keine Notwendigkeit für den Geist sich erneut zu inkarnieren, da er sein Leben in Christus gefunden hat.

Es ist äußerst schwierig, eine solche Wahrheit in Worten zu übermitteln. Wir haben euch von dem berichtet, was wir erfahren haben –

daß der Mensch von seinem niederen Selbst erlöst werden und jenes Selbst sterben muß, damit der neue Mensch zu ewigem Leben wiedergeboren wird. Dergleichen wird im neuen Zeitalter geschehen – der Ausdruck, die Manifestation des göttlichen Lichtes in der Welt. Dann wird es keinen Tod mehr geben. An ein Leben nach dem Tode zu glauben und darauf zu hoffen ist nicht genug. Die Seele des Menschen muß wiedergeboren werden. Der Mensch vermag erst das Reich Gottes zu betreten, wenn er wiedergeboren wird.

Die Menschen haben sich mit der Botschaft des Herrn Jesus befaßt, doch sie vermögen noch nicht ihre volle Bedeutung zu erfassen. Der Mensch begreift noch nicht einmal, warum sein Geist als göttlicher Funke aus Lichtbereichen entstammt, um in der Materie zu existieren. Wenn der Mensch den Sinn seines Lebens hier verstehen würde, so würde er sein Angesicht dankbar zum Licht erheben, anstatt mit der Erde verhaftet zu sein. Anstatt sich an die Form des Gekreuzigten zu klammern, würde er eine aufgegangene Sonne und im Herzen der Sonne den *vollkommenen Einen* erblicken. Er würde jene Gestalt mit ausgestreckten Armen sehen, die inmitten des Sonnenlichtes ein Lichtkreuz bildet und er würde sein Ziel, das Ende seiner Arbeit, erkennen.

Bewahrt in eurem Geiste dieses Bild, das wir von Jesus, dem *Vollkommenen Einen* entworfen haben, der mit ausgestreckten Armen innerhalb der goldenen Sonne steht. Diese goldene Sonne repräsentiert das ganze Leben, da hinter der sichtbaren Sonne die geistige Herrlichkeit leuchtet, die die wahrhaftige Lebensessenz und Kraft darstellt. Jede Frau oder jeder Mann auf Erden besitzt tief im Innern das gleiche Sonnenlicht (oder den Sohn), und falls er oder sie gewillt ist, vermag er oder sie in zunehmendem Maße dieses Licht zum Erstrahlen zu bringen. Der Mensch vermag jene Lebenskraft mit dem Wasser, das er trinkt, zu sich zu nehmen, mit der Luft, die er atmet, und mit der reinen Speise, mit der er sich nährt. Er vermag diese geistige Lebenskraft mit vollem Bewußtsein aufzunehmen, und sie wird sein Geisteswachstum fördern bis sein ganzes Sein in Licht erstrahlt und der symbolischen Form Jesu in der Sonne gleichkommt – dem Bild des auferstandenen Christus.

Doch es muß noch einiges geschehen, bevor der Mensch von der Dunkelheit ins Licht, vom Tod zum Leben erhoben wird. Wenn ihr im Geist lebt, ist das Leben ewig, doch der erste Schritt, den der Mensch auf Erden zu tun hat, liegt in der Befreiung von den Fesseln des einengenden Fleisches; er muß sich bewußt werden, daß sein spirituelles Leben das wirkliche und ewige Leben ist. Im Geist gibt es keinen Tod, keine Trennung; es gibt keine Zeit, zu der ihr nicht seid, und es wird keine Zeit geben, zu der ihr nicht sein werdet. Manchmal fragt man uns: "Gehen wir schließlich in das unendliche Licht und die Herrlichkeit Gottes ein und verlieren so unsere Individualität?" Wir möchten euch sagen, daß ihr mit zunehmender Entwicklung, mit zunehmendem Wachstum in einem Christus erfüllten Leben noch an Individualität gewinnt, doch gleichzeitig nähert ihr euch immer mehr dem unendlichen Licht, das ihr als Gott anbetet. Seht ihr nicht, daß mit zunehmendem Erwachen von Christus im Menschen seine Gestalt und sein Leben an Schönheit gewinnen, es um so sicherer ist, daß er seine Individualität behält. Indem er das Christuslicht verbreitet, gewinnt er an Sicherheit darin, daß er mit dem Vater eins werden wird.
Jesus sprach: *Ich und der Vater sind eins (Joh. 10.30).* Er war bemüht, die Welt jene tiefe Wahrheit zu lehren, daß Gott im Menschen ist. Dem Menschen wurde der freie Wille gegeben. Er kann zulassen, daß Gott in ihm aufersteht, er vermag das Wachstum Christi in sich zu ermutigen, doch wenn er sich in sein niederes Selbst verstrickt, lehnt er das Wachstum ab.

Die Geschichte von Christi Geburt und Leben, seiner Kreuzigung, Auferstehung und Himmelfahrt ist eine symbolische Darstellung des Lebens eines jeden Menschen. Jedes Ereignis im Leben des Jesus von Nazareth stellt eine Initiation dar, die sich in jedem Menschen vollzieht. Der Herr Jesus hat euch Schritt für Schritt gezeigt, wie ihr als lebende Seele den Pfad zu beschreiten habt, den auch er beschritt, daß ihr durch eine Reihenfolge von Einweihungen (von der eine jede Bewußtseinsveränderung mit sich bringt) auf dem geistigen Pfad Fortschritte macht, bis ihr schließlich den Tod, den letzten Feind des Menschen, überwindet.

Die Aufgabe des menschlichen Geistes liegt in der Läuterung des Fleisches, damit Krankheit und Verderbnis ausgemerzt werden. Der Körper erfährt Läuterung durch die ihm innewohnende Gotteskraft, damit beim Ablegen der niederen Form durch den Tod, die vollkommene Form, die Seele und die Form der geläuterten Atome fortbestehen, wie Jesus bewies. Während der Mensch sein Leben durch göttliche Liebe und Weisheit läutert und durch den Dienst am Nächsten, erfährt sein physischer Körper Veredelung und wird so rein, daß er ohne die Verderbnis des Fleisches in die Geisteswelt eingeht.

XIII. Kapitel

Sünde und Vergebung

Bevor wir mit dem Thema beginnen, möchten wir von der geläuterten Seele eines älteren Bruders oder Meisters sprechen. Da es dem irdischen Menschen an der Kraft ermangelt, Meister zu sehen, bezweifeln sie ihre Existenz, doch fällt es einem Menschen, der durch das Licht und den wahren Geist erhoben wurde, leichter, die Reinheit und Vollkommenheit eines anderen zu erkennen. Einige von euch mögen gelegentlich die Vision ihres Führers oder Lehrers oder eines lieben Freundes gehabt haben, der in die höheren Welten hinübergegangen ist. Ihr wart sicher von der Schönheit dieses Menschen beeindruckt, von dem Licht, das von ihm oder ihr ausstrahlte; es herrscht Reinheit und Licht und anstatt der fleischlichen Schwere, fällt das Strahlen des Geistes auf, so als werde er von einem inneren Licht erleuchtet. Ihr dürft mit gutem Grund glauben, daß nur Schönheit und Frieden das Herz eures geliebten Freundes im jenseitigen Leben erfüllen. Wenn sich ein Meister oder ein älterer Bruder manifestiert, kann man in der Struktur seines Körpers eine ähnliche Zartheit und Reinheit wahrnehmen.

Wir wollen uns jetzt vorstellen, daß wir z.B. in Tibet auf einer einsamen Straße einen Bergkamm überqueren. In der Ferne taucht jemand auf. Auf den ersten Blick scheinen wir nichts Außergewöhnliches zu bemerken, doch mit dem Näherkommen dieses Menschen vollzieht sich auch eine Veränderung in uns – wir öffnen uns den Emanationen, die von ihm ausströmen und erfahren somit Bewußtseinserhöhung und zunehmendes Verständnis. Es geschieht etwas, das wir nicht zu erklären vermögen. Je mehr er sich nähert, um so besser sehen wir, daß er kein gewöhnlicher Sterblicher ist. Seine Augen, sein Gesicht und sein ganzer Körper scheinen Licht zu verströmen. Die Struktur seines Körpers unterscheidet sich von jener eines gewöhnlichen Sterblichen – sie ist strahlend, himmlisch. Meditiert über dieses Bild, erhaltet es in eurer Vorstellung bis es für euch zur lebendigen Realität wird. Von nun an kennt ihr diesen Heiligen und könnt ihm jederzeit in eurer Meditation begegnen. Er kann einem Tibeter, Hindu oder Engländer ähneln, oder er mag an wohlbekannte Bilder des Herrn Jesus erinnern. Er mag sogar einem amerikanischen Indianer gleichen. Wie auch seine Gesichtszüge geschnitten sein mögen, ihr erkennt ihn an der himmlischen Reinheit seiner Gestalt. Ein Meister ist nicht zu verkennen.

Vorgenannte Dinge stehen in klarem Bezug zu den Themen dieses Kapitels des Evangeliums, in dem Jesus bemüht ist, jene lebendige Wahrheit zu übermitteln, die die Seele des Menschen betrifft, die die Brücke, das Bindeglied darstellen, durch die sich der reine Geist in einem physischen Körper zu manifestieren vermag.

Wir möchten euch erneut daran erinnern, daß die Psyche zwei Aspekte beinhaltet – den irdischen, der sich schließlich auflöst und jenen anderen, höheren Teil, der fortbesteht, um ewig zu werden. Der Vorgang der Verewigung findet allmählich im Laufe der Inkarnationen statt.

Da die Seele aus zwei Aspekten besteht, kann entweder der himmlische oder der irdische Aspekt vorherrschen. Während der Inkarnationen nimmt die Seele vieles auf; sie gleicht einem Lager oder Speicher aller auf Erden gesammelten Erfahrungen. Beim gewöhnlichen Menschen hat sie noch keine Läuterung erfahren und ist tatsächlich der Grund für Selbstsucht, Gier und Verlangen, mit denen das höhere Selbst ringt. Dieses Kapitel befaßt sich mit dem Erfordernis, die Seele zu läutern – einer sehr subtilen Lektion. Die Seele muß vollkommen rein werden, und sie sollte von wahrer Bescheidenheit und kindlicher Einfachheit erfüllt sein. Der Meister sprach: *"Wenn ihr nicht umkehrt und werdet wie die Kinder, so werdet ihr nicht ins*

Himmelreich kommen" (Mt. 18.3) Solange die Seele nicht durch Selbstlosigkeit und Liebe Läuterung erfährt, vermag sie kaum zu wachsen, vermag sie nicht dem Meister zu folgen. Desweiteren sprach der Meister: *"Wo ich hingehe, kannst du mir diesmal nicht folgen"* (Jh. 13.36), *worauf Petrus entgegnete: "Herr, warum kann ich dir diesmal nicht folgen? Ich will mein Leben für dich lassen"* (37) Der Meister erkannte, daß die Seele des Petrus von einer Läuterung weit entfernt war. Er glich denen, die, obwohl sie verkünden, der Welt entsagen zu wollen, um dem geistigen Pfad zu folgen, immer noch nicht bereit sind, sich selbst nur als Kanal oder Werkzeug zu betrachten, sonder die immer noch nach Anerkennung und einer entsprechenden Stellung streben. Solches erkannte der Meister bei Petrus – Arroganz, den Wunsch, jemand von Bedeutung sein zu wollen. "Nein, Petrus, erst wenn du wirst wie ein kleines Kind, das eine große Liebe im Herzen trägt, nicht für sich und die Welt, sondern allein für Gott, dann erst vermagst du mir zu folgen." Jesus wollte die notwendige Einfachheit eines Lebens aufzeigen, das, obwohl ruhig und unbemerkt, einer Heilquelle lebendigen Wassers gleicht, die vertrocknete Gegenden bewässert.

Worin liegt die esoterische Bedeutung in diesem Kapitel, in dem Jesus die Füße der Jünger wäscht und warum bedeutete er, daß es genüge, die Füße von Petrus nur einmal zu waschen? Dies ist wichtig, da astrologisch die Füße mit dem Wasserzeichen Fische in Verbindung gebracht werden, und das Zeichen Fische wiederum zur Seele in Beziehung steht. Die Fußwaschung der Jünger durch Jesus stellt die symbolische Läuterung ihrer Seele oder ihres Astralkörpers dar. Er lehrte sie, daß sie nichts zu befürchten hätten, solange ihre Wünsche und Absichten rein seien. Dies klingt vielleicht nicht gerade bedeutend, doch denkt darüber nach, denn sobald die Seele Läuterung erfährt, die Wünsche rein sind, dann sind auch die Gedanken und Handlungen rein.

Auf dergleichen zielten wir auch mit unserer kleinen Geschichte von der Begegnung mit einem Meister in den Bergen ab. Die Seele eines Meisters besitzt kein Verlangen mehr, sie ist so rein, daß seine Körperstruktur Umwandlung erfährt. Der Eingeweihte enthält sich des Fleischessens oder anderer grober Speise, um die Schwingung seines physischen Vehikels zu beschleunigen. Dies hilft zweifellos – wir jedenfalls glauben, daß es hilft. Doch wenn eure Motive rein sind, ist es ohne Belang, was ihr zu euch nehmt, da das Einströmen des klaren Wassers des Geistes die physischen Atome reinigt und veredelt.

Wir kommen jetzt zum Verrat von Jesus durch Judas. Hier finden wir eines der vollkommensten Beispiele wahrer Bruderschaft oder göttlicher Liebe. Es scheint fast, als erwählte der Meister Judas unter den Jüngern, damit ihn dieser verriete. Ihr erinnert euch, daß er, als sie sich zum Abendmahl versammelten, sprach: *"Einer unter euch wird mich verraten."* Bei diesen Worten legte der geliebte Jünger seinen Kopf auf die Schulter des Meister: *"Herr, wer ist's?"* fragte er. Daraus läßt sich die Schlußfolgerung ziehen, daß Jesus willentlich seinen Verräter erwählte. Jesus sprach: *"Der ist's, dem ich den Bissen eintauche und gebe."* Es war Judas. Jesus fuhr fort: *"Was du tun willst, das tue bald."* Auch das ist ungewöhnlich. Der Meister wußte, daß eine Handlung, über die zuviel nachgedacht wird, vielerlei Verwicklungen nach sich zieht. Viele verschlungene Wege und geringe Ereignisse verbinden sich dann mitunter mit einem großen Ereignis. Beim Abtragen des Karmas scheinen viele Begebenheiten zum tatsächlichen Ereignis zu führen. Aus diesem Grund sprach Jesus zu Judas: *"Was du tun willst, das tue bald."* Hätte Judas darüber meditiert, hätte er sich noch zusätzlich Karma auferlegen können. Dies bringt einen weiteren Punkt zur Sprache: die Seele auf dem geistigen Pfad muß lernen, spontan die richtigen Handlungen zu vollziehen. Solange das geistige Gesetz nicht so sehr Teil eines Menschen geworden ist, daß er die richtigen Handlungen vollzieht und richtig reagiert, solange begeht die Seele Fehler. Doch ist es besser, impulsive Fehler zu begehen als Fehler aus willentlicher Böswilligkeit oder bösem Denken heraus. Indem man sich die Finger verbrennt, lernt man seine Lektionen. Warum erwählte Jesus Judas, damit dieser ihn verriete? Dergleichen stellt ein wunderbares Beispiel vollkommener Liebe dar. Jesus war in der Lage, weit in die Vergangenheit zurückreichende Dinge zu sehen und kannte deswegen das Karma von Judas. Er sah, daß in der Vergangenheit Judas einst das Opfer eines Verrats und des sich daraus ergebenden Mordes geworden war, und es seinem Verlangen entsprach, diese karmische Schuld durch Verrat und Mord auszugleichen. Jesus wußte, daß, falls Judas seinem Instinkt nachgäbe, sich das Karma zwischen ihm und jedem gewöhnlichen Menschen durch viele Leben fortsetzen würde, und es zu einer beständigen Wechselwirkung käme. Wir erklärten bereits, daß die Wirkung des Karma zwischen den Seelen mit einem Ball verglichen werden kann, der solange hin- und hergeworfen wird, bis eine der Seelen Schlechtes in Gutes verwandelt. Hierin erkennen wir die wahre Lehre der Vergebung oder Wiedergutmachung der Sünden. Jesus vergab Judas seine Sünden. Durch seine große Liebe nahm er die Schuld auf sich, damit Judas vergeben werde; er verwandelte Haß in Liebe und durchbrach damit eine Ereignisfolge, die sich noch über viele Zeitalter hätte hinziehen können. Jesus erwiderte nicht Böses mit Bösem. Er vergab bereits die Sünden noch ehe sie getan wurden und löschte sie damit aus. Die Vergebung ist Hauptbestandteil der Lehren des Meisters - vergebt, vergebt. Ähnliche Gelegenheiten ergeben sich für jeden; ihr könnt entweder jemandem, der euch verletzt oder Schaden zugefügt hat, mit vergebender Liebe begegnen, oder ihr könnt diese Liebe zurücknehmen und einen tiefen Groll hegen, der später durch das Gesetz des Karma abgetragen werden muß.

Die abschließenden Verse dieses Kapitels beinhalten die Aufforderung, einander zu lieben. Christus fügte durch den Herrn Jesus hinzu: *„Daran wird jedermann erkennen, daß ihr meine Jünger seid, wenn ihr Liebe untereinander habt"(35).* Die allumfassende Botschaft des großen Weltenlehrers des Fischezeitalters beinhaltet eine göttliche Liebe, bei der es keinen Kompromiß gibt. Er meinte, was er sagte.

Er sagte nicht: Liebt einander nur unter gewissen Umständen, sondern: *„Habt untereinander Liebe" (34)* und *„Einer trage des andern Last"* (Gal. 6.2). Meine Brüder, die gesamte Lehre Christi ist die von der Brüderlichkeit und von der Kraft der Liebe. Die vergangenen zweitausend Jahre des Fischezeitalters sollten als Vorbereitungszeit betrachtet werden. Im bevorstehenden Wassermannzeitalter wird der Menschheit neue Gelegenheit gegeben werden, diese Lehre in die Tat umzusetzen. Es bleibt abzuwarten, wie schnell der Mensch die Lehre der Brüderlichkeit und der Macht der Liebe aufnehmen und verstehen wird, wie schnell er lernen wird, die Sünden der Welt wiedergutzumachen. Wenn solches geschieht, werden wir Zeuge der Wiederkehr Christi. Christus wird sich nicht durch einen göttlichen Menschen ausdrücken, sondern er wird sich durch die gesamte Menschheit in Liebe und Brüderlichkeit ausdrücken, durch den Weg, die Wahrheit und das Leben. *„Und ich, wenn ich erhöht werde von der Erde, so will ich alle zu mir ziehen" (Joh. 12.32).* Nichts anderes bedeuten diese Worte.

„(13.1-4) *Vor dem Passafest aber erkannte Jesus, daß seine Stunde gekommen war, daß er aus dieser Welt ginge zum Vater; und wie er die Seinen geliebt hatte, die in der Welt waren, so liebte er sie bis ans Ende. Und beim Abendessen, als schon der Teufel dem Judas, Simons Sohn, dem Iskariot, ins Herz gegeben hatte, ihn zu verraten, Jesus aber wußte, daß ihm der Vater alles in seine Hände gegeben hatte und daß er von Gott gekommen war und zu Gott ging, da stand er vom Mahl auf, legte sein Obergewand ab und nahm einen Schurz und umgürtete sich."*

Er legte sein Obergewand ab könnte in der Form ausgelegt werden, daß er das himmlische Leben, von dem er gekommen war, ablegte. Er zeigte damit symbolisch, daß er nicht durch Zwang zur Vollendung seines Karma auf die Welt kam, sondern freiwillig. Er legte sein Obergewand ab (sein universelles Leben), nahm einen Schurz und umgürtete sich - mit anderen Worten, er nahm einen sterblichen Körper an, wurde ein Mensch. Er trank Wasser (das Symbol der

Psyche) und betrat die Welt, um die Seele des Menschen von seinem Selbst und Verlangen zu befreien.

„(13.5 - 10) Danach goß er Wasser in ein Becken, fing an, den Jüngern die Füße zu waschen, und trocknete sie mit dem Schurz, mit dem er umgürtet war. Da kam er zu Simon Petrus; der sprach zu ihm: Herr, solltest du mir die Füße waschen? Jesus antwortete und sprach zu ihm: „Was ich tue, das verstehst du jetzt nicht; du wirst es aber hernach erfahren." Da sprach Petrus zu ihm: „Nimmermehr sollst du mir die Füße waschen." Jesus antwortete ihm: „Wenn ich dich nicht wasche, so hast du kein Teil an mir." Spricht zu ihm Simon Petrus: „Herr, nicht die Füße allein, sondern auch die Hände und das Haupt." Spricht Jesus zu ihm: „Wer gewaschen ist, bedarf nichts, als daß ihm die Füße gewaschen werden; denn er ist ganz rein. Und ihr seid rein, aber nicht alle."

Petrus besaß das Bestreben, gut sein zu wollen, er wollte dem Meister folgen, doch sein Astralkörper war nicht vollkommen rein, es zeichneten sich in ihm Wünsche ab, die niemand anders als der Meister zu sehen vermochte. Jesus wollte Petrus von seiner Unwürdigkeit befreien. Petrus hatte das Verlangen, vor anderen glänzen zu wollen. Der Meister sprach daraufhin zu ihm: *"Der Hahn wird nicht krähen, bis du mich dreimal verleugnet hast (38),* um damit anzuzeigen, daß er das Verlangen von Petrus kannte, gut in den Augen der Welt dazustehen und es ihm immer noch an Kraft und Mut ermangelte, um tapfer und bescheiden für die Wahrheit zu leben. Wie viele sind doch wie Petrus?

„(13.11 - 16) Denn er kannte seinen Verräter; darum sprach er: Ihr seid nicht alle rein. Als er nun ihre Füße gewaschen hatte, nahm er seine Kleider und setzte sich wieder nieder und sprach zu ihnen: Wißt ihr, was ich euch getan habe? Ihr nennt mich Meister und Herr und sagt es mit Recht, denn ich bin's auch. Wenn nun ich, euer Herr und Meister, euch die Füße gewaschen habe, so sollt auch ihr euch untereinander die Füße waschen. Ein Beispiel habe ich euch gegeben, damit ihr tut, wie ich euch getan habe. Wahrlich, wahrlich,

ich sage euch: Der Knecht ist nicht größer als sein Herr und der Apostel nicht größer als der, der ihn gesandt hat."

Wenn nun ich, euer Herr und Meister, euch die Füße gewaschen habe, so sollt auch ihr euch untereinander die Füße waschen (14). Der Meister verstand dies als einen Beweis. Mit anderen Worten, solltet ihr eurem Bruder helfen, um ihn von Verlangen zu befreien, tut nichts, um unwürdiges Verlangen in ihm wachzurufen. Dergleichen beweist auch die Notwendigkeit zur vollkommenen Demut. Jesus sagte bereits: *"Es werden nicht alle, die zu mir sagen: Herr, Herr, in das Himmelreich kommen, sondern die den Willen tun meines Vaters im Himmel."* (Mt. 7.21). Er meinte damit die Seele, die bereits frei von allem Verlangen ist, daß sie sich ihrer eigenen Güte gar nicht mehr bewußt ist. Nach der Erscheinung des Menschen oder seinen Worten vermögt ihr nicht zu sagen, wer er wirklich ist, doch nach seiner Einfachheit und Demut. Ein großer Mann oder eine große Frau ist wahrhaft bescheiden und spricht die Wahrheit; er oder sie ist sich seiner/ihrer selbst unbewußt und ist so wie ein kleines Kind.

„(13.17 - 31) Wenn ihr dies wißt - selig seid ihr, wenn ihr's tut. Das sage ich nicht von euch allen; ich weiß, welche ich erwählt habe. Aber es muß die Schrift erfüllt werden: „Der mein Brot ißt, tritt mich mit Füßen. Jetzt sage ich's euch, ehe es geschieht, damit ihr, wenn es geschehen ist, glaubt, daß ich es bin. Wahrlich, wahrlich, ich sage euch: Wer jemanden aufnimmt, den ich senden werde, der nimmt mich auf; wer aber mich aufnimmt, der nimmt den auf, der mich gesandt hat." Als Jesus das gesagt hatte, wurde er betrübt im Geist und bezeugte und sprach: „Wahrlich, wahrlich, ich sage euch: Einer unter euch wird mich verraten."

Da sahen sich die Jünger untereinander an und ihnen wurde bange, von wem er wohl redete. Es war aber einer unter seinen Jüngern, den Jesus lieb hatte, der lag bei Tisch an der Brust Jesu. Dem winkte Simon Petrus, daß er fragen sollte, wer es wäre, von dem er redete. Da lehnte der sich an die Brust Jesu und fragte ihn: „Herr, wer ist's?" Jesus antwortete: „Der ist's, dem ich den

Bissen eintauche und gebe. Und er nahm den Bissen, tauchte ihn ein und gab ihn Judas, dem Sohn des Simon Iskariot. Und als er den Bissen nahm, fuhr der Satan in ihn.

Da sprach Jesus zu ihm: „Was du tust, das tue bald." Aber niemand am Tisch wußte, wozu er ihm das sagte. Einige meinten, weil Judas den Beutel hatte, spräche Jesus zu ihm: Kaufe, was wir zum Fest nötig haben oder daß er den Armen etwas geben sollte. Als er nun den Bissen genommen hatte, ging er alsbald hinaus. Und es war Nacht. Als Judas nun hinausgegangen war, spricht Jesus: „Jetzt ist der Menschensohn verherrlicht, und Gott ist verherrlicht in ihm."

Indem Jesus das Karma von Judas auf sich nahm, erfuhr die Seele des Meisters durch die sich manifestierende göttliche Liebe Erhebung. Wenn Christus im Menschen zum Ausdruck kommt, heißt dies, daß der Mensch die Herrlichkeit Gottes manifestiert. Dergleichen geschieht auch, wenn wahre Vergebung ins Herz des Menschen einzieht, wahre Liebe und wahres Verständnis für jemanden, der ihn verletzt hat. Dann äußert sich die Verherrlichung Gottes. Erfährt Gott im Menschen Herrlichkeit, erhebt er den Menschen und der Mensch erfährt Herrlichkeit in Gott. Mit anderen Worten, sobald ein Mensch seinem Gegner vergibt und ihn liebt, führt diese Handlung zur Bewußtseinserhebung seiner Seele, die dann direkt mit Christus verbunden ist und an Gottes strahlender Liebe teilhat. Ihr mögt dies bereits in geringem Umfang erfahren haben, wenn ihr Liebe gegeben habt, obwohl ihr auch gegenteilig hättet handeln können. Ihr verspürt ein tiefes, ruhiges Glücksgefühl. Gottes Herrlichkeit wird so in euch sichtbar, er erhebt euch, damit ihr an seinem Glück im Himmel teilhabt.

Alle diese esoterischen Wahrheiten sind für euch bestimmt, für jede Seele, und sie führen euch allmählich den Bergpfad hinauf. Die von uns beschriebenen Dinge stehen für jeden Menschen jederzeit bereit. Vor euch öffnet sich ein Weg steten Glückes, das euch jetzt noch unbegreiflich erscheint. Wir haben die Erscheinung eines Meisters beschrieben, die Schönheit seiner Gestalt, die Reinheit seiner Seele; dergleichen ist auch für euch bestimmt. Auch ihr werdet solches erfahren, Gottes Herrlichkeit wird auch in euch sichtbar werden, wird sich durch euch manifestieren und so werdet ihr erhoben werden. Diesen Weg werdet ihr beschreiten, und jedes Streben nach Liebe und Vergebung führt euch höher, näher an das Glück und die Vollkommenheit des Lebens heran.

(13.32 - 38) Ist Gott verherrlicht in ihm, so wird Gott ihn auch verherrlichen in sich und wird ihn bald verherrlichen. „Liebe Kinder, ich bin noch eine kleine Weile bei euch. Ihr werdet mich suchen. Und wie ich zu den Juden sagte, sage ich jetzt zu euch: Wo ich hingehe, da könnt ihr nicht hinkommen. Ein neues Gebot gebe ich euch, daß ihr euch untereinander liebt, wie ich euch geliebt habe, damit auch ihr einander lieb habt. Daran wird jedermann erkennen, daß ihr meine Jünger seid, wenn ihr Liebe untereinander habt."

Spricht Simon Petrus zu ihm: „Herr, wo gehst du hin?"

Jesus antwortete ihm: „Wo ich hingehe, kannst du mir diesmal nicht folgen, aber du wirst mir später folgen."

Petrus spricht zu ihm: „Herr, warum kann ich dir diesmal nicht folgen? Ich will mein Leben für dich lassen."

Jesus antwortete ihm: „Du willst dein Leben für mich lassen? Wahrlich, wahrlich, ich sage dir: Der Hahn wird nicht krähen, bis du mich dreimal verleugnet hast."

Hier erkennt ihr den Weitblick Jesu: *Du kannst mir diesmal nicht folgen; aber du wirst mir später folgen (36).* Du kannst mir jetzt noch nicht folgen: Jesus vermochte das Karma und den Astralkörper von Simon Petrus zu sehen und wußte deshalb, daß dieser noch nicht bereit war, daß er Läuterung erfahren müsse, bevor er bereit wäre, ihm zu folgen ..... *aber du wirst mir später folgen* - ein Versprechen, das nicht nur für Petrus gilt, sondern für alle Menschen, damit sie in den Himmel eingehen, der für sie durch die Liebe Christi, des Sohnes, bereitet wurde.

XIV. Kapitel

"Der Vater in mir"

„Als er aber das Volk sah, ging er auf einen Berg und setzte sich; und seine Jünger traten zu ihm. Und er tat seinen Mund auf, lehrte sie und sprach." (Mt. 5.1 - 2). Wir befinden uns in der Menge der Zuhörer, wir könnten auch die Jünger Jesu sein, doch unabhängig davon, ob wir es sind oder nicht, ersteigen wir den Berg der geistigen Reinheit und des geistigen Strebens, um in der Ruhe des Geistes der Stimme der Wahrheit zu lauschen. Worte können keine Wahrheit übermitteln, doch jene um uns, die älteren Brüder, die leuchtenden, reinen und heiligen Geistes sind, Engel und Throne Gottes, die jedem von euch Süße bringen können, jene Liebe des göttlichen Geistes, die euch befähigt, die Wahrheit zu empfangen und intuitiv die tiefere Bedeutung bestimmter Worte oder Sätze zu erfassen. Wir begegnen uns als Brüder auf gleicher Ebene, um der göttlichen Wahrheit zu lauschen; wir empfangen sie mit euch zusammen, und wie wir sie empfangen, geben wir sie auch weiter. Friede sei mit jedem einzelnen unter euch.

Das vierzehnte Kapitel des Evangeliums scheint uns das bekannteste zu sein, und es enthält wahrscheinlich das Juwel des gesamten Evangeliums, das in einem einzigen Wort ausgedrückt werden kann - Liebe, die der Weg, die Wahrheit und das Leben ist.

Spirituelle Wahrheit ist schwer zu begreifen und kann nicht immer in Worte gefaßt werden. Es wäre unklug, dieses tiefgreifende, doch einfache Kapitel allein mit dem Intellekt verstehen zu wollen; nur durch die Entwicklung des inneren Lichtes wird sich die Bedeutung offenbaren. Nur durch eine Spiritualität, die sich in liebevollen und freundlichen menschlichen Beziehungen offenbart und ihren Ausdruck findet (abgesehen von dem mentalen Verständnis unseres Themas), kann die Seele die Tiefe von Christi Lehren verstehen.

„Der Buchstabe tötet, aber der Geist macht lebendig." (2. Kor. 3.6). Das Wort in der Religion tötet die Religion. Nur der Geist der Liebe im Herzen schenkt ihr wieder Leben. Solange Religion auf intellektuelle Studien beschränkt bleibt, verliert sie an Vitalität, doch wenn sie im Leben jeder einzelnen Seele zur Lebenskraft wird, gelangt die Welt zur Erlösung. Dies mag veraltet klingen, doch wir glauben, daß allein der Geist Leben schenkt. Das Licht des Geistes ist durch den Abstieg des Menschen in die Materie trüb geworden und von seinem Selbst eingeschlossen worden, doch als Ergebnis seiner Erfahrung und seines Leides wird es ihm wieder erstrahlen, bis es schließlich jeden Lebensschritt durchdringt.

Das vierzehnte Kapitel des Johannes-Evangeliums spricht vom wahrhaftigen Leben, dessen die Welt so dringend bedarf. Es beginnt mit den Worten Jesu, der zu seinen Jüngern spricht (und zu allen Seelen, die sich nach Wahrheit und Wirklichkeit sehnen): *„Euer Herz erschrecke nicht. Glaubt an Gott und glaubt an mich. In meines Vaters Hause sind viele Wohnungen."* (1 - 2)

Was bedeutet die Aussage: *„In meines Vaters Haus sind viele Wohnungen?"* Wir glauben, daß sich die Worte "in meines Vaters Haus" auf die gesamte Reise der Seele durch die vielen Inkarnationen beziehen. In "meines Vaters Haus", auf der Lebensreise, die Gott für die Seele bereitet hat, befinden sich Ruheplätze, viele Wohnungen. Diese Wohnungen können mit Bewußtseinszuständen verglichen werden, mit Erkenntnissen, mit Zeiten der Erleuchtung, vielleicht auch Einweihungen. In meines Vaters Haus befinden sich viele, viele Ruheorte, wo die Seele Erneuerung und Stärkung findet - Orte, die wir erreichen, während wir noch inkarniert sind oder an denen wir uns in der Geisteswelt erfreuen.
Wir wollen uns mit vorgenanntem Punkt befassen: wie ihr wißt,

gibt es Zeiten im Leben, in denen ihr auf Schwierigkeiten stoßt, wenn es scheint, daß die Lebensreise beschwerlich verläuft und ihr durch die Mühsal des täglichen Lebens und das Elend der täglichen Umstände erschöpft und mitgenommen seid. Plötzlich kommt ihr zu einem Ort der Ruhe. Ihr wißt zwar nicht so recht wie euch geschieht, doch eines Tages werdet ihr aus unerfindlichem Grund emporgetragen und Erleuchtung und Freude erfüllen euer Sein. Ihr habt eine der Wohnungen des Vater-Mutter-Gottes gefunden. Solche Beweise der ewigen und niemals mangelnden Liebe Gottes erfolgen oft unerkannt. Wenn der Meister davon spricht, daß er für die Jünger eine Wohnung bereiten werde, fügt er hinzu "und wenn ich gehe" (3), was heißt, daß den Jüngern mit seinem Weggehen sehr geholfen wird. Sein Weggehen aus dem physischen Leben diente dazu, damit die Jünger den Ort, den sie suchten, in ihrem eigenen Bewußtsein fanden. Als er unter ihnen weilte, versäumten sie oft, sich der Wahrheit seiner Worte bewußt zu werden; doch durch sein Weggehen bereitete er einen Ort (oder Umstände), wo oder durch die sie seine beständige Anwesenheit unter und in ihnen zu erkennen vermochten.

Manchmal geschieht euch solches auch. Ihr lauscht der Stimme eures Führers oder Lehrers, und ihr fühlt euch getröstet. Doch dann kommt es euch so vor, als ob ihr offensichtlich allein gelassen werdet (tatsächlich ist das jedoch nicht der Fall, auch wenn es euch so erscheint), und ihr müßt dann eigene Anstrengungen unternehmen, um das Zentrum der Wahrheit und des Trostes zu finden. Sprach nicht der Herr: *„Bittet, so wird euch gegeben; klopfet an, so wird euch aufgetan."* (Mt. 7.7). Indem die Seele Zeiten offensichtlicher Einsamkeit erfährt, lernt sie zu bitten und anzuklopfen, und durch Meditation und Kontemplation entdeckt sie, daß ein Ort in einem höheren Bewußtseinszustand für sie bereitet ist.

Das Traurige ist nur, daß die Seele, während sie an einen dichten Körper gefesselt ist, sich daran gewöhnt, materiell zu denken; sie kann sich nicht von den Fesseln des Fleisches lösen. Desweiteren spricht Jesus vom heiligen Geist, den er ausgießen werde, ja sogar *vom Geist der Wahrheit* (17). Im Laufe der Jahrhunderte hat der Mensch immer wieder gefragt: Was ist der heilige Geist? Wer ist der heilige Geist? Wir können dies nur mit folgenden Worten verständlich machen: Der heilige Geist ist der heilige Atem, das Einatmen von Liebe und Weisheit. Wenn ihr in eurem Leben dem Beispiel Jesu folgt, wird euch diese Taufe, das Einatmen des heiligen Geistes, zuteil; er ist die Einweihung des göttlichen Feuers, der göttlichen inneren Weishheit. Wenn die Seele ein Leben führt wie es von Christus gelehrt wurde, wenn sie sich innerer Kontemplationen und Meditationen zuwendet, findet der heilige Geist Zugang, und sie verspürt den heiligen Atem oder die Anwesenheit Gottes, was sich mit Worten nicht beschreiben läßt und was nur der Eingeweihte weiß und versteht. Der heilige Geist ist eine Manifestation des göttlichen Feuers, des göttlichen Geheimnisses.

Wir gehen jetzt zu jener Zeit zurück, zu der Jesus von Johannes im Jordan getauft wurde (Joh. 1.25-34) – er wurde mit Wasser getauft, das als Symbol für die Reinigung und Läuterung der Seele steht, für ihre Vorbereitung auf ihre Aufgabe, die Einweihung in ihre Aufgabe, ihre Zeit des Dienens. Der Himmel öffnete sich und die Taube flog vom Himmel herab und ließ sich auf dem Kopf von Jesus nieder – eine Manifestation des heiligen Geistes oder der göttlichen Mutter, die ihren Sohn, ihr geliebtes Kind, mit der Weisheit der Mutter umgibt.

Stellt euch die weiße Taube als Manifestation des heiligen Geistes vor, der ein weiterer Aspekt der göttlichen Weisheit, der göttlichen Mutter ist und in sich das schöpferische Lebensfeuer trägt.

Im Laufe von drei Jahren bewies Jesus der unwissenden Menschheit die Macht des heiligen Geistes, des göttlichen Feuers, das der heilige Geist ist. Auch ihr vermögt den heiligen Geist, die Taufe des heiligen Feuers, zu empfangen. Sobald dieses Feuer den obersten Raum in eurem Haus, das höchste Zentrum in eurem Kopf berührt, bringt es Verwandlung und Weisheit, befähigt euch, alle Fesseln zu lösen und die Höhen universeller Weisheit zu erreichen, durch die ihr die gesamte Wahrheit erkennen werdet.

Eine solche Umwandlung mag zunächst nur von überaus kurzer Dauer sein, und es mag eine lange Zeit vergehen, bevor ihr euch erneut öffnet. Doch der Prozeß der Evolution, der Entfaltung und des geistigen Erwachens sowie der Stärkung schreitet fort, und ihr werdet zu gegebener Zeit zum vollkommenen Verständnis des Feuers des Heiligen Geistes und der schöpferischen Kräfte in euch erwachen, wie sie sich bereits vor langer Zeit in Jesus manifestierten und wie sie auch bei anderen sichtbar werden, die die Taufe des Heiligen Geistes empfingen.

„(14.1-3) Euer Herz erschrecke nicht. Glaubt an Gott und glaubt an mich. In meines Vaters Hause sind viele Wohnungen. Wenn's nicht so wäre, hätte ich dann zu euch gesagt: „Ich gehe hin, euch die Stätte zu bereiten?" Und wenn ich hingehe, euch die Stätte zu bereiten, will ich wieder kommen und euch zu mir nehmen, damit ihr seid, wo ich bin."

Hier begegnen wir einem transzendenten Gedanken: obwohl ich gehe, um einen Ort zu bereiten, weiß ich, daß ich wiederkomme, da ich diesen Ort in eurem Bewußtsein durch mein Weggehen bereite. Dann werden wir von Angesicht zu Angesicht einander gegenüberstehen. *Damit ihr seid, wo ich bin.* Die Seele, die die Ebene des Christus-Bewußtseins berührt hat, ist eins mit Christus. Es gibt nie wieder eine Trennung.

„(14.4-6) Und wo ich hingehe, den Weg wißt ihr. Spricht ihm Thomas: Herr, wir wissen nicht, wo du hingehst; wie können wir den Weg wissen? Jesus spricht zu ihm: Ich bin der Weg und die Wahrheit und das Leben; niemand kommt zum Vater denn durch mich."

Fällt euch auf, daß die Jünger beständig auf materieller Ebene denken, während der Meister auf Geistesebene zu ihnen spricht. "Herr, wir kennen den Weg nicht, wir wissen nicht, wohin du gehst", sprechen sie aus ihrem persönlichen Verständnis heraus, das abgelegt werden sollte, damit sie die geistige Bedeutung der Worte des Meisters verstehen können.

Ich bin der Weg und die Wahrheit und das Leben; niemand kommt zum Vater denn durch mich (6). Diese Worte enthalten die tiefste Wahrheit. Im Laufe der Zeitalter hat es Lehrer und große Propheten gegeben, die auf dem Weg der Evolution zum Fortschritt des Menschen beigetragen haben, doch keiner war größer als er. Das Licht des Christus bedeutet die Erleuchtung der Welt. Er ist wirklich das Licht der Welt. Verwechselt Christus nicht mit dem Menschen, durch den er wirkte. Jesus von Nazareth war der größte Eingeweihte, da er imstande war, vollkommen zu entsagen, um sich ganz dem Einströmen des göttlichen Lichtes von Christus, dem Sohn, hinzugeben. Die Jesus-Stufe ist ein Zustand des Fortschrittes, ein Zustand, den alle Menschen eines Tages erreichen werden, ein Zustand der Reinheit, der Vollkommenheit, des vollkommenen Frauseins, des vollkommenen Mannseins. Die Christus-Stufe ist jene Bewußtseinsstufe, die der Einzelne erlangt, wenn er für die Erleuchtung bereit ist, die da Christus heißt, Sohn des Logos, des Vater-Mutter-Gottes.

In Jesus finden wir die Liebe und die Hingabe gegenüber dem Willen des Vaters zum Ausdruck gebracht. *„Wer mich sieht, der sieht den Vater. Glaubt mir, daß ich im Vater bin und der Vater in mir"* (9, 11).

Die Aufgabe von Jesus bestand darin, der Menschheit die Lehre der Liebe zu bringen, da alle menschliche Entwicklung und die Entwicklung der Erde auf Liebe beruht. Seine Botschaft war sehr einfach: liebt einander. Liebe ist die Erfüllung des Gesetzes, Liebe im Herz des Menschen ist seine ihn errettende Gnade. Es ist nicht der Messias Jesus, der die Welt errettet, und doch ist er der Erlöser, da durch ihn das himmlische Licht des Sohnes, des höchsten Lichtes des Himmels, das euch als Christus bekannt ist, strömte, und er als Beispiel der göttlichen Liebe im menschlichen Leben diente. *Ich bin der Weg* (6) - der Sohn, der sich im menschlichen Leben als das Licht der Welt manifestiert. Niemand kommt zum Vater denn durch den Weg der absoluten Liebe.

„(14.7 - 10) Wenn ihr mich erkannt habt, so werdet ihr auch meinen Vater erkennen. Und von nun an kennt ihr ihn und habt ihn gesehen".

Spricht Phillippus: „Herr, zeige uns den Vater, und es genügt uns."

Jesus spricht zu ihm: „So lange bin ich bei euch, und du kennst mich nicht, Philippus? Wer mich sieht, der sieht den Vater. Wie sprichst du dann: zeige uns den Vater? Glaubst du nicht, daß ich im Vater bin und der Vater in mir? Die Worte, die ich zu euch rede, die rede ich nicht von mir selbst aus. Und der Vater, der in mir wohnt, der tut seine Werke."

Erkennt ihr die Bedeutung dessen? *Wenn ihr mich erkannt habt, so werdet ihr auch meinen Vater erkennen* (7) - was eindeutig die Untrennbarkeit der Dreieinigkeit, des Vater-Mutter-Gottes und von Christus dem Sohn aufzeigt. Einer unserer Freunde war sich lange hinsichtlich der Dreieinigkeit im Unklaren – welcher Aspekt verkörperte Liebe und welcher Weisheit. Wir sind der Meinung, daß ihr nicht bemüht sein solltet, einen Aspekt vom anderen zu trennen. Es sind drei in einem und einer in dreien. Alle drei sind Liebe. Liebe ist Weisheit, Weisheit ist Liebe, Liebe und Weisheit zusammen stellen Macht dar. Die Dreieinigkeit von Vater, Mutter, Sohn ist allumfassende Liebe. Gott ist Liebe, und die Manifestation der Liebe im Leben und in den Werken seines Sohnes sollte euch das Wesen des Vaters erkennen lassen. *„Die Worte, die ich rede, die rede ich nicht von mir selbst aus. Und der Vater, der in mir wohnt, der tut seine Werke"* (10). Es ist Gott in mir (Jesus), der die Werke tut, das Heilen und der die Wahrheit in Parabeln und Lehren zum Ausdruck bringt und die Wunder vollzieht – alle drei Aspekte der Dreieinigkeit manifestieren sich in diesem vollkommenen Menschen. Unser Erbe ist ein göttliches Erbe. Was für ein einfaches Beispiel gibt Jesus mit seinem Leben - so sollte unser Leben, das eine Leben beschaffen sein. Solange dieses Leben nicht vom und durch den Menschen erlangt wird, vermag die Seele nicht zu leben.

Wir haben bereits festgestellt, daß der menschliche Geist ohne die Vereinigung mit dem Christus-Leben nicht wahrhaft zu existieren vermag, und dies führt uns erneut zum tiefen Geheimnis der mystischen Hochzeit zwischen dem menschlichen und dem göttlichen Geist. Heilige aller Zeiten streben nach dieser Hochzeit, nach dieser Verbindung, der Vervollkommnung der Psyche, Individualität oder Seele. Ohne den Christus-Geist vermag die Seele nicht das ewige Leben zu erreichen. Dies stellt eine weitere Auslegung dessen dar, warum Christus der Erretter der Menschheit ist. Wären wir nur genügend einfach und bescheiden, diese lebendige Wahrheit anzunehmen; wie schnell würde der Mensch dann Glückseligkeit erreichen, und wie schnell würde das goldene Zeitalter wiederkehren.

„Und der Vater, der in mir wohnt, der tut die Werke“ (10). Gott ist die im Hintergrund wirkende Kraft, die die Heilungen und Wunder bewirkt – nicht die Persönlichkeit Jesu, des Meisters, nicht einmal der Sohn, sondern Gott, die heilige Dreieinigkeit, vollbringt die Werke durch den Sohn. Doch der Sohn läßt sich von Gott nicht trennen, denn Gott ist der Sohn und der Sohn ist Gott.

„(14.11 - 16) Glaubt mir, daß ich im Vater bin und der Vater in mir; wenn nicht, so glaubt mir doch um der Werke willen. Wahrlich, wahrlich, ich sage euch: Wer an mich glaubt, der wird die Werke auch tun, die ich tue, und er wird noch größere als diese tun; denn ich gehe zum Vater. Und was ihr bitten werdet in meinem Namen, das will ich tun, damit der Vater verherrlicht werde im Sohn. Was ihr mich bitten werdet in meinem Namen, das will ich tun. Liebt ihr mich, so werdet ihr meine Gebote halten. Und ich will den Vater bitten, und er wird euch einen anderen Tröster geben, daß er bei euch sei

in Ewigkeit." Erkennt ihr nicht, wie wunderbar und schön diese Lehre ist? Er gießt über euch den Heiligen Geist aus, der nicht von der körperlichen Manifestation Jesu abhängt. Der heilige Atem, der heilige Geist wird euer innerstes Sein durchdringen und seine Gegenwart wird ewig sein. In gewissem Sinne stellt dies ein Versprechen an die Seele des Menschen bezüglich der Verbindung seiner Seele mit dem Geist dar, der das ewige Leben verleiht. Das ewige Leben ist etwas, das jenseits des Weiterlebens der menschlichen Seele liegt, ein heiliges Mysterium, das durch die mystische Hochzeit entstand.

„*Und was ihr bitten werdet in meinem Namen, das will ich tun*" (10). Die Menschen glauben so oft, sie bitten im Namen Christi, doch tatsächlich bitten sie für sich selbst. Es entspricht dem Gesetz, daß, so die Seele im Namen Christi bittet, im Namen der Liebe, es zu einer Manifestation Christi im Leben kommt. Die Schwierigkeit liegt allein darin, daß unsere Gebete oft selbstsüchtiger Art sind. Wenn wir beten, müssen wir unser Selbst vergessen, da unsere Gebete im Namen Christi Erfüllung finden.

(14.17 - 31) Den Geist der Wahrheit, den die Welt nicht empfangen kann, denn sie sieht ihn nicht und kennt ihn nicht. Ihr kennt ihn, denn er bleibt bei euch und wird in euch sein.

Ich will euch nicht als Waisen zurücklassen; ich komme zu euch. Es ist noch eine kleine Zeit, dann wird mich die Welt nicht mehr sehen. Ihr aber sollt mich sehen, denn ich lebe, und ihr sollt auch leben. An jenem Tage werdet ihr erkennen, daß ich in meinem Vater bin und ihr in mir und ich in euch. Wer meine Gebote hat und hält sie, der ist's, der mich liebt. Wer mich aber liebt, der wird von meinem Vater geliebt werden, und ich werde ihn lieben und mich ihm offenbaren. Spricht zu ihm Judas, nicht der Iskariot: „Herr, was bedeutet es, daß du dich uns offenbaren willst und nicht der Welt?" Jesus antwortete und sprach zu ihm: „Wer mich liebt, der wird mein Wort halten; und mein Vater wird ihn lieben, und wir werden zu ihm kommen und Woh-

nung bei ihm nehmen. Wer aber mich nicht liebt, der hält meine Worte nicht. Und das Wort, das ihr hört, ist nicht mein Wort, sondern das des Vaters, der mich gesandt hat. Das habe ich zu euch geredet, solange ich bei euch gewesen bin. Aber der Tröster, der heilige Geist, den mein Vater senden wird in meinem Namen, der wird euch alles lehren und euch an alles erinnern, was ich euch gesagt habe."

Den Frieden lasse ich euch, meinen Frieden gebe ich euch. Nicht gebe ich euch, wie die Welt gibt. Euer Herz erschrecke nicht und fürchte sich nicht. Ihr habt gehört, daß ich euch gesagt habe: Ich gehe hin und komme wieder zu euch. Hättet ihr mich lieb, so würdet ihr euch freuen, daß ich zum Vater gehe; denn der Vater ist größer als ich.

Und jetzt habe ich's euch gesagt, ehe es geschieht, damit ihr glaubt, wenn es nun geschehen wird. Ich werde nicht mehr viel mit euch reden, denn es kommt der Fürst dieser Welt. Er hat keine Macht über mich; aber die Welt soll erkennen, daß ich den Vater liebe und tue, wie mir der Vater geboten hat. Steht auf und laßt uns von hier weggehen."

Ein weiterer Punkt: *Hättet ihr mich lieb, so würdet ihr euch freuen, daß ich zum Vater gehe; denn der Vater ist größer als ich* (28). Hierin finden wir das Juwel des Ganzen, denn es drückt das wahre Wesen der Liebe, der Brüderlichkeit aus. Für den weltlichen Menschen bedeutet Liebe im allgemeinen das Verlangen nach etwas, ein An-sich-nehmen, ein Verlangen, etwas oder jemanden zu besitzen. Die Jünger wollten nicht, daß Jesus ginge, sie versuchten, ihn zurückzuhalten. Wie viele Menschen würden jene, die sie lieben, an sich binden, wenn sie könnten, und wie wenige freuen sich über den Tod? Es ist keine Liebe, wenn sie bei der Loslösung der Seele von ihren Fesseln Bitterkeit empfinden, wenn die Seele aus der Dunkelheit ins Licht tritt. Wahre Liebe, wahre Brüderlichkeit heißt, daß ihr ein Teil des Lebens eures Bruders werdet – daß ihr imstande seid, Freude und Sorgen miteinander zu teilen. Mögen euch diese Worte trösten und inspirieren, wenn die Stunde kommt, den Geist eines geliebten

Menschen in die Arme Gottes zu entlassen. Seid fröhlich und liebet einander. Vergeßt alle selbstsüchtigen Wünsche, alles selbstsüchtige Sehnen und allen Schmerz, und betretet im Geist die Wohnung, die Christus für euch und eure Lieben im Himmel bereitet hat.

Fällt euch auf, wie sehr die Unfähigkeit der Welt betont wird, zu verstehen. Es handelt sich hier um die Welt des Materialismus, der Gier und Selbstsüchtigkeit, die Christus nicht kennt. Für ihn gibt es keinen Platz an diesem gedrängten, fieberhaften Ort.

Weiterhin spricht Jesus: *„Denn es kommt der Fürst dieser Welt.“* (30). Wer ist dieser Fürst? Der Fürst dieser Welt ist der Tod. Tod und Verfall beherrschen die Welt der Materie. Doch der Meister spricht, daß es nichts in ihm gibt, das stirbt. Hier finden wir einen interessanten Punkt, der eine große Frage entstehen läßt, da der Körper von Jesus verschwand. Obwohl viele Vorschläge dazu gemacht wurden, was mit ihm passiert sein mochte, gibt es keine Antwort. Einige sagen, daß der Körper von Jesus in den Himmel erhoben wurde; doch was geschah mit seinen physischen Atomen? Aus den Worten des Meisters könnte man fast entnehmen, daß keine physischen Atome übrig blieben – daß sie in geistige Atome verwandelt wurden. Falls dies so war, dann hatte der Fürst der Welt keine Macht über die reine und vollkommene Gestalt des Meisters, die in höhere Sphären erhoben wurde. Seine physischen Atome verwesten nicht, konnten nicht verwesen, da sie Vergeistigung erfuhren.

XV. Kapitel

"Lebt in meiner Liebe"

Brüder, der Tempel der Wahrheit befindet sich in eurem innersten Sein. Um die Wahrheit zu finden, müßt ihr alle weltlichen Sorgen ablegen, alle materiellen Gedanken, um ehrfürchtig in den Frieden, die Süße, die Reinheit des innersten Hofes, den Tempel in eurem innersten Selbst, einzutreten. Hier werden euch Geheimnisse offenbart, die durch alle Zeiten hindurch bestanden. In euch werdet ihr den Schlüssel zu allen Mysterien finden. Es gibt keinen anderen Weg zur Wahrheit. Ihr könnt jeden Tempel, jede Freimaurerloge betreten, alle Formen und Zeremonien durchlaufen und nehmt doch nicht an geistigem Wachstum zu, es sei denn, die himmliche Gnade wird euch während jener Zeremonie zuteil und nimmt einen Platz in eurem innersten Sein ein. Doch vernehmen wir mehr von dieser Wahrheit, indem wir den Worten unseres geliebten Meisters lauschen.

„(15.1 – 27) Ich bin der wahre Weinstock und mein Vater der Weingärtner. Eine jede Rebe an mir, die keine Frucht bringt, wird er wegnehmen; und eine jede, die Frucht bringt, wird er reinigen, daß sie mehr Frucht bringe.

Ihr seid schon rein um des Wortes willen, das ich zu euch geredet habe. Bleibt in mir und ich in euch. Wie die Rebe keine Frucht bringen kann aus sich selbst, wenn sie nicht am Weinstock bleibt, so auch ihr nicht, wenn ihr nicht in mir bleibt. Ich bin der Weinstock, ihr seid die Reben. Wer in mir bleibt und ich in ihm, der bringt viel Frucht; denn ohne mich könnt ihr nichts tun.

Wer nicht in mir bleibt, der wird weggeworfen wie eine Rebe und verdorrt, und man sammelt sie und wirft sie ins Feuer und sie müssen brennen. Wenn ihr in mir bleibt und meine Worte in euch bleiben, werdet ihr bitten, was ihr wollt, und es wird euch widerfahren.

Darin wird mein Vater verherrlicht, daß ihr viel Frucht bringt und werdet meine Jünger. Wie mich mein Vater liebt, so liebe ich euch auch. Bleibt in meiner Liebe. Wenn ihr meine Gebote haltet, so bleibt ihr in meiner Liebe, wie ich meines Vaters Gebote halte und bleibe in seiner Liebe. Das sage ich euch, damit meine Freude in euch bleibe und eure Freude vollkommen werde.

Das ist mein Gebot, daß ihr euch untereinander liebt, wie ich euch liebe. Niemand hat größere Liebe als die, daß er sein Leben läßt für seine Freunde. Ihr seid meine Freunde, wenn ihr tut, was ich euch gebiete. Ich sage hinfort nicht, daß ihr Knechte seid; denn ein Knecht weiß nicht, was sein Herr tut. Euch aber habe ich gesagt, daß ihr Freunde seid; denn alles, was ich von meinem Vater gehört habe, habe ich euch kundgetan. Nicht ihr habt mich erwählt, sondern ich habe euch erwählt und bestimmt, daß ihr hingeht und Frucht bringt und eure Frucht bleibt, damit, wenn ihr den Vater bittet in meinem Namen, er's euch gebe. Das gebiete ich euch, daß ihr euch untereinander liebt.

Wenn euch die Welt haßt, so wißt, daß sie mich vor euch gehaßt hat. Wäret ihr von der Welt, so hätte die Welt das Ihre lieb. Weil ihr aber nicht von der Welt seid, sondern ich euch aus der Welt erwählt habe, darum haßt euch die Welt. Gedenkt an das Wort, das ich euch gesagt habe: Der Knecht ist nicht größer als sein Herr. Haben sie mich verfolgt, so werden sie euch auch verfolgen; haben sie mein Wort gehalten, so werden sie eures auch halten. Aber das alles werden sie euch tun um meines Namens willen; denn sie kennen den nicht, der mich gesandt hat.

Wenn ich nicht gekommen wäre und hätte es ihnen gesagt, so hätten sie keine Sünde; nun aber können sie nichts vorwenden, um ihre Sünde zu entschuldigen. Wer mich haßt, der haßt auch meinen Vater. Hätte ich nicht die Werke getan unter ihnen, die kein anderer getan hat, so hätten sie keine

Sünde. Nun aber haben sie es gesehen, und doch hassen sie mich und meinen Vater.

Aber es muß das Wort erfüllt werden, das in ihrem Gesetz geschrieben steht: Sie hassen mich ohne Grund. Wenn aber der Tröster kommen wird, den ich euch senden werde vom Vater, der Geist der Wahrheit, der vom Vater ausgeht, der wird Zeugnis geben von mir. Und auch ihr seid meine Zeugen, denn ihr seid von Anfang an bei mir gewesen."

Von allen Kapiteln des Evangeliums scheint dieses am besten den Sinn der Lehren Christi zusammenzufassen. *"Ich bin der wahre Weinstock"* (1) bezieht sich auf das ICH BIN, das wir Christus nennen, nicht nur auf den kosmischen Christus, sondern den Christus, der in jedem Herzen wohnt, die ICH BIN-Wesenheit jener göttlichen Liebe, die nur innerhalb und aus dem innersten Heiligtum des Menschen spricht.

Das Christus-Leben in euch stellt die Saat des kosmischen Christus dar, einen Teil des wahren Weinstockes, und es ist die Essenz allen menschlichen Bewußtseins und Lebens. Wenn der Mensch sein Innerstes dem reinen und sanftmütigen Christus-Geist öffnet, identifiziert er sich selbst mit Christus. Wenn er deshalb ein Zweig des wahren Weinstockes ist und ein Leben in Christus führt, muß er sich notwendigerweise mit den Gefühlen, Freuden und Sorgen seines Nächsten identifizieren.

Was bedeutet dergleichen für euch persönlich? Es heißt, daß ihr euch in allen Einzelheiten in das Leben eures Nächsten hineinversetzen solltet. Fühlt mit ihm, spürt, was er durchmacht und überlegt, wie ihr ihm dabei helfen könnt, seine Last zu tragen. Fühlt, lebt, liebt mit eurem Nachbarn. Betrachtet ihn nicht nur als einen fernen "Herrn Schmidt" außerhalb eurer selbst, sondern als lebendiges Wesen, das Teil eurer selbst ist. Versucht, euch mit ihm zu identifizieren, mit Christus, dem Geist Gottes in ihm. Erfreut euch an seiner

Freude, zeigt Verständnis für seine Sorgen. Sprecht zu seinem Herzen, seid sanft, freundlich, mitfühlend. Laßt euch von eurem Herzen führen. Ein zartfühlendes Wort und freundliche Gefühle bewirken oft Wunder. Lebt und atmet und dient eurem Nächsten im Geist wahrer Brüderlichkeit, die eine allumfassende Bewußtheit des Einsseins mit dem Geist ist, der Harmonie allen Lebens.

Dies heißt nicht, daß ihr ein asketisches Leben führen sollt, denn wenn ihr ein selbstloses Leben als wahrer Sohn, wahre Tochter führt, verläuft euer Leben mit Freude. Es handelt sich auch nicht darum, daß ihr eure Gewänder rafft und glaubt, ihr seid weiser und fortgeschrittener als andere. Es geht darum, zum Wesentlichen zu kommen, und indem ihr euer Einssein mit "Herrn oder Frau Schmidt" fühlt, ihr empfindet wie sie empfinden und anstatt euch egoistisch zu verhalten, anstatt euch in den engen Kreis persönlicher Interessen einzuhüllen, ihr weit eure Fenster öffnet und auf die Welt mit einem weiten Herzen der Sympathie und Liebe hinausschaut. Verhaltet euch auf der äußerlichen Ebene ruhig, aufmerksam und verständnisvoll und laßt in eurem inneren Tempel das Licht erstrahlen, damit das Motiv jeder Handlung und jedes Impulses rein, weise und liebevoll sei.

Sobald der Geist des Menschen in Gottesanbetung verharrt, verbindet sich sein Herz mit der ganzen Schöpfung, vor allem der menschlichen Schöpfung. Ihm wird blitzartig die Einheit mit Gott bewußt. Er weiß, daß, falls Gott in ihm selbst ist, Gott auch in seinem Nächsten wohnt. Wenn der Mensch Gott im innersten Heiligtum seiner Seele begegnet, weiß er, ohne daß es ihm gesagt wird, daß sein Nächster auf die gleiche Weise wie er erschaffen wurde, und er mit ihm dasselbe heilige Licht teilt. Selbst wenn es unerweckt sein sollte, ist es doch da und wartet. Er weiß, wenn er seinem Nächsten Liebe schenkt, hilft er ihm damit nicht nur die praktischen Probleme des täglichen Lebens zu bewältigen, sondern er trägt auch zur Erweckung des ewigen Gottesbewußtseins in ihm bei.

Darin liegt die Bedeutung des wahren Weinstockes – daß der Mensch ein Teil des ganzen Christus-Körpers ist. Das Ziel jeden Mysterienschülers besteht darin, im täglichen Leben und in allen menschlichen Beziehungen Genauigkeit und Vollkommenheit zu zeigen. Wenn ihr dieses Ziel erreicht habt, dann ist es überflüssig, sich an uns zu wenden, es sei denn, ihr wolltet über alte Zeiten sprechen. Ihr werdet selbst das Licht, ein weiser Bruder sein.

"Eine jede Rebe an mir, die keine Frucht bringt, wird er wegnehmen; und eine jede, die Frucht bringt, wird er reinigen, daß sie mehr Frucht bringe (2)." Gott beschneidet den Weinstock. Geliebte Brüder, wißt ihr nicht, daß alle Übel, unter denen ihr leidet, die Enttäuschungen, Krankheiten, Irrtümer, der Kummer und Schmerz – das Werk des weisen Gärtners sind, der da kommt und den Wein beschneidet, damit er kräftig und gesund werde. Ihr würdet sonst an Dingen und Umständen haften, wenn ihr könntet, doch der weise Gärtner weiß, daß der Baum kräftig und stark werden muß und kommt deswegen, um alles zu entfernen, an dem ihr sonst haften würdet. Wir aus der Geisteswelt würden sagen "heftet euch nicht an überholte Dinge und Umstände". Dies gilt auch für den Tod eines geliebten Menschen. Ihr klagt "warum, oh warum, muß ich diese Einsamkeit, diesen bitteren Verlust erleiden?" Natürlich erscheint dies sehr schmerzhaft, liebe Kinder, solange ihr euch an materielle und physische Zustände klammert. Doch sobald ihr euch dem Einfluß der herrlichen Lichtwelt öffnet, der Ruhe und dem Glück, erfahrt ihr Trost und Heilung. Ihr wißt dann, daß alles gut ist, daß ihr im Geist zu einem Bewußtsein ewigen und unendlichen Lebens, der Untrennbarkeit, erwacht.

"Wer nicht in mir bleibt, der wird weggeworfen wie eine Rebe und verdorrt, und man sammelt sie und wirft sie ins Feuer, und sie müssen brennen (6)." Während ihr im Körper lebt, erbaut ihr die Seele mit euren Gefühlen, mit guten und mit anderen. Es gibt Zeiten, in denen ihr euch wie ein Außenseiter fühlt – d. h. euch verfolgen Gedanken der

Furcht, des Ärgers, der Depression und der Angst. Ihr scheint in äußere Dunkelheit gehüllt zu sein. Während solche Gefühle vorherrschen, seid ihr vom wahrhaftigen Weinstock, von der Quelle des Lebens und der Kraft, abgeschnitten. Diese Trennung manifestiert sich nicht nur in der Seele, sondern auch später im physischen Körper, denn wenn die Seele sich negativen Emotionen hingibt, erfährt das wahre Selbst Trennung von ihr in dieser Inkarnation. Wir wollen uns nicht zu tiefgreifend mit diesen Dingen beschäftigen, da wir euch nicht verunsichern wollen, doch wenn die Psyche des Menschen durch disharmonische Gefühle und Schwingungen vom Weinstock getrennt wird, kann es zu einer Trennung, zum Dahinwelken und zum Tod der Seele in der gegenwärtigen Inkarnation kommen, und sie kann vom Feuer verzehrt werden. Wir verkünden nicht die Lehre des Höllenfeuers, wir reden nur von der Funktion eines kosmischen Gesetzes. Doch tatsächlich sinken nur sehr wenige Menschen so tief, daß ihre Seele Zerstörung erfährt, doch es ist möglich. Wenn wir von der Seele (Psyche) sprechen, dann meinen wir in diesem Moment nur die Persönlichkeit, die von der Seele im Himmel erschaffen wird und nur durch den innewohnenden Christus zum ewigen Leben gelangt. Wir meinen nicht den Geist. In diesem Sinne ist Christus der Erretter der Menschheit. Ohne Christus muß die Seele sterben, mit Christus wird sie zu ewigem Leben erhoben.

"Wenn ihr in mir bleibt und meine Worte in euch bleiben, werdet ihr bitten, was ihr wollt, und es wird euch widerfahren (7)." Manchmal hört man von Menschen "meine Gebete werden nie erhört und deswegen bete ich nicht mehr". Doch der Meister, Christus, verkündigt klar und deutlich: *"Wenn ihr den Vater bittet in meinem Namen, wird er's euch geben (16)."* Diese Worte enthalten das Geheimnis des Gebetes und des wahren Heilens. Es gab einst eine Frau, der versichert wurde, daß Glaube Berge versetze und so betete sie um die Entfernung des Berges vor ihrem Fenster. Als sie des Morgens entdeckte, daß der Berg immer noch vorhanden war, rief sie aus: "Ich dachte es mir." Diese Geschichte definiert sehr gut die Haltung vieler Menschen in bezug

zum Gebet. Sie beten, ohne zu glauben. Wir wollen damit nicht sagen, daß irgendein Berg verschwindet, der euch die Aussicht versperrt, wenn ihr im Glauben betet; denn dergleichen geschieht von selbst. Es ist nicht damit getan, stark im Glauben zu sein, denn wenn wir versäumen, uns mit Christus eins zu fühlen, offenbart dies unsere Selbstsüchtigkeit, da wir unseren Eigenwillen vor Gottes Willen stellen. Ein solches Gebet findet nie Erhörung, da es nicht in Übereinstimmung mit den geistigen Gesetzen steht. Doch wenn wir uns während des Gebetes mit dem Gesetz der Liebe identifizieren, dem Gesetz Gottes, wird unser Gebet erhört, da das Gesetz dann wirksam wird. Ein Gebet muß selbstlos und sollte weder hochmütig noch ungeduldig sein. Betet: "Herr, ich nehme deinen Willen an, da ich weiß, daß das Gute geschieht." Wenn wir widerspruchslos und ohne Fragen das Wirken Gottes annehmen, geben wir uns dem Gesetz der Liebe hin, die sich in Jesus Christus manifestierte. Als Beispiel für diese Form des Gebetes möchten wir die Geschichte im Garten von Gethsemane anführen. Jesus empfand keine Bitterkeit und verurteilte niemanden. Er bat seinen Vater nicht um dieses oder jenes. *"Mein Vater, ist's möglich, so gehe dieser Kelch an mir vorüber; doch nicht wie ich will, sondern wie du willst* (Mt. 26.39)." Was ergibt sich aus einem solchen Gebet? Es mag keine Berge versetzen oder euch den idealen Menschen oder materielle Güter bescheren, es mag auch nicht die Gesundheit mit sich bringen, von der ihr glaubt, daß sie euch gebühre, doch es wird euch sicherlich dem Meister näher bringen und eure Seele mit dem Juwel des Geistes bereichern. Nehmt den Kelch hin, da ihr wißt, daß er euch durch Gottes weisen und klugen Ratschluß gesandt wurde.

Wenn ihr zum Gebet niederkniet, mag dies körperlich oder geistig geschehen, vollzieht ihr ein Ritual. Zunächst hat das Niederknien einen Einfluß auf die Zentren der Knie, der Magnetismus wird angeregt und strömt im Körper hinauf und verhilft dem Scheitel-Chakra zur Öffnung. Zweitens stellt das Niederknien eine Handlung der Demut, der Hingabe, dar.

Aus diesem Grunde kniet der Mensch zum Gebet nieder und bereitet sich sowohl geistig als auch körperlich auf den Segen vor, der ihm zuteil wird, wenn er gelernt hat, sich ganz Gott hinzugeben, indem er spricht: "Nicht mein Wille, sondern dein Wille geschehe, oh Herr." Bemerkt ihr jetzt den Unterschied zwischen beiden Gebeten? "Ich bitte um dies." "Tue jenes für mich, oh Gott." "Ich bitte darum, daß du das Herz dieses Menschen besänftigst." Indem ihr auf diese Weise betet, verfolgt ihr nur eigennützige Zwecke – ich möchte, ich möchte, gib mir, gib mir. *"Wenn ihr in mir bleibt und meine Worte in euch bleiben, werdet ihr bitten, was ihr wollt, und es wird euch widerfahren* (7)." Wenn ihr ernsthaft betet, setzt ihr gewisse Kräfte in Gang, die euch zufließen. So sollte der Mensch sorgfältig zu beten lernen. Bittet und es wird euch widerfahren – doch bittet mit aufrichtigem Herzen und Geist. Wenn die Seele wahrhaft bittet, nicht nur für sich, sondern darum, daß der Wille Gottes in ihrem Leben geschehe, betet sie nicht für sich, sondern für den Segen und das Gute für die gesamte Menschheit.

Das wahre Gebet stellt einen direkten, tiefen und klaren Kontakt mit der Quelle des Guten dar. Jene, die meditieren, wissen, daß sie an einem bestimmten Punkt ihrer Meditation diese Quelle berühren, das Zentrum, das älteste Symbol, das der Punkt innerhalb des Kreises, das Symbol der Sonne ist (oder der Sohn, Christus, das Kind, der Sohn Gottes). Wenn ihr aufrichtig betet, berührt ihr jenes ewige Zentrum, das durch den Punkt im Kreis symbolisiert wird. Sofern ihr diese wahren Verbindung herzustellen vermögt, erweist sie sich als sehr mächtig und übt sowohl eine Wirkung auf euch als auch auf eure Umgebung aus. Ihr erbittet die göttliche Liebe, und sie wird euch gegeben, da ihr in der richtigen Weise bittet.

Es gibt das äußere Leben der Welt und das innere Leben des Geistes. Bittet ihr auf den inneren Ebenen, dann wird euch in vollkommener Fülle gegeben und allen euren Bedürfnissen wird Rechnung getragen, doch vielleicht nicht in der Art, wie ihr euch das vorstellt oder glaubt, sie sollten erfüllt werden. Ihr solltet danach streben, nur den Willen Gottes zu erfüllen, da Gott all-weise und vollkommene Liebe ist, und da Gott auf wunderbare Weise euer Gebet erhört.

Indem ihr seinen Willen entsprechend der göttlichen Liebe hinnehmt, gibt es für euch keinen Grund zu zweifeln. Bittet im richtigen Geiste und der Segen wird euch zuteil. Auf diese Weise erreicht die Menschheit jenen Geisteszustand, wo sie der Einheit mit der unendlichen Liebe begegnet, dem kosmischen Christus.

„(15.9 – 15) Wie mich mein Vater liebt, so liebe ich euch auch. Bleibt in meiner Liebe. Wenn ihr meine Gebote haltet, so bleibt ihr in meiner Liebe, wie ich meines Vaters Gebote halte und bleibe in seiner Liebe. Das sage ich euch, damit meine Freude in euch bleibe und eure Freude vollkommen werde. Das ist mein Gebot, daß ihr euch untereinander liebt, wie ich euch liebe. Niemand hat größere Liebe als die, daß er sein Leben läßt für seine Freunde. Ihr seid meine Freunde, wenn ihr tut, was ich euch gebiete. Ich sage hinfort nicht, daß ihr Knechte seid; denn ein Knecht weiß nicht, was sein Herr tut. Euch aber habe ich gesagt, daß ihr Freunde seid; denn alles, was ich von meinem Vater gehört habe, habe ich euch kundgetan."

Hier identifiziert sich Christus mit der Menschheit. *"Ich sage hinfort nicht, daß ihr Knechte seid … euch aber habe ich gesagt, daß ihr Freunde seid."* Ist das nicht eine herrliche Aussage? Christus erhebt die Menschheit hinauf zu sich. Erinnert euch daran, daß er sprach *"und ich, wenn ich erhöht werde von der Erde, so will ich alle zu mir ziehen"* (12.32). Wie der Mensch Christus in sich erhebt, so erhebt Christus alle Menschen. Das gesamte Evangelium dient dazu, das Einswerden unserer selbst mit Christus aufzuzeigen. Christus setzt sich hier mit den Menschen gleich. Der Mensch sollte sich deshalb mit seinem Nächsten gleichsetzen. Sobald er solches tut, erkennen wir den Geist der Sanftmut, Brüderlichkeit und Freundlichkeit, der die ganze Menschheit bereichert.

Warum spricht die Stimme der Liebe so befehlend, indem sie sagt: Ich befehle. Ihr werdet sagen, Liebe befiehlt nicht, doch ihr werdet feststellen, daß Christus in euch zu befehlen vermag und dies auch tut, indem er in euch wirkt. Er fordert Liebe. Mit anderen Worten, Christus ist der Meister, das ICH BIN in der Seele. Das wahre ICH BIN fordert das Gute, vollkommene Gesundheit und Harmonie. Es beherrscht alle Körper – den physischen, astralen, mentalen und kausalen Körper. Christus beherrscht alle diese Körper des Menschen, da er der Höchste ist. Der Christus im Menschen erhebt sich majestätisch und fordert die Sohnschaft mit Gott, seinem Schöpfer. *"Nicht ihr habt mich erwählt, sondern ich habe euch erwählt"* (16). Ich habe euch erwählt, geweiht, euch die Macht und das Licht gegeben, damit ihr Frucht tragt. Was für ein wunderbares Erbe erwartet euch?

„(15.16 – 22) Nicht ihr habt mich erwählt, sondern ich habe euch erwählt und bestimmt, daß ihr hingeht und Frucht bringt und eure Frucht bleibt, damit, wenn ihr den Vater bittet in meinem Namen, er's euch gebe. Das gebiete ich euch, daß ihr euch untereinander liebt. Wenn euch die Welt haßt, so wißt, daß sie mich vor euch gehaßt hat. Wäret ihr von der Welt, so hätte die Welt das Ihre lieb. Weil ihr aber nicht von der Welt seid, sondern ich euch aus der Welt erwählt habe, darum haßt euch die Welt. Gedenkt an das Wort, das ich euch gesagt habe: Der Knecht ist nicht größer als sein Herr. Haben sie mich verfolgt, so werden sie euch auch verfolgen; haben sie mein Wort gehalten, so werden sie eures auch halten. Aber das alles werden sie euch tun um meines Namens willen; denn sie kennen den nicht, der mich gesandt hat. Wenn ich nicht gekommen wäre und hätte es ihnen gesagt, so hätten sie keine Sünde; nun aber können sie nichts vorwenden, um ihre Sünde zu entschuldigen."

Hätte ich ihnen nicht das Licht gebracht, zu ihnen geredet, hätten sie nicht gesündigt, da sie nichts von der Sünde gewußt hätten. Sobald wir Wissen erlangen, gibt es Sünde, solange Unwissenheit herrscht, gibt es keine Sünde. Trotzdem durchströmt die gleiche Lebenskraft die ganze Menschheit und erreicht jeden – diese wunderbare Liebe, diese Harmonie und Einheit, die jede Seele von allen anderen abhängig sein läßt. So sehen wir die große Bruderschaft des Lebens, die dem gleichen Stamm, dem wahren Weinstock entspringt und die von demselben Lebensstrom getränkt und genährt wird.

XVI. Kapitel

Das ewige Leben

Es besteht einige Verwirrung darüber, was wir mit Geist meinen, da dieses Wort mehrere Bedeutungen haben kann. Wenn wir vom Geist sprechen, meinen wir nicht die Lebenskraft, die den physischen Körper belebt. Es handelt sich dabei nicht um den Lebensgeist, denn die Lebenskraft ist Bestandteil der physischen Welt. Das ewige Leben ist nicht von dieser Welt.
„Denn es kommt der Fürst dieser Welt. Er hat keine Macht über mich (14.30)," – der Fürst des physischen Lebens hat nichts mit der göttlichen Essenz im Menschen zu tun, die reiner Geist ist. Wenn die physische Lebenskraft sich zurückzieht, stirbt der Körper, doch wenn der reine Geist, die Liebe, die göttliche Essenz, sich zurückzieht, kommt es zu einer Art Tod, der auf seelischer wie auch auf physischer Ebene wirkt.

Durch die Beschäftigung mit dem sechzehnten Kapitel sollten wir imstande sein, die Bedeutung des reinen Geistes, der göttlichen Essenz, klar zu erfassen, die zum Sterben führt, falls sie sich zurückzieht. Im allgemeinen versteht man unter "Wiedergeburt" Reinkarnation, doch es gibt auch eine Wiedergeburt der Seele auf der Ebene des reinen Geistes – *es sei denn, daß jemand von neuem geboren werde* (3.3). Jesus sprach, daß seine Jünger nur eine solche Wiedergeburt erleben würden, wenn er sich aus ihrer Mitte zurückzöge.

Wir wollen beleuchten, was bei der Trennung zweier Menschen durch den Tod geschieht. Der eine Mensch fährt fort in der Welt zu leben, während die Seele des anderen aufsteigt. Manchmal macht der in der Welt verbliebene Mensch eine wunderbare Erfahrung, da seine Seele eine Bewußtseinserhebung auf die geistige Lebensebene erfährt, auf der sich der geliebte Mensch befindet. Einige von euch mögen diese wahre Gemeinschaft durch Einssein oder Einstimmung des Geistes erfahren haben. Es mag auch sein, daß ihr in der Stille der Meditation eine Sekunde lang (da ihr diesen Zustand nicht länger aufrechterhalten könnt) mit dem kosmischen oder dem Christusbewußtsein in Berührung gelangt seid und euch der Ebene des reinen Geistes bewußt wurdet. Niemand, der jemals solches erfahren hat, vermag es wieder zu vergessen.

An solches dachte Jesus, als er zu den Jüngern von der Notwendigkeit seines Weggehens sprach; sie konnten den Geist der Wahrheit, den Heiligen Geist, erst danach empfangen. Er wußte, daß sie sich an seine physische Gegenwart klammerten, und solange sie sich an seine körperliche Gegenwart hefteten, waren sie nicht imstande, die Wiedergeburt in das kosmische oder Christusbewußtsein hinein zu erfahren, jene geistige Erneuerung, die ihnen nur durch sein Weggehen zuteil werden würde.

Jesus sprach oft zu seinen Jüngern. Die meisten von ihnen waren schon lange Zeit um ihn, und er wußte, daß vieles von dem, was er sagte, von ihnen nur intellektuell verstanden wurde, und es noch wahrhaft verinnerlicht werden mußte. Es besteht ein gewaltiger Unterschied darin, ob man etwas nur mit dem Verstand erfaßt oder durch das tiefe Verständnis des Herzens – mit anderen Worten, den göttlichen Atem in der Seele willkommen heißt, der reine Liebe und Weisheit ist. Der Geist der Wahrheit, der Heilige Geist, kann von der Seele nicht empfangen oder aufgenommen werden, solange sie nicht gelernt hat, sich so sehr dem Impuls der Liebe zu öffnen, daß sie spontan geben und nochmals geben kann. Lebten nicht auch die Heiligen, ohne an sich zu denken? Die Rückkehr zur wahren Liebe ist das Geschenk des wahren Geistes der Liebe, der Leben statt Tod bringt, und der euch Kraft zufließen läßt.
Nun erkennt ihr, warum es so wichtig für Jesus war zu gehen: damit die große Liebe, die er in den Jüngern erweckt hatte, sie zu ihm er-

heben würde, zum kosmischen Bewußtsein, und in ihnen die Liebe entstehen ließe, damit sie der Welt geben konnten, wie er gegeben hatte. Doch ihr Verlangen, der Menschheit zu helfen, würde nicht erwachen, solange er unter ihnen weilte. Er mußte gehen, damit sie den Geist empfangen und seine Macht manifestieren konnten.

Solange wir in einem physischen Körper leben, ist es natürlich zu glauben und sei es auch unbewußt, daß die physischen Dinge die wichtigsten sind und selbst jene, die etwas von spirituellen Dingen wissen, neigen dazu, weltliche Dinge an die erste Stelle zu setzen. In gewisser Weise haben sie recht: das physische Leben ist insofern bedeutend, da nur die Erfahrungen auf der Erde den Lebensatem der Seele zu stärken vermögen.

Das Ideal wäre es, seine Sichtweise zu korrigieren, sich dessen bewußt zu werden, daß das physische Leben nur einen Teil des Lebens darstellt. Überdies ist das physische Leben nicht ewig. Der Körper stirbt, doch der göttliche Geist durchdringt die Seele – die Seele, die der Mensch durch seine eigene Wunschnatur erschafft – damit sie ewig lebe.

Der Sinn eures Lebens besteht darin, zu lernen im Geiste zu leben und daß der göttliche Atem oder Geist in euch, in der Materie, lebe und ihr, während ihr den Lebenskreis durchschreitet, eine individuelle Seele entwickelt, die rein und ewig ist, und ihr so als lebendige Seele in das Reich des Himmels eingeht.

Was meinte Jesus damit, als er zu seinen Jüngern sprach: *„Wo ich hingehe, kannst du mir diesmal nicht folgen"*. (13.36) Jene, die an ein Leben nach dem Tode glauben, fühlen sich verwirrt, denn wenn er sich damit auf die Geistwelt bezog, hieß das, daß alle ihm zu entsprechender Zeit zu folgen hätten. Doch denkt daran, daß er die Gedanken seiner Jünger lesen konnte und wußte, daß das meiste seiner Lehren nur intellektuell verstanden wurde. Deswegen wußte er, daß sie ihm erst folgen konnten, wenn etwas geschah, das sie zur Realität des reinen Geistes erwecken würde. Er war im Begriff, zur Geistesebene, zu seinem Vater, zurückzukehren, doch sie waren noch nicht auf die Begegnung mit dem himmlischen Bräutigam vorbereitet. Die gleiche Bedeutung finden wir im Gleichnis des Gastes, der für das Hochzeitsfest nicht richtig gekleidet war. Das Gewand symbolisiert eine Seele, die vom Leben, der Liebe und der Wahrheit des reinen Geistes durchdrungen ist. Ein solcher Geist trägt ein Gewand glänzenden und leuchtenden Lichtes, das das Hochzeitsgewand darstellt. Es ist eine Sache, die geistige Wahrheit intellektuell zu erfassen und eine andere, die geistige Wahrheit zu leben, auf daß jeder Gedanke, jedes Wort und jede Handlung spontaner Ausdruck göttlicher Liebe und göttlichen Lichtes seien.

Ihr mögt widersprechen und behaupten, daß es nicht möglich sei, so auf Erden zu leben. Wir kennen eure Schwierigkeiten, doch wir sind überzeugt, daß ihr euch bemühen müßt. Ihr solltet euch stets bemühen und standhaft in euren Anstrengungen bleiben, indem euch bewußt wird, daß, so ihr einen Augenblick jene spontane Liebe auszudrücken vermögt, ihr einen sehr wichtigen Schritt nach vorne getan habt.

Diese Wahrheit wiederholt sich beständig im Johannes-Evangelium in Aussagen wie *„ich bin der wahre Weinstock"* (15.1); *"ich und der Vater sind eins"* (10.30). Der Mensch muß sich erst darüber bewußt werden, woher er kommt und wohin er geht, bevor er irgendeinen Sinn im Leben findet; andernfalls treibt er wie ein steuerloses Schiff umher. Sobald der Mensch seinen Kapitän erkennt, sobald dieser Kapitän das Kommando übernimmt, tritt anstelle von Arbeit und Mühsal wahre Freude, da die Seele jetzt endlich versteht, daß sie gewisse Erfahrungen machen muß, wenn sie wiedergeboren wird, Erfahrungen, die einige jener feinen Elemente des Himmels zu ihr lenken, damit diese auf ewig dem Seelenkörper eingefügt werden. Dies wird sowohl durch Freude als auch durch Sorge bewirkt.

(16.1-9) *„Das habe ich zu euch geredet, damit ihr nicht abfallt. Sie werden euch aus der Synagoge ausstoßen. Es kommt aber die Zeit, daß, wer euch tötet, meinen wird, er tue Gott einen Dienst damit. Und das werden sie darum tun, weil sie weder meinen Vater noch mich erkennen. Aber dies habe ich zu euch geredet, damit, wenn ihre Stunde kommen wird, ihr daran denkt, daß ich's euch gesagt habe. Zu Anfang aber habe ich es euch nicht gesagt, denn ich war bei euch. Jetzt aber gehe ich hin zu dem, der mich gesandt hat; und niemand von euch fragt mich: Wo gehst du hin? Doch weil ich das zu euch geredet habe, ist euer Herz voll Trauer. Aber ich sage euch die Wahrheit: Es ist gut für euch, daß ich weggehe. Denn wenn ich nicht weggehe, kommt der Tröster nicht zu euch. Wenn ich aber gehe, will ich ihn zu euch senden. Und wenn er kommt, wird er der Welt die Augen auftun über die Sünde und über die Gerechtigkeit und über das Gericht; über die Sünde: daß sie nicht an mich glauben."*

Sobald die Wahrheit in das Herz des Menschen dringt, sieht er mit ganz anderen Augen. Er ist in der Lage, die Dinge des Geistes zu erkennen. Sobald der Geist der Wahrheit in einem Menschen erwacht, sieht er hinter die Oberfläche der Dinge, erkennt die Realität hinter der äußeren Erscheinung und benötigt nicht mehr das Urteil der Welt zu seiner Führung.

„(16.10-11) *Über die Gerechtigkeit: daß ich zum Vater gehe und ihr mich hinfort nicht seht: über das Gericht: daß der Fürst dieser Welt gerichtet ist."*

Sobald der Geist der Wahrheit den Menschen durchdringt, vermag er plötzlich die Welt zu beurteilen, da die Seele jetzt imstande ist, das Wirkliche vom Unwirklichen zu unterscheiden, das Falsche vom Wahren.

„(16.12-13) *Ich habe euch noch viel zu sagen; aber ihr könnt es jetzt nicht ertragen. Wenn aber jener, der Geist der Wahrheit, kommen wird, wird er euch in alle Wahrheit leiten. Denn er wird nicht aus sich selber reden; sondern was er hören wird, das wird er reden, und was zukünftig ist, wird er euch verkündigen."*

Es gibt Dinge, die ich euch nicht sagen kann, da ihr noch nicht bereit seid. Es muß noch einiges geschehen, bevor die Seele sich öffnet, um die Wahrheit zu empfangen – vielleicht ist die Erfahrung großer Freude oder Trauer notwendig. Es muß die harte Schale zerbrechen, den Panzer zersprengen.

„(16.14-18) *Er wird mich verherrlichen; denn von dem Meinen wird er's nehmen und euch verkündigen. Noch eine kleine Weile, dann werdet ihr mich nicht mehr sehen; und abermals eine kleine Weile, dann werdet ihr mich sehen. Da sprachen einige seiner Jünger untereinander: Was bedeutet das, was er zu uns sagt: Noch eine kleine Weile, dann werdet ihr mich nicht sehen; und abermals eine kleine Weile, dann werdet ihr mich sehen; und: Ich gehe zum Vater? Da sprachen sie: Was bedeutet das, was er sagt: Noch eine kleine Weile? Wir wissen nicht, was er redet."*

Die Jünger mußten den Geist der Wahrheit empfangen oder Verständnis erlangen. Deswegen sprach Jesus: *„Noch ein kleine Weile, dann werdet ihr mich nicht sehen"* (16), da sie einen Zeitabschnitt der Dunkelheit durchleben würden. Sie würden später nach dieser durchlebten Erfahrung (und das gilt für alle von euch) erwachen und bereit sein, den Weg Christi zu beschreiten. Es handelt sich um eine Stufe der Entfaltung der Seele des Menschen.

„(16.19-22) *Da merkte Jesus, daß sie ihn fragen wollten, und sprach zu ihnen: Danach fragt ihr euch untereinander, daß ich gesagt habe: Noch eine kleine Weile, dann werdet ihr mich nicht sehen; und abermals eine kleine Weile, dann werdet ihr mich sehen? Wahrlich, wahrlich, ich sage euch: Ihr werdet weinen und klagen, aber die Welt wird sich freuen; ihr werdet traurig sein, doch eure Traurigkeit soll in Freude verwandelt werden. Eine Frau, wenn sie gebiert, so hat sie Schmerzen, denn ihre Stunde ist gekommen. Wenn sie aber das Kind geboren hat, denkt sie nicht mehr an die Angst um der Freude willen, daß ein Mensch zur Welt gekommen ist. Und auch ihr habt nun Traurigkeit; aber ich will euch wiedersehen, und euer Herz soll sich freuen, und eure Freude soll niemand von euch nehmen."*

Ihr erlebt Leid und glaubt, ihr überwindet es nie; es läßt sich mit den Geburtswehen vergleichen. Doch als Ergebnis der harten Arbeit wird ein neues und tieferes Verständnis geboren, eine große Freude.

„(16.23) *An dem Tag werdet ihr mich nichts fragen. Wahrlich, wahrlich, ich sage euch: Wenn ihr den Vater um etwas bitten werdet in meinem Namen, wird er's euch geben."*

Dann wird es keine Fragen mehr geben. Die Seele des Jüngers wird dann vollkommen sein, da sie die Wahrheit kennt. Da sie die Wahrheit in sich trägt, braucht sie nicht mehr weiter zu suchen.

„(16.24-33) *Bisher habt ihr um nichts gebeten in meinem Namen. Bittet, so werdet ihr nehmen, daß eure Freude vollkommen sei. Das habe ich euch in Bildern gesagt. Es kommt die Zeit, daß ich nicht mehr in Bildern mit euch reden werde, sondern euch frei heraus verkündigen von meinem Vater. An jenem Tage werdet ihr bitten in meinem Namen. Und ich sage euch nicht, daß ich den Vater für sie bitten will; denn er selbst, der Vater, hat euch lieb, weil ihr mich liebt und glaubt, daß ich von Gott ausgegangen bin. Ich bin vom Vater ausgegangen und in die Welt gekommen; ich verlasse die Welt wieder und gehe zum Vater."*

Sprechen zu ihm seine Jünger: „Siehe, nun redest du frei heraus und nicht mehr in Bildern. Nun wissen wir, daß du alle Dinge weißt und bedarfst dessen nicht, daß dich jemand fragt. Darum glauben wir, daß du von Gott ausgegangen bist."
Jesus antwortete ihnen: „Jetzt glaubt ihr? Siehe, es kommt die Stunde und ist schon gekommen, daß ihr zerstreut werdet, ein jeder in das Seine, und mich allein laßt. Aber ich bin nicht allein, denn der Vater ist bei mir. Das habe ich mit euch geredet, damit ihr in mir Frieden habt. In der Welt habt ihr Angst, aber seid getrost, ich habe die Welt überwunden."

Die Seele, die aus Christus heraus geboren wird, erlangt einen Frieden, der alles überschreitet; sie erreicht eine Wahrheit jenseits aller irdischen Dinge. Jesus lehrt seine Jünger, wie sie diesen Frieden, diese Wahrheit und das Leben finden. Solches geschieht auch mit euch. Jene, die das Reich Gottes erschaut und betreten haben, kennen nur Frieden. Nichts nimmt ihnen den Seelenfrieden – weder Ängste noch schwere Prüfungen. Die wissende Seele lebt in Christus und im Vater und erfreut sich des Seelenfriedens, da sie in das Leben des göttlichen Geistes hineingeboren wurde.

Dieses ganze Kapitel beschreibt den Weg des Neophyten und spricht von der Seele, die sich dem Leben in Christus geweiht hat. Es beschreibt die Erfahrungen, denen sich jede Seele unterziehen muß, bevor sie die Tore der Einweihung durchschreitet. Es betont die Wichtigkeit eines wahren Lebens im Geiste (und einer entsprechenden Lebensführung) im Gegensatz zur Geringfügigkeit der materiellen Existenz. Es leitet den Schüler auch an, jede Erfahrung und jede Handlung in Bezug auf den Geist auszulegen. Der Schüler sollte stets auf die innere Bedeutung achten, auf das Leben innerhalb der äußeren Form, ja, sogar auf die Nahrung, die er zu sich nimmt und die Kleidung, die er trägt und auf die gewöhnlichen Dinge des Alltags. Hinter und in allem ist Geist. Vernachlässigt das äußere, physische Leben nicht, denn es gewinnt an Bedeutung und Stellenwert, wenn es im Verständnis geistiger Werte geführt wird. Alle eure Handlungen in der äußeren Welt sollten eine spontane Manifestation oder ein Ausdruck des Geistes sein.

Wir waren bemüht, in grobem Umfang die innere Bedeutung dieses Kapitels aufzuzeigen. Die Wahrheit, die vor langer Zeit von Jesus gelehrt und so wunderbar von Johannes aufgezeichnet wurde, wartet noch immer darauf, in einer Art verstanden und gelebt zu werden, so wie sie noch nie zuvor gelebt und verstanden wurde, außer von den Heiligen, und selbst unter ihnen erfuhren einige Einschränkungen durch die Zeit, in der sie lebten. Wir treten jetzt in ein neues Zeitalter, in dem die Lehren des Johannes der Grundstein einer neuen Kirche sein werden, doch nicht in der Form, wie sie euch heutzutage bekannt ist. Die Kirche des Johannes wird im Leben der Menschen erstehen, in ihrem Herzen und in ihrer Seele. Der Mensch wird lernen, Gott in seinem eigenen Tempel zu preisen, am geheiligten Ort seines eigenen Herzens. Er wird sich nicht nur an physischen Werten ausrichten, sondern am Licht des Geistes, das ihm zeigt, wie er sich gegenüber seinem Nächsten zu verhalten hat. Es besteht dann keine Notwendigkeit einer sozialen Gesetzgebung mehr. Der Grundstein der Kirche des Johannes wird reiner Geist sein, da diese Kirche aus der Güte und Freundlichkeit im Leben der Menschen erstehen wird. Dann wird es vollkommene Brüderlichkeit auf Erden geben. Der Mensch läuft dann nicht mehr dem Geld nach. Der Fürst dieser Welt wird vor dem Geist der Liebe und Brüderlichkeit zurücktreten.

XVII. Kapitel

Verherrliche Du mich

Wir versuchen, mit der Sprache der Erde die göttliche Liebe zu erklären, die jenseits allen Ausdrucks durch Worte liegt. Wir bitten euch, eure Herzen zu öffnen, um der stillen Stimme der Wahrheit in euch zu lauschen. Wir würden euch gerne in die himmlischen Sphären des Lebens erheben, damit ihr die Wesenheiten um euch herum sehen könnt. Stellt euch vor (falls ihr nichts dagegen einzuwenden habt, dieses oft falsch angewandte Wort zu benutzen), daß ihr weit weg von der Erde seid, in einem edlen und weiten Tempel, der in spirituellem Licht erglänzt und den Eindruck eines Heiligtums aus reinem Gold vermittelt. Betrachtet die weißgewandeten Brüder – ihre schönen Gestalten und Gesichter. Bei jedem der Brüder wißt ihr, daß ihr in das Gesicht eines Wesens seht, das vollkommen gut, liebevoll, wahrhaft und mächtig ist – ein Gesicht, das durch das Licht des Geistes der Güte, des Geistes Gottes, erleuchtet wird. Sie sind eure Brüder, Führer und die, die euch inspirieren.

Doch der Mensch wendet sich von diesen Wesenheiten ab und dem Getümmel und Streben der Erde zu, einer Erde, die schön sein sollte, doch die durch die Leidenschaft und Selbstsucht des Menschen entweiht wurde. Wundert ihr euch jetzt noch, warum wir von der Bruderschaft zur Erde zurückkommen und bemüht sind, den Schleier zwischen der Welt des Geistes und der Welt der Materie transparenter zu machen. Wir haben die Dinge geschaut und wissen, was die Söhne und Töchter Gottes erwartet, wenn sie ihr Gesicht dem Licht zuwenden.
Dergleichen erfordert mehr als intellektuelles Verständnis, obwohl der Intellekt vom Geist dazu benutzt zu werden vermag, um dazu beizutragen, daß der Mensch die Wahrheit der Ewigkeit versteht.

Doch die einfache menschliche Seele, das liebende Herz, kann die Wahrheit am besten verstehen, vermag sich leichter auf den Schwingen des Lichtes über die dunkle Erde in jene Höhen zu erheben, wo die Tempel der Brüder des Lichtes aus der Äthersubstanz des Lebens errichtet werden. Das physische Auge sieht solches nicht, doch sobald der Mensch über wahrhaftige Sehkraft verfügt, werden alle Menschen jene Herrlichkeit erblicken, die Gott für die bereitet hat, die ihn lieben, für jede Seele, die in Harmonie, in Ruhe, in Frieden lebt und sich in Liebe gegenüber ihrem Nächsten übt. Die Boten kommen zu denen, die diese Sehkraft besitzen. Es sind jene, die liebevoll die Menschen lehren, die noch nicht erwacht sind – so wie der Engel einst die schlafenden Hirten weckte – damit sie die Herrlichkeit des Himmels schauen. Es handelt sich hierbei um die gleiche Herrlichkeit, in die der Meister im Begriff war einzugehen, als er davon sprach, er werde zu seinem Vater im Himmel gehen, auf daß er vollkommen werde und hinzufügte: *„Und ich, wenn ich erhöht werde von der Erde, so will ich alle zu mir ziehen* (12.32)."

Er sprach sehr machtvoll von der Notwendigkeit die Erde zu verlassen, damit er seine Brüder emporheben könne, denn so lange er unter ihnen weilte, klammerten sie sich an ihn. Nur indem er vorwärts schritt, konnte er die Schlafenden wecken, nur auf diese Weise konnten sie von der Bruderschaft des Geistes lernen.

Wir berühren dieses Thema, da wir hoffen, euch eine flüchtige Idee der Wahrheit vermitteln zu können, die zu eurem Verständnis beitragen kann. Im Himmel gibt es etwas, das wir als Tempel der Einweihung bezeichnen könnten, doch es handelt sich hierbei genau genommen um die Stufen höherer Wissensebenen und der Wahrheit, die die inkarnierte Seele des Menschen zu entsprechender Zeit erreicht. Wir haben davon bereits gesprochen. Sobald die Seele eine tiefe emotionale Erfahrung durchlebt, wenn sie aufgerufen ist, sich größeren Schwierigkeiten und Problemen zu stellen, betet sie manchmal um Hilfe zu Gott, und dann begibt sich ein Bote, ein

Bruder aus dem Tempel des Himmels, zu der Seele jenes Mannes oder jener Frau, die zu Gott betet und dieser Bote zieht den demütig Bittenden in seine Aura und erhebt ihn, damit seine oder ihre Seele fast unbewußt über Dunkelheit, Furcht, Leid und Kummer hinauswächst. Ein tieferer innerer Friede erwächst daraus. Die Seele hat eine Zeremonie erlebt, hat eine tiefe geistige Erfahrung auf höherer Ebene gemacht. Sie kehrt mit größerem Wissen, mit dem Schatz geistigen Lichtes, zurück.

Ihr mögt euren Nächsten als einen gewöhnlichen Menschen betrachten. Doch wir sagen euch aufrichtig, daß jeder Mann, jede Frau, selbst der geringste, die geringste unter ihnen, eine andere Seite besitzt, die die Welt nicht sieht, und oft ist dieses andere Selbst in ein strahlendes Gewand gehüllt und trägt einen kostbaren Stein auf seiner/ihrer Brust. Wer wagt es, die Seele eines Menschen nach irdischen Maßstäben zu beurteilen?
Welcher Impuls veranlaßt die Seele aufwärts zu streben, obwohl sie noch im Körper eingeschlossen ist? Es ist die innewohnende Flamme Christi … etwas Unbeschreibliches, das Christus dem Menschen übertragen hat. Denkt daran, daß wir, sprechen wir von Christus, nicht allein Jesus Christus meinen. Wäre das so, was würde dann mit den Millionen Menschen geschehen, die vor der Geburt Jesu lebten? Mit Christus meinen wir den Geist der Liebe, Wahrheit und Kraft, der im Herz und in der Mitte eines jeden Menschen wohnt. Nur jener Geist oder jenes Licht in euch vermag euch zum höheren Tempel zu erheben und euer Bewußtsein zu erweitern, auf daß ihr die Dinge in klarem und reinem Licht sehen könnt. Doch solches geschieht nur, wenn ihr zulaßt, daß der euch innewohnende Christus euch in himmlische Sphären erhebt.

Wir wenden uns jetzt den Worten des Johannes zu, die vom Christusgeist künden, der durch die Seele oder Persönlichkeit von Jesus sprach. Denkt daran, was wir euch sagten, wenn ihr diese Worte lest.

„(17.1 - 26) So redete Jesus, und hob seine Augen auf zum Himmel und sprach: Vater, die Stunde ist da: verherrliche deinen Sohn, damit der Sohn dich verherrliche; denn du hast ihm Macht gegeben über alle Menschen, damit er das ewige Leben gebe allen, die du ihm gegeben hast. Das ist aber das ewige Leben, daß sie dich, der du allein wahrer Gott bist, und den du gesandt hast, Jesus Christus, erkennen. Ich habe dich verherrlicht auf Erden und das Werk vollendet, das du mir gegeben hast, damit ich es tue.
Und nun, Vater, verherrliche du mich bei dir mit der Herrlichkeit, die ich bei dir hatte, ehe die Welt war.
Ich habe deinen Namen den Menschen offenbart, die du mir aus der Welt gegeben hast. Sie waren dein, und du hast sie mir gegeben, und sie haben dein Wort bewahrt. Nun wissen sie, daß alles, was du mir gegeben hast, von dir kommt.
Denn die Worte, die du mir gegeben hast, habe ich ihnen gegeben, und sie haben sie angenommen und wahrhaftig erkannt, daß ich von dir ausgegangen bin, und sie glauben, daß du mich gesandt hast.
Ich bitte für sie und bitte nicht für die Welt, sondern für die, die du mir gegeben hast; denn sie sind dein. Und alles, was mein ist, das ist dein, und was dein ist, das ist mein; und ich bin in ihnen verherrlicht. Ich bin nicht mehr in der Welt; sie aber sind in der Welt, und ich komme zu dir.
Heiliger Vater, erhalte sie in deinem Namen, den du mir gegeben hast, daß sie eins seien wie wir. Solange ich bei ihnen war, erhielt ich sie in deinem Namen, den du mir gegeben hast, und ich habe sie bewahrt, und keiner von ihnen ist verloren außer dem Sohn des Verderbens, damit die Schrift erfüllt werde.
Nun aber komme ich zu dir und rede dies in der Welt, damit meine Freude in ihnen vollkommen sei. Ich habe ihnen dein Wort gegeben, und die Welt hat sie gehaßt; denn sie sind nicht von der Welt, wie auch ich nicht von der Welt bin.
Ich bitte dich nicht, daß du sie aus der Welt nimmst, sondern, daß du sie bewahrst vor dem Bösen. Sie sind nicht von der Welt, wie auch ich nicht von der Welt bin.
Heilige sie in der Wahrheit; dein Wort ist die Wahrheit.
Wie du mich gesandt hast in die Welt, so sende ich sie auch in die Welt. Ich

heilige mich selbst für sie, damit auch sie geheiligt seien in der Wahrheit. Ich bitte aber nicht allein für sie, sondern auch für die, die durch ihr Wort an mich glauben werden, damit sie alle eins seien. Wie du, Vater, in mir bist und ich in dir, so sollen auch sie in uns sein, damit die Welt glaube, daß du mich gesandt hast. Und ich habe ihnen die Herrlichkeit gegeben, die du mir gegeben hast, damit sie eins seien, wie wir eins sind, ich in ihnen und du in mir, damit sie vollkommen eins seien und die Welt erkenne, daß du mich gesandt hast und sie liebst, wie du mich liebst.

Vater, ich will, daß, wo ich bin, auch die bei mir seien, die du mir gegeben hast, damit sie meine Herrlichkeit sehen, die du mir gegeben hast; denn du hast mich geliebt, ehe der Grund der Welt gelegt war. Gerechter Vater, die Welt kennt dich nicht; ich aber kenne dich, und diese haben erkannt, daß du mich gesandt hast. Und ich habe ihnen deinen Namen kundgetan und werde ihn kundtun, damit die Liebe, mit der du mich liebst, in ihnen sei und ich in ihnen."

Bemerkt ihr den Hinweis, daß Christus und der Vater vor dem Entstehen der Welt zusammengehörten. Dies würde bedeuten, daß vor der Erschaffung der Menschheit der Geist des Sohnes (oder der Liebe) zum Vater gehörte und die heilige Dreieinigkeit des Vater-Mutter-Sohnes bildete und die Welt und alle Geschöpfe der Erde aus dieser gesegneten und heiligen Dreieinigkeit hervorgingen. Der Geist des Sohnes war dazu ausersehen herabzusteigen, um zu segnen, um Gestalt anzunehmen als das höchste Wesen, als der Mensch; der Sohn war auserwählt, die Herrlichkeit des Vaters zu offenbaren.

Innerhalb der Menschheit manifestieren sich zwei Aspekte des Kosmos – einerseits die Welt, das niedere Selbst, andererseits der Geist des Sohnes oder Christi. Nur durch die Manifestation der Liebe des Sohnes kann der Mensch vor Zerstörung bewahrt werden.

Des weiteren spricht Jesus vom verlorenen Sohn, um zu verkünden, daß niemand der Vernichtung preisgegeben ist. Im allgemeinen bezieht man diesen Hinweis auf Judas. Wir möchten diese Worte jedoch aus einem anderen Blickwinkel heraus beleuchten und vorschlagen, daß der verlorene Sohn eine Qualität repräsentiert, die zur Seele jedes Menschen gehört, und die für alles negative und zerstörerische verantwortlich ist. Trotzdem führt diese Qualität (die eine Rolle dabei spielt, das Gute und Lichte anzuregen und zu stärken), da sie der Dunkelheit und dem Bösen entstammt, zu ihrer eigenen Zerstörung. Man behauptet, daß Judas sich, nachdem er sein Werk getan hatte, selbst tötete. Erkennt ihr die Symbolik dessen? Natürlich muß der „verlorene Sohn" in Judas der Vernichtung anheimfallen, da das Böse im Menschen immer selbstzerstörerisch ist und „vom Feuer" verzehrt werden muß. Das, was Judas bewegte, seinen Meister zu verraten, geschah aus jenem Sinn heraus, der dem Gesetz entspricht.

Dieses Kapitel ist in seiner offensichtlichen Einfachheit wunderbar – sobald ihr den Schlüssel dazu besitzt. Ohne den Christus-Aspekt gibt es nichts im Menschen, für das sich zu leben lohnte, alles in der Welt ist vergänglich, außer dem, das durch die Kraft des Vaters und des Sohnes zum Leben erweckt wird. Jesus betete zum Vater, damit er die Kraft erhalte, seine Jünger emporzuheben – die spät erwachten Menschen. Da er sich der Beschränkungen der menschlichen Seele bewußt war, erkannt er, daß nur die Herrlichkeit Gottes, die sich durch ihn, Jesus, den Menschen manifestierte, die Jünger erreichen konnte. Hier verkündet das Evangelium deutlich, daß der Mensch sich dem Christus-Geist öffnen muß, andernfalls stirbt er. In einem geringen Grad sind auch wir (jeder von uns) in einem bestimmten Sinn die Erlöser unserer Brüder, wenn wir, wie Christus uns lehrte, ein Leben vollkommener Liebe, Sanftmut und Einfachheit leben. Auf diese Weise bedient sich der Sohn, Christus, unserer, und so werden wir zu Errettern unserer Brüder.

Dies bringt uns wieder zu unserer Lehre von Brüderlichkeit und Freundlichkeit zurück. Nur indem Jesus dem Vater entgegenstrebte, konnte er eins werden mit ihm, und nur durch die Einswerdung konnte er seine Brüder auf Erden erlösen. Dieses Kapitel lehrt, daß es nur einen Weg gibt, den Weg Christi. Weiter verkündete Jesus, daß er alles gegeben hatte, was er zu geben vermochte, während er in einem Körper wohnte. Nun müßte er zum Tempel zurückkehren, um von dort die Erlösung der Seele des Menschen zu leiten. Es war für ihn erforderlich, seinen Körper abzulegen, der ihm eine gewisse Zeit nützlich gewesen war, damit er reiner Geist wurde, um sein Werk zu beenden, da seine Aufgabe jetzt, wie er klar ausdrückte, im Himmel liegen würde.

Wir erklärten bereits, wie die Seele den schlafenden Körper verlassen kann, um zum Tempel in der Höhe aufzusteigen, wo das Werk Christi fortgesetzt werde. Wir sehen, daß der Christus-Geist, der Sohn, in himmlischer Herrlichkeit lebt und zu gewissen Zeiten Ströme des Lichtes und der Liebe ausgießt, damit Christus alle Menschen zum Herz der Liebe im Himmel erhebe.

„(17.1. - 3) *So redete Jesus, und hob seine Augen auf zum Himmel und sprach: Vater, die Stunde ist da: verherrliche deinen Sohn, damit der Sohn dich verherrliche; denn du hast ihm Macht gegeben über alle Menschen, damit er das ewige Leben gebe allen, die du ihm gegeben hast. Das ist aber das ewige Leben, daß sie dich, der du allein wahrer Gott bist, und den du gesandt hast, Jesus Christus, erkennen."*

Das ewige Leben wird der Seele zuteil, die Christus sieht, die die Liebe des Vaters versteht. Sie lebt durch die Liebe des Vaters und Christi, denn Liebe ist Leben und ein Mangel an Liebe zieht den Tod nach sich.

Jesus wurde geboren, um die Herrlichkeit Gottes in seinem Wesen, durch seine Gegenwart und sein Leben zu manifestieren. Nachdem er *„das Werk vollendet hatte, das du mir gegeben hast"* (4), das darin lag, die Herrlichkeit Gottes in der Gestalt des Menschen zu preisen, kehrte er zu seinem Vater zurück. Jeder, der vollkommen ist, das heißt, der die Aufgabe beendet hat, die der Vater ihm auftrug, jede Seele, die zahllose Inkarnationen durchschritt und die Welt besiegt hat, kehrt in den Himmel zurück, und es besteht keine Notwendigkeit einer weiteren Inkarnation mehr, da sie die Herrlichkeit Gottes bereits zum Ausdruck gebracht hat.

„Und nun, Vater, verherrliche du mich bei dir mit der Herrlichkeit, die ich bei dir hatte, ehe die Welt war (5)." Ein neues Leben wartet auf jede Seele, die das Werk Gottes vollbringt, während sie noch in einem

Körper wohnt, und jede Seele vollbringt solches im Lauf der Zeit. Das letztendliche Ziel jeder Seele ist der himmlische Segen in der Einheit mit Gott. In diesem himmlischen Einssein gibt es keinen Identitätsverlust, da im Einssein mit Gott die Seele eins mit allem ist. Viele glauben, daß das Nirvana der Buddhisten und der Himmel der Christen die Auslöschung der individuellen Seele beinhaltet, doch dem ist nicht so. Es bedeutet die Vervollkommnung jeder Seele, so daß sie vollständiges Einssein mit dem Leben und Gott erzielt. Hinfort beeinträchtigt nichts Störendes mehr die Harmonie der Seele. Was für ein Leben doch auf alle wartet, die noch das Werk des Vaters auf Erden zu vollbringen haben?

„(17.6 - 8) Ich habe deinen Namen den Menschen offenbart, die du mir aus der Welt gegeben hast. Sie waren dein, und du hast sie mir gegeben, und sie haben dein Wort bewahrt. Nun wissen sie, daß alles, was du mir gegeben hast, von dir kommt. Denn die Worte, die du mir gegeben hast, habe ich ihnen gegeben und sie haben sie angenommen und wahrhaftig erkannt, daß ich von dir ausgegangen bin, und sie glauben, daß du mich gesandt hast."

Dies bezieht sich nicht nur auf die zwölf Jünger, sondern auf alle Männer und Frauen, die jenen Punkt auf der Reise zurück zu Gott erreicht haben, an dem sie Christus schauen, der sich in den Herzen der Menschen und in allem Leben offenbart. Jede Seele erreicht letztendlich den Punkt, wo sie die Wahrheit sofort erkennt."

„Ich bin nicht mehr in der Welt; sie aber sind in der Welt, und ich komme zu dir. Heiliger Vater, erhalte sie in deinem Namen, den du mir gegeben hast, daß sie eins seien wie wir. Solange ich bei ihnen war, erhielt ich sie in deinem Namen, den du mir gegeben hast, und ich habe sie bewahrt, und keiner von ihnen ist verloren, außer dem Sohn des Verderbens, damit die Schrift erfüllt werde. Nun aber komme ich zu dir und rede dies in der Welt, damit meine Freude in ihnen vollkommen sei. Ich habe ihnen dein Wort gegeben, und die Welt hat sie gehaßt; denn sie sind nicht von der Welt, wie auch ich nicht von der Welt bin. Ich bitte dich nicht, daß du sie aus der Welt nimmst, sondern daß du sie bewahrst vor dem Bösen. Sie sind nicht von der Welt, wie auch ich nicht von der Welt bin."

Jesus weiß, wie schwer das Leben für die sein kann, die seinem Weg folgen. Er weiß, wie sehr sie der Liebe und des Schutzes Gottes bedürfen. Einige Menschen meinen, daß es für andere leicht wäre gut zu sein, da es ihnen an Versuchungen mangelt. Doch jene, die so denken, versäumen sich vorzustellen, wie schwer es für jede Seele ist, auf dem richtigen Weg zu bleiben, und es ist noch schwerer für diejenigen, die bereits höhere Ebenen erreicht haben, auf denen die Versuchungen subtiler sind und der Fall größer sein kann (eine Lektion, die in der Versuchung in der Wildnis gelehrt wurde). Jesus wußte, daß der Schüler noch dringender der geistigen Hilfe des Vaters bedarf als der Unerweckte. Er spricht in diesem Kapitel voller Sanftmut von euch; für euch ist diese Botschaft bestimmt. Jesus wendet sich an jeden einzelnen von euch, er weiß um eure Schwierigkeiten, empfindet Mitgefühl für eure Probleme, Fehler und Fehlschläge.

„(17.17 - 19) *Heilige sie in der Wahrheit, dein Wort ist die Wahrheit. Wie du mich gesandt hast in die Welt, so sende ich sie auch in die Welt. Ich heilige mich selbst für sie, damit auch sie geheiligt seien in der Wahrheit.*"

Der Meister lehrt beständig die Lektion der Brüderlichkeit. Es entspricht dem Gesetz der Brüderlichkeit, daß der Höherstehende stets seine Hand ausstreckt, um dem Tieferstehenden zu helfen. Doch obwohl wir von der Geisteswelt immer die Hände derer auf Erden ergreifen, liegt unsere andere Hand in der eines Engels im Himmel; und während wir aufschauen, führen wir gleichzeitig die Menschen auf der Erde. Hier finden jene eine Antwort, die fragen: „Warum sollen wir uns mit Geistwesen beschäftigen?" Dies ist die Antwort. Bewußt oder unbewußt liegt eine Hand des Menschen in der Hand eines Führers dort oben; er muß sie nur dorthin ausstrecken, um die Hilfe zu erhalten, nach der er sich sehnt.

XVIII. Kapitel

Hingabe

Um die Wahrheit des Geistes zu verstehen, ist es notwendig, sich über die Begrenzungen irdischer Gedanken und intellektueller Vorstellungen hinaus zu erheben, da der Mensch die geistige Wahrheit mit seinem Intellekt nicht allein zu erfassen vermag. Wie Jesus selbst lehrte, kann nur der Mensch mit einem kindlichen Herzen das Reich Gottes betreten. Besonders gegenwärtig warten so viele besorgniserregende und komplexe Probleme auf eine Lösung, und Männer wie Frauen erwarten von den Führenden vergeblich Antworten auf ihre Fragen. Doch solange nicht jemand selbst das Reich der Wahrheit betreten hat, kann er keine Antwort erteilen. Die große Bruderschaft befindet sich schon dicht in der Nähe der Menschen, um ihnen Erleuchtung darüber zu bringen, wie man nach dem Gesetz Gottes lebt, doch die Menschheit ist zu sehr in der Dichte des Materialismus befangen und in weltliche Gedanken verstrickt, und es ist nicht einfach, diesen dichten Schleier zu durchdringen.
Da es so lange zurückliegt, seit der Meister zu seinen Kindern sprach, haben einige das Empfinden, daß seine Lehren für die heutige Zeit unpraktisch sind, andere dagegen hoffen immer noch, daß ihr Meister in all seiner Herrlichkeit, umgeben von den Heerscharen der Engel, zurückkehren wird. Der Mensch ist inzwischen so materiell ausgerichtet, daß er glaubt, er werde die Ankunft des Herrn mit seinen physischen Augen sehen. Der Mensch schlummert im Materialismus, doch Gott, der allmächtige Geist, kennt viele Wege, um ihn von seinem totenähnlichen Schlaf zu erwecken. Manchmal geschieht diese Erweckung in Form eines persönlichen Verlustes, in Form von Sorgen und Leid. Gott kennt unerfindliche Wege, um seine Wunder im materiellen Leben zu vollziehen, wie euch sicherlich eure eigene Erfahrung gelehrt hat.

Die Wunder Jesu beschränken sich nicht auf die Zeit seines Wirkens auf Erden, sondern sie geschehen immer noch unter den Menschen. Viele, die dies nicht erkennen, sind sich nicht bewußt, daß Krankheit, Trauer, Leid oder der Verlust von Position oder materiellem Reichtum ihnen von Gott gesandt wird, um ihren Geist zu beleben. Nur wenn der Geist im Menschen erwacht, kann er die Ankunft des Meisters in der Stille seines innersten Seins schauen. Die zweite Ankunft wird keine äußerliche, sondern eine innere Manifestation sein. Christus und sein Kreis erwarten die Stunde eurer Erweckung, damit sich eure inneren Augen öffnen, um seine Herrlichkeit zu schauen und seiner Kraft bewußt zu werden, die euer Leben beherrscht.

Dieses Vorwort bezieht sich direkt auf das achtzehnte Kapitel des Evangeliums, das klar aussagt, daß das Reich des Himmels das Reich der Liebe und Wahrheit ist, und das Werk des Herrn Jesus dazu bestimmt war, der Menschheit die Erkenntnis des wahren Königreiches zu bringen. Lehrte er seine Jünger nicht zu beten: *„Dein Reich komme. Dein Wille geschehe wie im Himmel so auf Erden."* (Mt. 6.10)

Beim Versuch diese Lehre im täglichen Leben zu verwirklichen, ist man mit einem wichtigen Problem konfrontiert. Die „Jahre des Feuers", die die Menschheit erlebt, bieten dem Menschen die große Gelegenheit, dem König der Liebe zu folgen. Viele kluge und scharfsinnige Einwände werden von den Materialisten hervorgebracht, die die Menschen nicht zu beantworten imstande sind. Wir erkennen die Schwierigkeiten, denen man sich im praktischen Leben zu stellen hat. Viele der belesenen Schüler kennen bereits die Wahrheit, so wie Pilatus sie kannte, doch wie Pilatus fehlt es ihnen an Mut, wenn es darum geht, die Wahrheit in die Tat umzusetzen. Der Meister verstand die Schwierigkeiten und versteht sie heute, doch bittet euch trotzdem, das Gesetz Christi in jeder Kleinigkeit eures Lebens anzuwenden.

Im Garten von Gethsemane bat Jesus seinen Vater: *„Mein Vater, ist's möglich, so gehe dieser Kelch an mir vorüber; doch nicht wie ich will, sondern wie du willst."* (Mt. 26.39). Oder wie es bei Johannes steht: *„Soll* *ich den Kelch nicht trinken, den mir mein Vater gegeben hat?"* (18.11) Jede Seele muß sich einmal dieser gewaltigen Herausforderung stellen, und entweder gibt sie nach oder sie weigert sich, sich dem Willen Gottes zu fügen. Auch ist diese Herausforderung nicht immer scharf umrissen. Es geht nicht darum zu sagen „es ist Gottes Wille, daß diese schrecklichen Dinge geschehen" und kein Versuch erfolgt, um sich zu helfen und noch weniger geschieht, um den Schmerz und das Leid anderer zu lindern. Das ganze Übel als unvermeidlich zu betrachten, ist keine wahre Hingabe an den Willen Gottes, da Gott eine schöne Welt erschuf; und er erschuf den Menschen, und verlieh ihm die Gaben seines Sohnes, damit er sich am Leben freue und glücklich sei. Trotzdem ist die Seele des Menschen aufgerufen, sich bestimmten Erfahrungen zu unterziehen, die wir als Einweihung bezeichnen. Die Vorbereitung auf die Einweihung ist manchmal schmerzlich – sie mag in Form eines Verlustes erfolgen, durch den Verlust eines geliebten Menschen oder in Form einer großen Veränderung im Leben, vor der die Seele einfach zurückschreckt, da sie sich zu sehr an das Vertraute und an Gegenstände heftet und sich weigert, den Schritt ins Unbekannte zu wagen. Ein Kampf mit sich selbst folgt, der Schmerz verursacht. Wenn die Seele nur verstünde und wüßte, daß Gott allumfassende Liebe ist, und die auf sie zukommenden Erfahrungen der Vorbereitung auf die Einweihung dienen, um den Weg zu größerer Herrlichkeit zu öffnen, und wenn sie ohne Bitterkeit oder Ärger sagen könnte „nicht mein Wille, sondern deiner geschehe" (Lk. 22.42), dann könnte vieles Leid umgewandelt werden. Solches ist göttliche Fügsamkeit (nicht Opfer, denn Opfer ist etwas anderes) in Übereinstimmung mit dem Gesetz der Liebe. Jesus, der wußte, daß er einen bestimmten Weg zu gehen hatte, begegnete voller Ruhe den für ihn ausersehenen Dingen.

Stellen wir uns Jesus im Garten von Gethsemane mit seinen Jüngern einschließlich Judas vor. Ihr erinnert euch, daß wir den niederen Aspekt im Wesen des Menschen mit dem Judas-Aspekt verglichen, dem Aspekt, der uns verrät, dem niederen Selbst des Menschen. Judas war derjenige, der die Soldaten zu Jesus führte ... der ihn küßte

..., der ihn verriet. Die Jünger um Jesus und ganz besonders Petrus empörten sich, als die Soldaten Hand an ihren geliebten Herrn legten. Petrus tat etwas, das in Einklang mit seiner niederen Natur stand und schlug mit einem Schwert das Ohr eines Soldaten ab. Durch diese Handlung verletzte er das Gesetz der Liebe. Jesus, der das erkannte, befahl sofort: *„Steck dein Schwert in die Scheide"* (18.11). Anschließend heilte Jesus voller Mitgefühl die Wunde (Lk. 22.51).
Dies läßt uns an ein gewaltiges Problem denken, da viele Leute durch Gewalttätigkeit und Krieg verwirrt sind; ist es richtig zu kämpfen, ist es richtig, daß wir uns verteidigen? Diese Frage wird besonders zu Kriegszeiten akut. Erinnert ihr euch, wie der Meister ein ähnliches Problem beantwortete, indem er sprach: *„So gebt dem Kaiser, was des Kaisers ist, und Gott, was Gottes ist"* (Mt. 22.21). Darauf mögen die Leute einwenden: Doch wenn wir uns weigern zu kämpfen, kommen wir gewiß um, und das kann nicht richtig sein. Sicher gibt es so etwas wie eine gerechtfertigte Empörung, einen gerechtfertigten Krieg. Wir akzeptieren diese Geisteshaltung, doch wir möchten mit dem achtzehnten Kapitel betonen, daß das Reich Christi das Reich der Liebe ist, und ihr während eures ganzen Lebens, so ihr in Christi Reich leben und seine Schüler sein wollt, inÜbereinstimmung mit dem Gesetz der Liebe leben müßt. Liebe ist die höchste Macht des Universums. Gott ist Liebe, und nur wenn es in einer Situation an Liebe mangelt, gibt es Konflikte, Krieg und Tod.
Wir haben den Standpunkt vernommen, daß einem angeblich unter gewissen Umständen nichts anderes übrig bleibt als zu kämpfen. Vom materiellen Standpunkt mag dies richtig sein, doch niemals vom spirituellen. Ein Konflikt ist immer eine Verletzung des Gesetzes Christi. Es gibt nur einen Weg, im menschlichen Leben Liebe zu erhalten, und er besteht darin, Liebe zu geben. Wird das Gesetz der Liebe verletzt, dann kommt es zu Leid, Konflikt und Schmerz.*
Petrus hatte offensichtlich die Lehren des Meisters nicht verstanden, sonst hätte er nie sein Schwert erhoben. Einige mögen einwenden:

* siehe Anhang "Krieg"

„Aber man kann doch nicht dabeistehen und zusehen, wie ein Unschuldiger seinem Tod entgegengeführt wird, ohne etwas zu tun." Wir geben zu, daß dies ein schwieriges Problem ist. Doch die Macht der Liebe ist das Höchste, und wenn diese Macht der Seele entspringt, erweist sie sich als stärker. Wir meinen damit, daß, falls ein Unschuldiger angegriffen werden würde, die Kraft der Liebe, die von einem Bruder oder Meister des Lichtes ausgeht, diesen Menschen schützen könnte. Die Welt wird diese Aussage nicht glauben und auch nicht hinnehmen, doch wir machen sie ohne Vorbehalt.

Als Petrus das Gesetz der Liebe brach, zerstörte er auch das Licht und den Schutz, die den Meister und die Jünger umgaben; der Meister wurde festgenommen und die Jünger zerstreuten sich. Petrus, der der Menge folgte, betrat den Gerichtshof und stand dort, sich am Feuer wärmend. Eine der in der Nähe stehenden Bediensteten sprach zu ihm: *„Bist du nicht auch einer von den Jüngern dieses Menschen* (18.17)?" Dergleichen wäre für Petrus eine direkte Herausforderung und Gelegenheit gewesen, standhaft zu bleiben und sich zum Herrn zu bekennen. Doch Petrus verleugnete den Meister.

Später befragte Pilatus Petrus und wollte wissen, wer er war. An der Art seiner Fragen sehen wir, daß Pilatus in Jesus einen aufrichtigen Menschen erkannte, obwohl er ihn anklagte. Da Jesus wußte, daß Petrus in der Nähe stand, antwortete er Pilatus und sprach: *„Was fragst du mich? Frage die, die angehört haben, was ich zu ihnen geredet habe."* (21) Mit anderen Worte, er wandte sich an Petrus, standhaft zu bleiben und Zeugnis dessen abzulegen, was er gehört und gesehen hatte. Doch erneut verleugnete Petrus Christus.

Sehr ihr nicht, daß solches auch heute noch geschieht? Männer und Frauen tragen keinen moralischen Mut im Herzen, sich zu erheben und die geistige Wahrheit zu bezeugen. Bemerkt ihr, daß der Meister Petrus eine weitere Gelegenheit bot, doch Petrus reagierte nicht und brach das Gesetz ein zweites Mal. Liebe und Wahrheit stellen den Ausdruck des Lebens des Geistes dar, die Kraft Christi. Sobald das Gesetz verletzt wird, wird das Leben zerstört, und die Kraft ist nicht mehr vorhanden. Was das geistige Gesetz betrifft, so ist es notwendig, konsequent zu bleiben und damit zu gestatten, daß es seinen logischen Schluß findet.

„*(18.1 - 6) Als Jesus das geredet hatte, ging er hinaus mit seinen Jüngern über den Bach Kidron; da war ein Garten, in den gingen Jesus und seine Jünger. Judas aber, der ihn verriet, kannte den Ort auch, denn Jesus versammelte sich oft dort mit seinen Jüngern. Als nun Judas die Schar der Soldaten mit sich genommen hatte und Knechte von den Hohenpriestern und Pharisäern, kommt er dahin mit Fackeln, Lampen und mit Waffen. Da nun Jesus alles wußte, was ihm begegnen sollte, ging er hinaus und sprach zu ihnen: „Wen sucht ihr?" Sie antworteten ihm: „Jesus von Nazareth." Er spricht zu ihnen: „Ich bin's". Judas aber, der ihn verriet, stand auch bei ihnen. Als nun Jesus zu ihnen sagte: „Ich bin's", wichen sie zurück und fielen zu Boden.* Jesus fragte die Soldaten: „Wen sucht ihr?" Als sie antworteten, erwiderte er, da er wußte, was sie dachten: „Ich bin's." Jesus gab sich selbst hin und unterwarf sich dem Gesetz. Doch wie ihr bemerkt, wichen die Soldaten im Einklang mit dem Gesetz der Liebe zurück – sie vermochten ihn nicht festzunehmen, da er immer noch beschützt wurde. Indem er sprach: Ich bin's, verstärkte Jesus den Schutz des weißen Lichtes. Da Petrus das Schwert gegen seinen Nächsten erhob, zerstörte er den Lichtschutz.

„(18.7 - 11) *Da fragte er sie abermals: „Wen sucht ihr?" Sie aber sprachen: „Jesus von Nazareth." Jesus antwortete: „Ich habe euch gesagt, daß ich es bin. Sucht ihr mich, so laßt diese gehen." Damit sollte das Wort erfüllt werden, das er gesagt hatte: Ich habe keinen von denen verloren, die du mir gegeben hast. Simon Petrus aber hatte ein Schwert und zog es und schlug nach dem Knecht des Hohenpriesters und hieb ihm sein rechtes Ohr ab. Und der Knecht hieß Malchus. Da sprach Jesus zu Petrus: „Steck dein Schwert in die Scheide. Soll ich den Kelch nicht trinken, den mir mein Vater gegeben hat?"*

„Soll ich den Kelch nicht trinken? ... eine Handlung der Hingabe. Jesus wollte nicht, daß Petrus oder jemand wegen ihm in einen Konflikt geriet. Er nahm den Kelch an, da er wußte, daß er seinem Weg folgen mußte. Hierin liegt die Lektion – das Unvermeidliche ohne Zorn hinzunehmen, da es Karma ist. Ein solches Annehmen stellt eine große Prüfung, ein großes Geheimnis, dar. Die Weisen und Eingeweihten fügen sich stets dem göttlichen Willen. Mit dem Wort „fügen" meinen wir, daß es euer Karma ist, wenn ihr mit einer unabänderlichen Situation konfrontiert seid, und ihr euch nicht dagegen auflehnen solltet. Wehrt euch nicht gegen den Schmerz. Nehmt ruhig hin, was geschieht, da ihr wißt, daß es dem Willen Gottes entspricht und der Sinn dessen Glückseligkeit und die Vervollkommnung der menschlichen Seele ist.

„(18.12 - 40) *Die Schar aber und ihr Anführer und die Knechte der Juden nahmen Jesus und banden ihn und führten ihn zuerst zu Hannas; der war der Schwiegervater des Kaiphas, der in jenem Jahr Hoherpriester war. Kaiphas aber war es, der den Juden geraten hatte, es wäre gut, ein Mensch stürbe für das ganze Volk.*

Simon Petrus aber folgte Jesus nach und ein anderer Jünger. Dieser Jünger war dem Hohenpriester bekannt und ging mit Jesus hinein in den Palast des Hohenpriesters. Petrus aber stand draußen vor der Tür. Da kam der andere Jünger, der dem Hohenpriester bekannt war, heraus und redete mit der Türhüterin und führte Petrus hinein. Da sprach die Magd, die Türhüterin, zu Petrus: „Bist du nicht auch einer von den Jüngern dieses Menschen?" Er sprach: „Ich bin's nicht." Es standen aber die Knechte und Diener und hatten ein Kohlenfeuer gemacht, denn es war kalt, und sie wärmten sich. Aber auch Petrus stand bei ihnen und wärmte sich.

Der Hohepriester befragte nun Jesus über seine Jünger und über seine Lehre. Jesus antwortete ihm: „Ich habe frei und offen vor aller Welt geredet. Ich habe allzeit gelehrt in der Synagoge und im Tempel, wo alle Juden zusammenkommen, und ich habe nichts im Verborgenen geredet. Was fragst du mich? Frage die, die gehört haben, was ich zu ihnen geredet habe. Siehe, sie wissen, was ich gesagt habe."

Als er so redete, schlug einer von den Knechten, die dabeistanden, Jesus ins Gesicht und sprach: „Sollst du dem Hohenpriester so antworten?"

Jesus antwortete: „Habe ich übel geredet, so beweise, daß es böse ist; habe ich aber recht geredet, was schlägst du mich?

Und Hannas sandte ihn gebunden zu dem Hohenpriester Kaiphas. Simon Petrus aber stand da und wärmte sich. Da sprachen sie zu ihm: „Bist du

nicht einer seiner Jünger?" Er leugnete und sprach: „Ich bin's nicht." Spricht einer von den Knechten des Hohenpriesters, ein Verwandter dessen, dem Petrus das Ohr abgehauen hatte: „Sah ich dich nicht im Garten bei ihm?" Da leugnete Petrus abermals, und alsbald krähte der Hahn.
Da führten sie Jesus von Kaiphas zum Prätorium; es war früh am Morgen. Und sie gingen nicht hinein, damit sie nicht unrein würden, sondern das Passamahl essen könnten. Da kam Pilatus zu ihnen heraus und fragte: „Was für eine Klage bringt ihr gegen diesen Menschen vor?" Sie antworteten und sprachen zu ihm: „Wäre dieser nicht ein Übeltäter, wir hätten ihn dir nicht überantwortet."
Da sprach Pilatus zu ihnen: „So nehmt ihr ihn hin und richtet ihn nach eurem Gesetz." Da sprachen die Juden zu ihm: „Wir dürfen niemand töten." So sollte das Wort Jesu erfüllt werden, das er gesagt hatte, um anzuzeigen, welches Todes er sterben würde.
Da ging Pilatus wieder hinein ins Prätorium und rief Jesus und fragte ihn: „Bist du der König der Juden?"
Jesus antwortete: „Sagst du das von dir aus, oder haben dir's andere über mich gesagt?"
Pilatus antwortete: „Bin ich ein Jude? Dein Volk und die Hohenpriester haben dich mir überantwortet. Was hast du getan?"
Jesus antwortete: „Mein Reich ist nicht von dieser Welt. Wäre mein Reich von dieser Welt, meine Diener würden darum kämpfen, daß ich den Juden nicht überantwortet würde; nun aber ist mein Reich nicht von dieser Welt."
Da fragte Pilatus: „So bist du dennoch ein König?"
Jesus antwortete: „Du sagst es, ich bin ein König. Ich bin dazu geboren und in die Welt gekommen, daß ich die Wahrheit bezeugen soll. Wer aus der Wahrheit ist, der hört meine Stimme."
Spricht Pilatus zu ihm: „Was ist Wahrheit?" Und als er das gesagt hatte, ging er wieder hinaus zu den Juden und spricht zu ihnen: „Ich finde keine Schuld an ihm. Es besteht aber die Gewohnheit bei euch, daß ich euch einen zum Passafest losgebe; wollt ihr nun, daß ich euch den König der Juden losgebe." Da schrien sie wiederum: „Nicht diesen, sondern Barabbas." Barabbas aber war ein Räuber."
Jeder der die innere Wahrheit zuläßt, gestattet ihr, sein ganzes Sein

zu durchströmen; er hört die Stimme seines Meisters und ist ein König der Wahrheit. Jesus ist bemüht, uns eine einfache Lektion zu lehren, der wir ein taubes Ohr und ein blindes Auge entgegenbringen. Das Gesetz des Lebens ist die Liebe. Das Gesetz des Himmelreiches ist die Liebe, und das Himmelreich ist das Reich der Wahrheit. Jene, die das Himmelreich betreten möchten, sollten dem Gesetz der Liebe treu bleiben, der Wahrheit in sich selbst. Wie ein Weiser einstmals sagte: Bleibt eurem eigenen Selbst treu. Jeder Meister des geistigen Gesetzes lehrt uns, dem Gesetz des Geistes, dem Gesetz Gottes, treu zu bleiben. Gestattet keinem Versucher, euch vom Pfad der Wahrheit abzubringen, sondern besitzt den moralischen Mut, euch selbst treu zu bleiben

Wir selbst meinen, daß es hinsichtlich der Wahrheit keinen Kompromiß gibt, doch die Welt schließt beständig solche Kompromisse. Die Leute mögen sagen, daß ihr nicht ständig vergeben oder lieben könnt. Sie behaupten solches, da es ihnen an klarer Sicht fehlt. Diese beiden Wege werden vom Verfasser dieses Kapitels unmißverständlich beschrieben – der Pfad des geistigen Menschen, des wahren Jüngers Christi und der Pfad desjenigen, der das Geld verehrt, der dem Weg des Materialismus folgt. Sobald der Schüler angenommen wird, bleibt er jederzeit und unter allen Umständen dem geistigen Gesetz treu, so wie es ihm offenbart wurde.

XIX. Kapitel

Das Erblühen der Rose

Die Rose wird als die Blume der Liebe bezeichnet und oft als Symbol der Liebe betrachtet. Wie die Rose so vermag sich auch das menschliche Herz der Sonne zuzuwenden, dem Segen des Lichtes entgegen, und indem es diesen Segen empfängt, nimmt es an Weisheit und Verständnis zu. In den Lehren Jesu ist noch so vieles verborgen, das nur das Herz versteht. Seit zweitausend Jahren sucht der Mensch das Verstehen auf der Mentalebene, doch er sucht meistens vergeblich. Doch es gab auch jene, die nicht nur die alten Schriften lasen, sondern die das innere Heiligtum betraten, um zu meditieren und das Licht aufzunehmen. Dort fanden sie die Wahrheit, doch die Wahrheit kann nur gefunden werden, wenn das Herz während der Meditation selbstlos ist und sein Streben so groß ist, daß auch das äußere Leben selbstlos ist und man nur Gedanken für die Bedürfnisse anderer hat. In einem solchen Herzen beginnt die Rose zu erblühen, und sie verströmt ihren Duft im Leben. Jahrhunderte später wurden solche Menschen zu Heiligen, älteren Brüdern oder Meistern ernannt.

Ein Meister ist jemand, der Meisterschaft über das niedere Selbst auf jeder Seinsebene erlangt hat. Liebe ist die Kraft, durch die ein Meister im Bereich der weißen Magie wirkt. Liebe ist die größte Macht der Welt und Liebe ist Weisheit. Weisheit, Liebe und Macht sind untrennbar miteinander verbunden – drei in einem und eins in dreien. Liebe ist das Bindeglied und verleiht vollkommene Freiheit. Wenn wir lieben, erleiden wir niemals Fehlschläge, mag das Problem, dem sich die Seele gegenübergestellt sieht, auch noch so groß sein. Wenn wir Zweifel hegen, uns Furcht, Angst oder Krankheit heimsuchen, oder wenn der Tod nahe ist, ist der Schlüssel zur Freiheit, der Schlüssel zum Himmel, die Liebe zu Gott.

In diesem neunzehnten Kapitel wird die Wahrheit wunderbar beschrieben. Wir erinnern euch, daß die Aufgabe Jesu auf der Erde darin bestand, das wirkende Gesetz zu offenbaren. Vielleicht erinnert ihr euch an das Beispiel der überwältigenden Liebe Jesu für Judas, seinen Verräter. Da Jesus wußte, daß Judas durch sein Karma dazu bestimmt war, ihn zu verraten, nahm er dessen Karma auf sich. Er wußte, daß er (Jesus) Judas vergeben und ihn von dieser Fessel befreien würde. *...niemand hat größere Liebe* (15.13).
Dieses Kapitel erwähnt zwei weitere Begebenheiten, anläßlich derer Jesus willentlich jemand vom Karma befreite, das sich aus unseren Handlungen ergibt. So sieht Brüderlichkeit aus – indem der Mensch einen stillen Einfluß fühlbar werden läßt und durch freundliche und selbstlose Handlungen wirkt, kann er einen anderen Menschen vom Karma großen Leides befreien. So beobachten wir, wie Jesus bemüht ist, das Gute in Pontius Pilatus zu erwecken, indem er ihm die Gelegenheit bietet, sich seinem höheren Selbst zu öffnen und das Rechte zu tun. Jedoch erwies sich Pilatus als moralisch schwach und vermochte die Gelegenheit nicht zu ergreifen.
Wir möchten eure Aufmerksamkeit auf ein Ereignis lenken, bei dem Jesus, nach Johannes, *damit die Schrift erfüllt werde, spricht: Mich dürstet.* (28) Er wußte, daß vor ihm ein Soldat stand, dessen Karma darin bestand, daß er Gelegenheit erhielte, Mitgefühl zu zeigen und eine mitfühlende Handlung zu vollziehen. Der Soldat, der Mitleid hatte, tauchte einen Schwamm in Essig und führte ihn zu den Lippen des Meisters. Danach sprach Jesus: *„Es ist vollbracht."* (30), was hieß, daß er zum letzten Mal eine Seele auf Erden gesegnet und ihr geholfen hatte, ihr Karma umzuwandeln
Da waren Judas, Pilatus und schließlich jener Soldat. Da waren viele, viele andere. Die Wahrheit ist, daß Jesus stets Mitgefühl zeigte, was sich nicht nur auf das physische Leben bezog, sondern auch auf die Seelen jener, die er gekommen war, zu erretten.
Dann kam es zu dem Vorfall, bei dem ein Soldat eine Lanze in die Lenden des Herrn bohrte und daraus Blut und Wasser ausströmte, was ein weiteres Beispiel der wunderbaren Hingabe Jesu an die

höchste Liebe Gottes darstellt. Er gab nicht nur sein physisches Leben hin, sondern auch seine Seele. Es gibt nur wenige Menschen, die im Leben oder im Tode zu dieser letzten und höchsten Hingabe an Gott fähig sind. Die meisten sterben mit irdischen oder astralen Wünschen. Dies ist natürlich und geschieht bis die Seele spirituell so erleuchtet ist, daß sie sich ganz hingeben kann. Durch das Symbol von Blut und Wasser bewies Jesus, daß er Körper und Seele der Liebe Gottes gegeben hatte (Wasser ist das Symbol der Seele). Er zeigte damit seinen Nachfolgern und allen sterbenden Seelen, daß die Krone des Lebens die vollständige Hingabe an Gott ist.

Wenn ihr dieses Kapitel lest, so denkt daran, daß es in symbolischer Form die Erfahrungen beschreibt, denen sich jede Seele in entsprechendem Maße unterziehen muß, während sie danach strebt, den geistigen Pfad zu beschreiten. Die Seele wird bei ihrem Streben nach Wahrheit von der Welt verspottet und gequält, auch durch die Weltlichkeit in ihr selbst, und vieles, daß sie als heilig erachtet, wird mit Füßen getreten. Die Geschichte von Jesus ist die jedes strebenden Menschen, jedes Jüngers auf dem Pfad.

„(19.1 - 4) Da nahm Pilatus Jesus und ließ ihn geißeln. Und die Soldaten flochten eine Krone aus Dornen und setzten sie auf sein Haupt und legten ihm ein Purpurgewand an und traten zu ihm und sprachen: „Sei gegrüßt, König der Juden", und schlugen ihm ins Gesicht. Da ging Pilatus wieder hinaus und sprach zu ihnen: „Seht, ich führe ihn heraus zu euch, damit ihr erkennt, daß ich keine Schuld an ihm finde."

Ihr seht, daß Pilatus in der Lage war, die Wahrheit in Jesus zu erkennen, doch er war innerlich schwach. Pilatus stellt ein deutliches Beispiel der Reaktion des weltlichen Verstandes oder der jungen Seele dar, der es beim Anblick der Wahrheit an Standhaftigkeit und Vertrauen fehlt, um die Wahrheit in die Tat umzusetzen. Da Jesus wußte, daß Pilatus die Wahrheit erkennen konnte, wollte er Pilatus dabei helfen, moralisch stark zu sein.

„(19.5 - 11) Und Jesus kam heraus und trug die Dornenkrone und das Purpurgewand. Und Pilatus spricht zu ihnen: „Seht, welch ein Mensch." Als ihn die Hohenpriester und die Knechte sahen, schrien sie: „Kreuzige, kreu-

zige." Pilatus spricht zu ihnen: „Nehmt ihr ihn hin und kreuzigt ihn, denn ich finde keine Schuld an ihm."

Die Juden antworteten ihm: „Wir haben ein Gesetz, und nach dem Gesetz muß er sterben, denn er hat sich selbst zu Gottes Sohn gemacht."

Als Pilatus dies Wort hörte, fürchtete er sich noch mehr und ging wieder hinein in das Prätorium und spricht zu Jesus: „Woher bist du?" Aber Jesus gab ihm keine Antwort. Da sprach Pilatus zu ihm: „Redest du nicht mit mir? Weißt du nicht, daß ich Macht habe, dich loszugeben, und Macht habe, dich zu kreuzigen?"

Jesus antwortete: „Du hättest keine Macht über mich, wenn es dir nicht von oben her gegeben wäre. Darum: der mich dir überantwortet hat, der hat größere Sünde."

Wir haben bereits festgestellt, daß Liebe die größte Macht der Erde, die größte Macht des Himmels ist. Jesus besaß die Kraft der Liebe, der wirklichen Liebe, in seinem Herzen. Er wußte, daß Liebe das Gesetz des Universums ist und über allem steht und konnte deswegen auch voller Ruhe sagen: „Ihr besitzt keine Macht, mich zu verletzen". Hierin liegt die große Wahrheit, über die wir uns alle bewußt werden sollten; wenn die Liebe an erster Stelle steht und vom Herzen ausstrahlt, gibt es nichts auf der Erde oder auf den jenseitigen Ebenen, das die Seele verletzen kann. Wenn ein Mensch mit liebendem Herzen in Bezug auf Gott und seinen Nächsten handelt, hat er nichts zu befürchten, unabhängig davon unter welch ungünstigen Umständen er leben mag. Lebt ein Mensch in Liebe, gibt es letztendlich einen guten Ausgang. Liebe ist das Höchste. Tut euer Bestes, mit einem liebenden Herzen zu handeln (was heißt, das göttliche Gesetz in eurem Leben in die Tat umzusetzen), und ihr dürft auf Gott vertrauen, daß alles gut wird.

Als Jesus sprach: *„Der mich dir überantwortet hat, der hat größere Sünde"* (11), bewies er Mitgefühl mit Pilatus, zeigte er Sympathie und Verständnis, daß Pilatus gegen seinen Willen in diese mißliche Lage geraten war; aus Mitgefühl heraus bot ihm Jesus die wiederholte Gelegenheit, sich seinem höheren Selbst zu öffnen und für die Wahrheit einzustehen.

„(19.12 - 15) *Von da an trachtete Pilatus danach, ihn freizulassen. Die Juden aber schrien: „Läßt du diesen frei, so bist du des Kaisers Freund nicht; denn wer sich zum König macht, der ist gegen den Kaiser." Als Pilatus diese Worte hörte, führte er Jesus heraus und setzte sich auf den Richterstuhl an der Stätte, die da heißt Steinpflaster, auf hebräisch Gabbata. Es war aber am Rüsttag für das Passafest um die sechste Stunde. Und er spricht zu den Juden: „Seht, das ist euer König." Sie schrien aber: „Weg, weg mit dem. Kreuzige ihn." Spricht Pilatus zu ihnen: „Soll ich euren König kreuzigen?" Die Hohenpriester antworteten: „Wir haben keinen König als den Kaiser."*

Erneut sehen wir hier den Gang der Welt. Die Hohenpriester erkannten niemand an als den weltlichen König. Sie kannten außer Cäsar keinen anderen König, den König dieser Welt. So leugnet und kreuzigt die Welt die Jünger Gottes. Wie wichtig ist es für jene auf dem geistigen Pfad, zu lernen, unter die Oberfläche zu schauen und in das Herz eines anderen, den Geist zu erkennen, das Beste zu sehen, und das Motiv hinter der Handlung eines anderen zu verstehen zu versuchen und nicht einfach anzunehmen, es wäre unfreundlich. Wir sollten uns bemühen, mit Mitgefühl und Verständnis ins Herz zu sehen, selbst in das Herz desjenigen, der unser Feind zu sein scheint. Alle Brüder des Lichtes sollten bestrebt sein, mit einem liebenden Herzen zu handeln, worin sich die Wahrheit ausdrückt. Denken wir nur daran, daß die Motive des Menschen gut sein mögen, selbst wenn ihre Handlungen das Gegenteil beweisen, dergleichen würde uns viel Leid und Schmerz ersparen. Liebe Brüder, haltet nach geistigen Königen Ausschau, und wenn ihr sie erkennt, kreuzigt sie nicht durch Undank oder Bosheit.

„(19.16-18) *Da überantwortete er ihnen Jesus, daß er gekreuzigt würde. Sie nahmen ihn aber, und er trug sein Kreuz und ging hinaus zur Stätte, die da heißt Schädelstätte, auf hebräisch Golgatha. Dort kreuzigten sie ihn und mit ihm zwei andere zu beiden Seiten, Jesus aber in der Mitte.*

Dergleichen ist bemerkenswert. Sie führten Jesus zur Schädelstätte und kreuzigten ihn dort. Ein Schädel ist für uns ein hohler Kopf – leer, hohl, blicklos, unwissend, ohne Leben und Wahrnehmungsfähigkeit. Erkennt ihr die esoterische Bedeutung? Daß heißt, daß die Kreuzigung des Sohnes Gottes sich auf einer Bewußtseinsebene vollzog, auf der es an Verständnis, Wissen, vollkommener Liebe und Schönheit fehlte. Dies geschieht immer noch. Dort, wo es an Verständnis und Mitleid fehlt, werden Seelen noch immer gekreuzigt. Deswegen war es gut, daß Jesus betete: „*Vater, vergib ihnen, denn sie wissen nicht, was sie tun*" (Lk. 23.34). Diejenigen, die ihn kreuzigten, lassen sich mit Schädeln vergleichen – sie waren leer, blicklos und unwissend.

„(19.19 - 42) Pilatus aber schrieb eine Aufschrift und setzte sie auf das Kreuz; und es war geschrieben: JESUS VON NAZARETH. DER KÖNIG DER JUDEN. Diese Aufschrift lasen viele Juden, denn die Stätte, wo Jesus gekreuzigt wurde, war nahe bei der Stadt. Und es war geschrieben in hebräischer, lateinischer und griechischer Sprache. Da sprachen die Hohenpriester der Juden zu Pilatus: „Schreib nicht: Der König der Juden, sondern, daß er gesagt hat: Ich bin der König der Juden."

Pilatus antwortete: „Was ich geschrieben habe, das habe ich geschrieben."

Als aber die Soldaten Jesus gekreuzigt hatten, nahmen sie seine Kleider und machte vier Teile, für jeden Soldaten einen Teil, dazu auch das Gewand. Das war aber ungenäht, von oben an gewebt in einem Stück. Da sprachen sie untereinander: „Laßt uns das nicht zerteilen, sondern darum losen, wem es gehören soll." So sollte die Schrift erfüllt werden, die sagt: Sie haben meine Kleider unter sich geteilt und haben über mein Gewand das Los geworfen. Das taten die Soldaten. Es standen aber bei dem Kreuz Jesu seine Mutter und seiner Mutter Schwester, Maria, die Frau des Klopas, und Maria von Magdala. Als nun Jesus seine Mutter sah und bei ihr den Jünger, den er lieb hatte, spricht er zu seiner Mutter: „Frau, siehe, das ist dein Sohn." Danach spricht er zu dem Jünger: „Siehe, das ist deine Mutter." Und von der Stunde an nahm sie der Jünger zu sich. Danach, als Jesus wußte, daß schon alles vollbracht war, spricht er, damit die Schrift erfüllt würde: „Mich dürstet." Da stand ein Gefäß voll Essig. Sie aber füllten einen Schwamm mit Essig und steckten ihn auf ein Ysoprohr und hielten es ihm an den

Mund. Als nun Jesus den Essig genommen hatte, sprach er: „Es ist vollbracht", und neigte das Haupt und verschied. Weil es aber Rüsttag war und die Leichnamen nicht am Kreuz bleiben sollten den Sabbat über – denn dieser Sabbat war ein hoher Festtag –, baten die Juden Pilatus, daß ihnen die Beine gebrochen und sie abgenommen würden. Da kamen die Soldaten und brachen dem ersten die Beine und auch dem anderen, der mit ihm gekreuzigt war. Als sie aber zu Jesus kamen und sahen, daß er schon gestorben war, brachen sie ihm die Beine nicht; sondern einer der Soldaten stieß mit dem Speer in seine Seite, und sogleich kam Blut und Wasser heraus.

Und der das gesehen hat, der hat es bezeugt, damit auch ihr glaubt. Denn das ist geschehen, damit die Schrift erfüllt würde: Ihr sollt ihm kein Bein zerbrechen. Und wiederum sagt die Schrift an einer anderen Stelle: Sie werden den sehen, den sie durchbohrt haben. Danach bat Josef von Arimathäa, der ein Jünger Jesu war, doch heimlich, aus Furcht vor den Juden, den Pilatus, daß er den Leichnam Jesu abnehmen dürfe. Und Pilatus erlaubte es. Da kam er und nahm den Leichnam Jesu ab. Es kam aber auch Nikodemus, der vormals in der Nacht zu Jesus gekommen war, und brachte Myrrhe gemischt mit Aloe, etwa hundert Pfund. Da nahmen sie den Leichnam Jesu und banden ihn in Leinentücher mit wohlriechenden Ölen, wie die Juden zu begraben pflegen. Es war aber an der Stätte, wo er gekreuzigt wurde, ein Garten und im Garten ein neues Grab, in das noch niemand gelegt worden war. Dahin legten sie Jesus wegen des Rüsttags der Juden, weil das Grab nahe war."

Wir möchten hinzufügen, daß, als Jesus seinen Jünger bat, sich um seine Mutter zu kümmern und seine Mutter, auf ihren Sohn zu achten, wir diese Worte als Verzicht auf menschliche Beziehungen in jeder Inkarnation auslegen können. Jede Seele durchlebt beim Verlassen des Körpers einen ähnlichen Moment des Verzichtes. Es gibt nur eine ewige Beziehung und das ist die auf der geistigen Ebene, die Beziehung des Geistes. Jesus bewies deutlich die Notwendigkeit, auf weltlichen Besitz zu verzichten, was sich sogar darin äußerte, daß er seine Kleidung weggab.

Während seines ganzen Lebens besaß Jesus Einblick in die Akasha-Chronik, in das Karma jener, die ihm begegneten. Es gibt viele Beispiele seines Wissens über die genaue Wirkung des Karma, die Jesus klar und deutlich verstand. Seine ganze Aufgabe bestand darin, anderen dabei zu helfen, entweder ihr Karma umzuwandeln oder es auf höherer Ebene, in besserer Weise, abzutragen. Auf allen, die tieferes Wissen des göttlichen Gesetzes besitzen, ruht eine ähnliche Verantwortung – anderen dabei zu helfen, nicht noch zusätzliches Karma zu schaffen, sondern gutes Karma zum Segen und Wohl der Menschheit der Zukunft.

Es ist für die heutige Menschheit sehr wichtig, dieses Gesetz zu verstehen, denn so sicher wie die Nacht dem Tage folgt, ernten wir morgen das, was wir heute säen. Nationen, die schlechtes Karma schaffen, werden sowohl individuell als auch als ganzer Staat zu leiden haben. Es spielt keine Rolle, was andere tun. Wichtig ist, wie wir selbst handeln. Richtet euch nach dem Evangelium der menschlichen Brüderlichkeit, lebt nach dem göttlichen Gesetz der Liebe und beobachtet, mit welcher Genauigkeit das Gesetz des Karma, das das ganze Leben des Menschen und die nächsten Leben in dieser Welt beherrscht, wirkt.

Oh, Vater-Mutter-Gott, reinige unsere Herzen, damit wir das wahre Leben erkennen, das wir nach deinem Gebot leben sollten. Erfülle uns mit dem Christus-Geist, damit wir in Frieden mit unserem Nächsten leben. Schenke uns deinen ewigen Frieden. Amen.

XX. Kapitel

Berührt mich nicht, denn ich bin noch nicht bei meinem Vater

„(20.1 - 31) Am ersten Tag der Woche kommt Maria von Magdala früh, als es noch finster war, zum Grab und sieht, daß der Stein vom Grab weg war. Da läuft sie und kommt zu Simon Petrus und zu dem andern Jünger, den Jesus lieb hatte, und spricht zu ihnen: Sie haben den Herrn weggenommen aus dem Grab, und wir wissen nicht, wo sie ihn hingelegt haben. Da ging Petrus und der andere Jünger hinaus, und sie kamen zum Grab. Es liefen aber die zwei miteinander, und der andere Jünger lief voraus, schneller als Petrus, und kam zuerst zum Grab, schaut hinein und sieht die Leinentücher liegen; er ging aber nicht hinein. Da kam Simon Petrus ihm nach und ging in das Grab hinein und sieht die Leinentücher liegen, aber das Schweißtuch, das Jesus um das Haupt gebunden war, nicht bei den Leinentüchern liegen, sondern daneben, zusammengewickelt an einem besonderen Ort. Da ging auch der andere Jünger hinein, der zuerst zum Grab gekommen war, und sah und glaubte. Denn sie verstanden die Schrift noch nicht, daß er von den Toten auferstehen müßte. Da gingen die Jünger wieder heim.
Maria aber stand draußen vor dem Grab und weinte. Als sie nun weinte, schaute sie in das Grab, und sieht zwei Engel in weißen Gewändern sitzen, einen zu Häupten und den anderen zu Füßen, wo sie den Leichnam Jesu hingelegt hatten. Und die sprachen zu ihr: „Frau, was weinst du?" Sie spricht zu ihnen: „Sie haben meinen Herrn weggenommen, und ich weiß nicht, wo sie ihn hingelegt haben." Und als sie das sagte, wandte sie sich um und sieht Jesus stehen und weiß nicht, daß es Jesus ist.
Spricht Jesus zu ihr: „Frau, was meinst du? Wen suchst du?" Sie meint, es sei der Gärtner, und spricht zu ihm: „Herr, hast du ihn weggetragen, so sage mir, wo du ihn hingelegt hast; dann will ich ihn holen."
Spricht Jesus zu ihr: „Maria".

Dann wandte sie sich um und spricht zu ihm auf hebräisch: „Rabbuni", das heißt: Meister.

Spricht Jesus zu ihr: „Rühre mich nicht an, denn ich bin noch nicht aufgefahren zum Vater. Geh aber zu meinen Brüdern und sage ihnen: Ich fahre auf zu meinem Vater und zu eurem Vater, zu meinem Gott und zu eurem Gott."

Maria von Magdala geht und verkündet den Jüngern: „ich habe den Herrn gesehen, und das hat er zu mir gesagt." Am Abend aber dieses ersten Tages der Woche, als die Jünger versammelt und die Türen verschlossen waren aus Furcht vor den Juden, kam Jesus und trat mitten unter sie und spricht zu ihnen: „Friede sei mit euch." Und als er das gesagt hatte, zeigte er ihnen die Hände und seine Seite. Da wurden die Jünger froh, daß sie den Herrn sahen. Da sprach Jesus abermals zu ihnen: „Friede sei mit euch. Wie mich der Vater gesandt hat, so sende ich euch." Und als er das gesagt hatte, blies er sie an und spricht zu ihnen: „Nehmt hin den heiligen Geist. Welchen ihr die Sünden erlaßt, denen sind sie erlassen; und welchen ihr sie behaltet, denen sind sie behalten."

Thomas aber, der Zwilling genannt wird, einer der Zwölf, war nicht bei ihnen, als Jesus kam. Da sagten die andern Jünger zu ihm: „Wir haben den Herrn gesehen." Er aber sprach zu ihnen: „Wenn ich nicht in seinen Händen die Nägelmale sehe und meine Finger in die Nägelmale lege und meine Hand in seine Seite lege, kann ich's nicht glauben." Und nach acht Tagen waren die Jünger abermals drinnen versammelt, und Thomas war bei ihnen. Kommt Jesus, als die Türen verschlossen waren, und tritt mitten unter sie und spricht: „Friede sei mit euch."

Danach spricht er zu Thomas: „Reiche deinen Finger her und sieh meine Hände und reiche deine Hand her und lege sie in meine Seite, und sei nicht ungläubig, sondern gläubig."

Thomas antwortete und sprach zu ihm: „Mein Herr und mein Gott."

Spricht Jesus zu ihm: „Weil du mich gesehen hast, Thomas, darum glaubst du. Selig sind, die nicht sehen und doch glauben."

Noch viele andere Zeichen tat Jesus vor seinen Jünger, die nicht geschrieben sind in diesem Buch. Diese aber sind geschrieben, damit ihr glaubt, daß Jesus der Christus ist, der Sohn Gottes, und damit ihr durch den Glauben das

Leben habt in seinem Namen." Im gegenwärtigen Zeitalter wurde das Evangelium größtenteils auf der mentalen und emotionalen Ebene ausgelegt, doch wir kommen jetzt in das Wassermann-Zeitalter, in dem wir es mit unserem Geist verstehen werden. Sobald die Menschen ihre Herzen dem Geist öffnen, verstehen sie die geistige Bedeutung der Evangelien. Die erste Voraussetzung zu einem solchen Verständnis besteht darin, daß die Seele sich der göttlichen Liebe hingibt. Man ist versucht, darauf zu bestehen, daß der Verstand zuerst befriedigt werden müsse, bevor die Hingabe der Seele an das innere Christuslicht oder die Stimme Christi, die mit Intuition gleichzusetzen ist, stattfindet. Wir wagen zu behaupten, es ist besser von der Intuition, vom reinen, innersten Gefühl geleitet zu werden, als dem Versucher, dem niederen Geist, dem „kalten Verstand" zu erliegen, der die Seele von der himmlischen Wahrheit oder göttlichen Intelligenz hinwegzuführen vermag. Die Wahrheit ist so einfach, und doch laufen die Menschen hierhin und dorthin, suchen Sensationen, anstatt sich ihrem eigenen Selbst zuzuwenden, um die Wahrheit zu finden. In uns, mein Bruder, ist der Altar Christi. Kniet mit aller Aufrichtigkeit und Demut nieder und wartet – falls es sein muß, das ganze Leben, doch kniet vor dem inneren Altar, indem ihr euch Gott gebt und dort die Wahrheit findet. Der gleiche „kalte Verstand" hat auch immer zu Auseinandersetzungen hinsichtlich der Auferstehung des Herrn geführt. Gemäß dem Evangelium erstand der physische Körper des Meisters von den Toten. War es nicht der gleiche Körper, der zu ihnen trat? Legte Thomas nicht seinen Finger in die Nagelspuren in den Händen des Meisters und in seine Seiten, die vom Speer des Soldaten durchstochen wurden? Wie könnte ein anderer außer diesem physischen Körper, der diese Zeichen trug, zurückkehren? Und falls sein physischer Körper nicht vom Grab erstanden war, wohin verschwand er dann? Da lagen die sorgfältig gefalteten Grabtücher eines Menschen an der Seite – eine symbolische Einzelheit natürlich – der das irdische Gewand abgelegt hatte oder jenes Gewand der Seele, unter dem so viele Leute fast ersticken, da sie nicht die reine Luft der geistigen Sphären zu atmen vermögen.

Ihr Materialismus drückt sie nieder. Es ist interessant, daß es eine Frau war, der weibliche, sanfte Aspekt der menschlichen Seele, der zuerst nach Christus suchte, als erstes seine strahlende Gegenwart erkannte. Es sind die liebenden, weichen und sanften – die sogenannten weiblichen Eigenschaften – sowohl beim Mann als auch bei der Frau, die zuerst den Herrn erkennen. Es handelte sich hier um die wahrhaftige, geistige Manifestation, doch auch noch um anderes, denn sagte er nicht: *„Rühre mich nicht an, denn ich bin noch nicht aufgefahren zum Vater (17)."* Daraus entnehmen wir, daß er ihnen als Geistkörper erschien (nicht als materialisierter oder ektoplasmischer Körper, wie manchmal geglaubt wird); ein Geistkörper, der noch darauf wartete, von den vollkommenen und reinen Atomen durchdrungen zu werden, die allein den Geist ewig werden lassen. Der astrale oder psychische Körper ist seinem Wesen nach vergänglich, bis er Läuterung erfährt und ihm ewiges Leben durch einen zweiten Tod verliehen wird, bei dem er in das ewige Reich Gottes hineingeboren wird. Deswegen sprach der Meister: *„Rühre mich nicht an, denn ich bin noch nicht aufgefahren zum Vater."* Er wünschte in diesem Augenblick keinerlei Berührung mit einer vergänglichen oder materiellen Schwingung. Später erschien er unter ihnen. Wenn es sich um seinen physischen Körper handelte, wie konnte er dann durch eine geschlossene Tür treten? Wir wissen, daß es ein geistiges und okkultes Gesetz gibt, das es einem physischen Körper ermöglicht, Materie zu durchdringen; deswegen behaupten wir nicht, dergleichen wäre unmöglich; doch wir glauben, daß in diesem Fall der Geist des Meisters erschien. Er zeigte sich später Thomas und auch noch anderen Jüngern auf dem Weg nach Emmaus, wie wir im Evangelium lesen. Da wir der Meinung sind, daß es sich um die Erscheinung seines Geistkörpers handelte, was geschah dann mit seinem physischen Körper? Wir glauben, daß Jesu Körper eine solche Reinheit erlangte, daß er sich auflöste, und seine sterblichen Überreste zu den Elementen zurückkehrten. Alles Übrige erfuhr Umwandlung, Vergeistigung und bildete Teil des auferstandenen Körpers von Jesus.

Uns geht es darum, euch begreiflich zu machen, daß die Geschichte der Kreuzigung und Auferstehung Jesu mehr als ein Symbol des Lebens nach dem Tode ist. Sie war ein aktuelles Ereignis, durch das Jesus bewies, daß der Mensch Gottes, der ein Leben in Reinheit, Heiligkeit und Freude lebt, Macht über die physische Materie gewinnt. Er bewies, auf welche Weise die Seele die physischen Atome und das physische Leben zu beherrschen vermag, wenn sie ein Leben in Gott führt.

Das Leben auf der Erde soll nicht dazu dienen, den Menschen zu zerstören, sondern es soll ihn stärken, ihm ein neues und besseres Leben schenken. Die Atome des physischen Körpers erfuhren Läuterung und eine Umwandlung der irdischen in ätherische Substanz, doch Jesus war für seine Umgebung immer noch sichtbar und hörbar. Wir dürften euch versichern, daß in dem Märchen, wonach seine Feinde seinen Körper nahmen und ihn versteckten, absolut keine Wahrheit liegt. Jesus auferstand in Freude, und er dankte seinem Vater-Mutter-Gott. Die Atome der physischen Form erfuhren Vergeistigung, sie verwandelten sich in höhere ätherische Substanz. Wir behaupten dies mit aller Einfachheit und Klarheit. Jesus bewies allen Menschen die Wahrheit, daß das Leben niemals aufhört, und der Mensch den göttlichen Funken in sich trägt, der im Laufe der vielen Inkarnationen allmählich wächst, sich ausdehnt und alle physischen Atome durchdringt und beherrscht.

Es kommt eine Zeit, zu der die solare oder Christuskraft so sehr den physischen Körper durchdringt, daß seine Erdhaftigkeit allmählich wegfällt, abstirbt – Asche zu Asche, Staub zu Staub. Diese Worte beziehen sich nicht allein auf die Auflösung des physischen Körpers, den ihr kennt und liebt, sondern auf die allmähliche Abnahme der irdischen Atome. Geistige Atome durchdringen gleichzeitig den physischen Körper und erschaffen ihn allmählich neu, machen ihn zu einem Lichtkörper, einem wahren Sonnenkörper, der nicht mehr Krankheit und Verfall unterliegt, sondern das ewige Leben erlangt hat. *Ich werde euch das ewige Leben geben.* Darin liegt die wahrhaftige Bedeutung der Worte Jesu, und diese Wahrheit gilt für alle Zeiten.

Der Körper des Menschen wird durch den solaren Logos neu belebt, neu erschaffen und ersteht zu neuer Herrlichkeit. Folglich wird es keinen Tod mehr geben, kein Wehklagen und Zähneknirschen, kein Leid, da der Mensch zu voller Herrlichkeit seines Seins heranreift, was ihm schon seit Beginn der Weltschöpfung bestimmt ist. Der Mensch betritt das verheißene Land.
Wir glauben, daß letztendlich der vollkommene Mensch seinen Körper ablegt. Er verfällt nicht, da kein Übel zurückbleibt, das diesen Prozeß verursachen könnte. Er kehrt zu den Elementen zurück.
Unser letzter Punkt bewirkte vielerlei Auseinandersetzungen. Es steht in Zusammenhang mit jenen Versen, in denen steht, daß Jesus seinen Jüngern die Autorität gab, Sünden zu vergeben, und woraus die Kirche schließt, die Priester besäßen die Macht, Sündern die Sünden zu vergeben.
„(20.21 - 23) Da sprach Jesus abermals zu ihnen: „Friede sei mit euch. Wie mich der Vater gesandt hat, so sende ich euch. Und als er das gesagt hatte, blies er sie an und spricht zu ihnen: Nehmt hin den heiligen Geist. Welchen ihr die Sünden erlaßt, denen sind sie erlassen; und welchen ihr sie behaltet, denen sind sie behalten."
Jesus blies sie an. Mit anderen Worten, er flößte ihnen das geistige Licht, Leben und die Wahrheit ein. Er bewegte sie dazu, von ihm das Geheimnis der göttlichen Liebe aufzunehmen. Die göttliche Liebe verleiht jeder Seele die Vollmacht, Sünden oder karmische Schulden zu erlassen. Das karmische Gesetz beherrscht das menschliche Leben, und solltet ihr euch vergeltend gegen jemand erheben, der euch verletzt hat, seid ihr an eures Bruders Sünden gefesselt. Eine karmische Schuld über viele Zeitalter bleibt erhalten, da diese Schuld sich zwischen euch hin- und herbewegt (wie ein Ball). Falls ein anderer Mensch euch verletzt und ihr euch ärgert, bleibt unbewußt der Wunsch nach Vergeltung in eurer Seele zurück. Ihr möget solches bald vergessen, doch es bindet euch aneinander. Wenn ihr euch wieder inkarniert, begegnet ihr euch wieder. Möglicherweise tragt ihr die Schuld damit ab, indem ihr jene Seele verletzt, da sie euch in einer vergangenen Inkarnation verletzt hat. So wirkt das karmische

Gesetz – von einer Seite zur anderen. Ich schlage dich, du schlägst mich – so zieht es sich vielleicht durch viele Leben, und solange es andauert, sind die beiden Seelen aneinander gebunden. Der einzige Weg, auf dem eine solche Sünde dem einen der beiden erlassen werden kann, führt über die Vergebung. Im gesamten Evangelium fällt uns immer wieder auf, daß der Herr Jesus die Fähigkeit besaß, das Karma des Menschen zu erkennen; er sah die Schuld, die ein Mensch gegenüber einem anderen gutzumachen hatte und umgekehrt. Vielen Menschen bot er die Gelegenheit, solches Karma auszulöschen. Obwohl Judas den Herrn verletzte, vergab er ihm und nahm damit sein Karma auf sich. Die letzten Worte, die Jesus am Kreuz sprach, lauteten: *„Vater, vergib ihnen, denn sie wissen nicht, was sie tun* (Lk. 23.34)."

Hierin liegt das Geheimnis der Vergebung der Sünden. Jesus blies sie an, d.h. der Christus-Geist ließ die göttliche Liebe in ihr Herz einströmen, eine Liebe, die den Empfangenden dazu bewegt, seinen Feinden zu vergeben. So erlöst der Christus-Geist die Seele von Sünden.

Seid dankbar und dient eurem Nächsten, um ihm die göttliche Liebe Christi aus eurem Herzen einzuhauchen.

XXI. Kapitel

Ein Leben des Dienens

In unseren Worten findet ihr nicht nur Wahrheit, sondern sie stärken euch auch, während ihr ihnen zuhört oder sie lest. Wir würden uns freuen, wenn auch ihr die Durchdringung beider Welten verspüren würdet, zwischen dem Menschen und der Geisteswelt, wenn ihr euch der Engel bewußt werden würdet, die kosmisches Licht auf euch herabströmen lassen, während ihr nach dem Himmel und der Wahrheit strebt, und die auf diese Weise die Schwingung eurer Seele und das innere Licht stärken. Wir kommen aus der Geisteswelt zurück auf die Erde, um unsere Brüder zu leiten und zu ermutigen, und es gibt einige auf Erden, die noch ihren physischen Körper besitzen, jedoch zu den Geisteswelten emporzuschweben vermögen, um den gerade von der Erde Gegangenen zu helfen. So kommt es zu einer wunderbaren Durchdringung von Leben und Dienen. Wir dienen gerne, denn wie könnten wir uns des Himmels erfreuen, wenn die geliebten Menschen auf Erden unserer Hilfe bedürften. Wir dienen aus Liebe. Darin liegt unser Glück.

Wir lesen jetzt das einundzwanzigste Kapitel des Evangeliums und wollen dann nach einer spirituellen Auslegung suchen.

„(21.1 - 25) Danach offenbarte sich Jesus abermals den Jüngern am See Tiberias. Er offenbarte sich aber so: Es waren beieinander Simon Petrus und Thomas, der Zwilling genannt wird, und Nathanael aus Kana in Galiläa und die Söhne des Zebedäus und zwei andere seiner Jünger.

Spricht Simon Petrus zu ihnen: „Ich will fischen gehen." Sie sprechen zu ihm: „So wollen wir mit dir gehen." Sie gingen hinaus und stiegen in das Boot, und in dieser Nacht fingen sie nichts. Als es aber schon Morgen war, stand Jesus am Ufer, aber die Jünger wußten nicht, daß es Jesus war.

Spricht Jesus zu ihnen: „Kinder, habt ihr nichts zu essen?" sie antworteten ihm: „Nein." Er aber sprach zu ihnen: „Werft das Netz aus zur Rechten

des Bootes, so werdet ihr finden." Da warfen sie es aus und konnten's nicht mehr ziehen wegen der Menge der Fische. Da spricht der Jünger, den Jesus lieb hatte, zu Petrus: „Es ist der Herr". Als Simon Petrus hörte, daß es der Herr war, gürtete er sich das Obergewand um, denn er war nackt, und warf sich ins Wasser. Die anderen Jünger aber kamen mit dem Boot, denn sie waren nicht fern vom Land, nur etwa zweitausend Ellen, und zogen das Netz mit den Fischen. Als sie nun ans Land stiegen, sahen sie ein Kohlenfeuer und Fische darauf und Brot.
Spricht Jesus zu ihnen: „Bringt von den Fischen, die ihr jetzt gefangen habt." Simon Petrus stieg hinein und zog das Netz an Land, voll großer Fische, hundertdreiundfünfzig. Und obwohl es so viele waren, zerriß doch das Netz nicht. Spricht Jesus zu ihnen: „Kommt und haltet das Mahl."
Niemand aber unter den Jüngern wagte, ihn zu fragen: Wer bist du? Denn sie wußten, daß es der Herr ist. Da kommt Jesus und nimmt das Brot und gibt's ihnen, desgleichen auch die Fische.
Das ist nun das dritte Mal, daß Jesus den Jüngern offenbart wurde, nachdem er von den Toten auferstanden war. Als sie nun das Mahl gehalten hatten, spricht Jesus zu Simon Petrus: „Simon, Sohn des Johannes, hast du mich lieber, als mich diese haben?"
Er spricht zu ihm: „Ja, Herr, du weißt, daß ich dich lieb habe."
Spricht Jesus zu ihm: „Weide meine Lämmer." Spricht er zum zweiten Mal zu ihm: „Simon, Sohn des Johannes, hast du mich lieb?"
Er spricht zu ihm: „Ja, Herr, du weißt, daß ich dich lieb habe."
Spricht Jesus zu ihm: „Weide meine Schafe." Spricht er zum dritten Mal zu ihm: „Simon, Sohn des Johannes, hast du mich lieb?"
Petrus wurde traurig, weil er zum dritten Mal zu ihm sagte: Hast du mich lieb?, und sprach zu ihm: „Herr, du weißt alle Dinge, du weißt, daß ich dich lieb habe." Spricht Jesus zu ihm: „Weide meine Schafe. Wahrlich, wahrlich, ich sage dir: Als du jünger warst, gürtetest du dich selbst und gingst, wo du hin wolltest; wenn du aber alt wirst, wirst du deine Hände ausstrecken, und ein anderer wird dich gürten und führen, wo du nicht hin willst." Das sagte er aber, um anzuzeigen, mit welchem Tod er Gott preisen würde. Und als er das gesagt hatte, spricht er zu ihm: „Folge mir nach". Petrus aber wandte sich um und sah den Jünger folgen, den Jesus lieb hatte, der

auch beim Abendessen an seiner Brust gelegen und gesagt hatte: „Herr, wer ist's, der dich verrät?" Als Petrus diesen sah, spricht er zu Jesus: „Herr, was wird aber mit diesem?"
Jesus spricht zu ihm: „Wenn ich will, daß er bleibt, bis ich komme, was geht es dich an? Folge du mir nach."
Da kam unter den Brüdern die Rede auf: „Dieser Jünger stirbt nicht." Aber Jesus hatte nicht zu ihm gesagt: Er stirbt nicht, sondern: Wenn ich will, daß er bleibt, bis ich komme, was geht es dich an?
Dies ist der Jünger, der dies alles bezeugt und aufgeschrieben hat, und wir wissen, daß sein Zeugnis wahr ist. Es sind noch viele andere Dinge, die Jesus getan hat. Wenn aber eins nach dem andern aufgeschrieben werden sollte, so würde, meine ich, die Welt die Bücher nicht fassen, die zu schreiben wären."
Während seines Amtes bediente sich der Meister beständig der Symbole von Brot und Fisch. Wir hoffen, es ist uns gelungen zu klären, daß die Auferstehung des Körpers von Jesus in dem Sinne stattfand, daß die Elemente seines Körpers eine solche Reinheit durch das Christus-Licht und die Liebe erfuhren, die sich durch sie manifestierten, daß nichts mehr vorhanden war, das zum Verfall hätte führen können wie beim gewöhnlichen Tod. Der wahre Körper des auferstandenen Christus manifestierte sich vor den Jüngern. Vergeßt nicht, daß die Jünger eine schwere Prüfung erlebt hatten. Sie hatten miterlebt, wie ihr Herr gefangengenommen und gekreuzigt wurde, und es schien, daß er sich trotz all seiner Herrlichkeit und Größe nicht vor seinen Feinden retten konnte. So waren die Jünger gebrochenen Herzens und enttäuscht.
Trotz all der Dinge, die Jesus sie gelehrt hatte, waren sie immer noch in ihrem Persönlichkeitsselbst befangen und sich hauptsächlich ihrer physischen Bedürfnisse bewußt. Als der Herr getötet wurde, verloren sie ihren Glauben, sie befanden sich dort, wo sie angefangen hatten, und ihre Aufmerksamkeit drehte sich um praktische Dinge wie den Lebensunterhalt. Es geschieht so oft, daß Seelen in einen Zustand spiritueller Ekstase erhoben werden und dann passiert etwas Unangenehmes und Glauben und Vertrauen werden erschüttert,

und sie setzen den Himmel mit ihrem Lebensunterhalt gleich. Solches stellt eine größere Prüfung ihrer Standhaftigkeit und Aufrichtigkeit dar, die sie nicht übergehen können. Sie sprechen: Ich vertraute, glaubte und dachte, ich folgte dem Herrn, doch es schlug fehl und alles lief verkehrt. Ich möchte mit Religion nichts mehr zu tun haben.

Genau in dieser Verfassung befanden sich auch die Jünger, und so befuhren sie wieder das Meer, um ihren Lebensunterhalt zu verdienen. Sie waren sich nicht bewußt, daß der Meister stets bei ihnen war, und das alles, was sie benötigten, geistige Nahrung war. Zuvor hatte er beständig ihren Geist genährt – jetzt waren sie allein, genau wie ihr irgendwann allein sein werdet, wenn eure Prüfung kommt. Was dann? Werdet ihr dem Geist folgen oder zu den weltlichen Dingen zurückkehren?

Das Meer, das Wasser ist immer das Symbol der Seele; der Fisch steht als Symbol für die geistige Nahrung. Der Meister wußte genau, was die Jünger brauchten. Aus seiner großen Liebe heraus manifestierte er sich ihnen, um sie zu der Speise zu führen, derer sie so dringend bedurften. Als sie ihn an der Küste stehend erkannten, sprang Petrus impulsiv ins Wasser, da er sich so glühend wünschte, den Herrn zu erreichen.

Euch mag auffallen, daß Jesus Petrus dreimal die gleiche Frage stellte. Jesus prüfte Petrus dreimal und dreimal verleugnete er ihn. *„Hast du mich lieber, als mich diese haben?"* fragte er. *„Du weißt, daß ich dich lieb habe"* (15). Doch Jesus wußte, daß Petrus erst erkennen mußte, was Liebe bedeutete. Möglicherweise wußte Petrus alles über die Liebe mit seinem Verstand, doch er mußte noch die Christusliebe mit seinem Sein aufnehmen. Dies geschieht so oft: die Menschen kennen alle esoterischen Wahrheiten mit ihrem Verstand, doch da sie keine Liebe fühlen, da sie nicht wissen, was es bedeutet zu lieben, erkennen sie nicht die Wahrheit. Zu lieben bedeutet sich vollkommen Gott zu geben, es bedeutet ein Verströmen des ganzen Seins.

Jesus bat sie, das Netz an der rechten Seite des Bootes auszuwerfen

– und er sagte damit in anderen Worten: Suchet eure geistige Nahrung auf die rechte Weise. Wenn ihr allein für das Wohlergehen des Körpers arbeitet, werdet ihr nichts fangen; wenn ihr nur intellektuell sucht, werdet ihr enttäuscht sein. Doch wenn ihr euer Netz auf der rechten Seite in der rechten Weise auswerft, füllt es sich bis zum Bersten mit all der Nahrung, derer ihr bedürft, und es wird nicht reißen.

Dann kommt ein interessanter Abschnitt. Wir lesen, daß der Meister ein Feuer entfacht hatte, um die Fische zu braten. So wie die Geschichte von Johannes berichtet wird, erscheint sie ganz natürlich. Der Meister erwartete seine Freunde und hatte ein Feuer angezündet, um die Fische zu braten. Doch ihr habt nicht verstanden, daß es ein geistiges Feuer war, ein göttliches Feuer, das Christus für seine Jünger anzündete. Mit anderen Worten, er entzündete in ihnen das göttliche Feuer der Liebe. Als ihre Herzen auf diese Weise geöffnet wurden, sobald das göttliche Feuer in ihnen brannte, waren sie bereit, die für sie vorbereitete göttliche Nahrung aufzunehmen. So wurde letztlich ihr Seelenhunger gestillt.

Nachdem die Jünger eine solche Erfahrung gemacht hatten, eine solche Offenbarung erlebt hatten, genügte es ihnen nicht mehr, für sich selbst und ihr eigenes materielles Wohlergehen und zu ihrer eigenen Zufriedenheit zu leben, da sie wußten, was sie benötigten. Jene, die den geistigen Weg verlassen, da sie sich einsam und enttäuscht fühlen, werden stets den gleichen geistigen Hunger verspüren. Sie müssen zurückkommen, sie können nicht umhin zurückzukommen.

„Hast du mich lieb? Ja, Herr, du weißt, daß ich dich lieb habe. Weide meine Lämmer.... weide meine Schafe (15 - 17)."

Dreimal fragte der Herr Petrus, damit er zu entsprechender Zeit nicht zaudern würde.

Dann sieht Petrus, daß der geliebte Jünger Jesu diesem folgt und fragt: *„Was wird aber mit diesem?"* (21). Warum redete Petrus so? Jesus antwortete: *„Was geht es dich an?"* Dies klingt einfach, doch der innere Sinn all dessen ist folgender: Jesus will damit tatsächlich ausdrücken „Kümmert euch um eure Angelegenheiten. Es geht euch nichts an, was euer Bruder tut." Dies scheint auf den ersten Blick schwer verständlich, da wir andererseits aufgerufen sind, unseres Bruders Last zu tragen und uns um sein Wohlergehen zu kümmern. Doch beides kann leicht miteinander in Übereinstimmung gebracht werden. Wir sind zwar berechtigt, teilnahmsvolles Interesse an unseres Bruders Wohlergehen zu zeigen, doch wir sollten uns nicht in seine Privatangelegenheiten einmischen. Während wir bereit sind, ihm zu helfen, sollte er unsere Hilfe benötigen, dürfen wir nicht versuchen, ihn einzuschränken. Er muß seinem Weg folgen und steht unter dem Gebot des großen Herrn des Karma. *„Wenn ich will, daß er bleibt, bis ich komme, was geht es dich an? Folge du mir nach. (22)."* Wir dürfen einander nicht verurteilen, denn jeder hat seine Aufgabe zu erfüllen.

Es gibt noch eine andere, tiefergehende Auslegung, auf die wir eure Aufmerksamkeit lenken möchten. Wir glauben, daß Jesus mit den Worten: *„Wenn ich will, daß er bleibt, bis ich komme, was geht es dich an?"*, aufzeigen wollte, daß Johannes nicht nur Mensch ist, sondern der Vertreter der Seele, der solange auf Erden weilt, bis das göttliche Leben, das Licht, der Sohn, zu seinen geliebten Menschen kommt, und sie von der Dunkelheit erlöst. Die Seelen, die sich dem göttlichen Feuer nicht öffnen können, wenn es zu ihnen kommt, müssen solange warten, bis das Licht ihnen wieder in einem neuen Zyklus erscheint.

Wir kommen, um euch das Wissen zu bringen, das zur Läuterung eures Seelenkörpers beiträgt. Gebt euch nicht damit zufrieden, euch vom Leben treiben zu lassen. Arbeitet ständig an der Läuterung eures Seelenkörpers. Öffnet euch dem Licht, das in euch scheint, das euch zur Reinheit der Gedanken und des Lebens, zur Freundlichkeit und Liebe, zum Wissen um die höheren Welten und zur Weisheit der Seele führt.

Die Kirche des Hl. Petrus wurde auf Erden „auf einem Felsen" für den Verstand errichtet. Der Verstand erfaßt die Lehre der Kirche des Hl. Petrus. Doch im neuen Zeitalter, im Wassermann-Zeitalter,

dem Zeitalter der Brüderlichkeit, entsteht die Kirche des Hl. Johannes, die die Seele repräsentiert, wenn Seele und Körper erleuchtet sein werden, umgewandelt von Christus, dem Sohn.
Das Evangelium des Johannes enthält die mystischen Lehren aller Zeitalter in verschleierter Form, die jedoch deutlich verständlich für die Eingeweihten sind. Es vermittelt geistige Gesetze, denen die Eingeweihten auf natürliche Weise folgen. Es geht nicht um die Frage „ihr müßt gut sein... ihr solltet euren Nächsten lieben," sondern eher darum, daß es beim Eintreten der Erleuchtung nur einen Weg gibt, der offensteht und das ist der Weg der spontanen Liebe, der Freundlichkeit, der Sanftmut, nicht nur unseren menschlichen Brüdern gegenüber, sondern auch gegenüber unseren geringeren Brüdern, den Tieren und gegenüber der ganzen Schöpfung.
Das ganze Leben und Werk Jesu, so wie es vom Hl. Johannes geschildert wurde, ist die symbolische Geschichte des Menschen auf Erden, seiner geistigen Entfaltung und, falls ihr dieses Wort benutzen wollt, seiner Erlösung. Jeder ist ein Jesus-Mensch. In jedem Mann, jeder Frau und jedem Kind wohnt der göttliche Funke, und das spirituelle Lebenselixier des Menschen ist der Sohn, ist Christus. Der Mensch muß während seiner Lebensreise die höchste Lebenswahrheit lernen, daß in ihm zwei Aspekte sind, einerseits der materielle oder der irdische Aspekt, die menschliche Seite, und andererseits Christus, der geistige Aspekt. Jeder muß früher oder später diese Lektion lernen, die durch das Blutvergießen angedeutet wird, *„das Blut Jesu, seines Sohnes, macht uns rein von aller Sünde"* (1. Joh. 1.7). Es handelt sich nicht um physisches Blut. Es handelt sich um das Vergießen des geistigen Herzblutes. Während die Seele sich in der Dunkelheit der Erde quält, während sie strebt und kämpft, um sich zu geistiger Freiheit zu erheben, ist der Mensch bekümmert, da er immer die Auseinandersetzung zwischen dem höheren und niederen Selbst verspürt.
„Trinkt", sprach der Herr, „nehmt diesen Kelch und trinket zu meinem Gedächtnis." Was heißt das, meine Brüder? Es bedeutet, den Kelch menschlichen Lebens und menschlicher Erfahrung zu ergrei-

fen, um daraus zu trinken, so bitter er auch sein mag. Nehmt ihn an. Lernt ihn anzunehmen, denn während ihr den Kelch ergreift und daraus trinkt und euch an Christus in euch erinnert, heißt euer Annehmen, daß ihr durch den Geist Christi in euch erlöst werdet. Sprecht: „Im Namen Christi, des höchsten Lichtes, des vollkommenen Sohnes Gottes, nehme ich mein Karma an; ich leere den Kelch und die Lebenskräfte Christi erfüllen mein ganzes Sein und vergangene Fehler werden ausgelöscht." Warum findet diese Läuterung statt? Mit dem Annehmen des Kelches kommt es zu klarer Erkenntnis. Die Seele bemerkt ihren früheren Irrtum und da sie sich dessen bewußt ist, wird er ausgelöscht.
Karma ist das Gesetz Gottes, ein kosmisches Gesetz, das nicht geändert werden kann. Doch nachdem die Seele die Erfahrung des Bösen oder schlechten Karmas gemacht hat, wurde ihr damit die Gelegenheit geboten, eine Schuld abzutragen, Sünden zu vergeben. Die Seele kann nur Vergebung der Sünde erlangen, indem sie ihre eigene Schuld anerkennt. Wir wurden nicht durch die Kreuzigung unseres Herrn Jesus (wie wir früher annahmen) von unseren Sünden erlöst. Tatsächlich erfahren wir durch unser Karma Kreuzigung, und da das niedere Selbst Läuterung durch das höhere Selbst oder das Christusselbst erfährt, werden vergangene Sünden ausgelöscht.
Wir sprechen als euresgleichen. Wir sind euresgleichen, meine Brüder, da wir wie ihr leiden. Liebe schenkt uns Verständnis, sie läßt uns mit euch mitfühlen, sie läßt uns fühlen, wie ihr fühlt. Wir fühlen wie ihr, wir verstehen euch, wir nehmen euch euren Kummer ab. Doch euer Leid drückt uns nicht nieder, da Liebe das göttliche Mittel zur Verwandlung ist. Wie ihr gelernt habt, ist Liebe das alchemistische Mittel, das das harte Metall der Erdhaftigkeit, des Leides und der irdischen Leidenschaften verwandelt. Liebe formt alles um, nimmt es in sich auf, transformiert es in reines Gold.
Wir leiden mit euch, da wir uns mit euren Erfahrungen identifizieren; doch wir nehmen sie von euch auf und wandeln sie um. Deswegen fühlt ihr euch nach dem Kontakt mit eurem Lehrer gestärkt, und ihr wißt, daß alles gut ist. In der Meditation und beim Hl.

Abendmahl hat er euch das Licht und die Liebe Gottes gebracht, die das Höchste im Himmel sind, und ihr werdet von ihnen emporgehoben, belebt und gesegnet. Doch ihr müßt selbst lernen, den Kelch zu empfangen und Sorgen und Leid eures irdischen Lebens zu durchlichten. Christus in euch muß euch läutern und erlösen. Dann fällt das niedere Selbst von euch ab und besitzt keine Macht mehr über euch. Jesus Christus am Kreuze bewies diese kosmische Wahrheit der ganzen Welt. Die Kreuzigung steht für die Hingabe des Menschen an Gott, den himmlischen Vater. Denkt daran, was immer ihr gegenwärtig zu ertragen habt. Es mag sich um eine kleinere Kreuzigung handeln, die jedoch tatsächlich der Erlösung eurer Seele dient; euer höheres Selbst wird als Ergebnis der Vergebung eurer Sünden offenbar. Diese Wahrheit kennen alle Eingeweihten. Was auch ihre Religion oder ihr Glaube sein mag, alle werden sich durch diese Gelegenheit des Emporgehobenwerdens von Angesicht zu Angesicht gegenüberstehen. Die göttliche Kraft der Liebe ist ihr Erretter.

Wir möchten eure Aufmerksamkeit noch einmal auf den Verrat von Jesus durch Judas lenken. Judas wohnt in jedem von uns. In uns allen ist der Judas, der den Herrn verrät. Doch Jesus, der tiefen Zorn hätte fühlen können, vergab ihm und hatte Mitleid mit ihm. Er liebte ihn. Er nahm das Karma von Judas auf sich; da er ihm vergab und ihm Liebe schenkte, die das Karma auslöschte.

Zu anderer Gelegenheit haben wir bereits gesagt, daß die Aufrechterhaltung eines Streites oder einer Auseinandersetzung, sei es in der eigenen Familie oder der größeren Familie in der äußeren Welt, zwischen den Nationen, nur auf eine Weise endet – in Zerstörung. Dies ist die Lektion, die die Welt heute lernen muß. Wir kennen die vielen Argumente, die euch durch den Kopf schießen mögen – daß es z.B. unmöglich sei, daß eine Nation der anderen vergibt – oder es selbst dem einzelnen unmöglich ist, der einen gerechtfertigten Anspruch gegen einen anderen besitzt und ihm dann vergeben soll. Aber, meine Brüder, dies ist ein kosmisches Gesetz, dem keine Seele, kein Land zu entfliehen vermag. Es muß Vergebung geben, da ohne Vergebung die Seele nicht erlöst werden kann. Ohne Vergebung können die Sünden des einzelnen nicht ausgelöscht werden, doch wenn der Mensch oder eine Nation den Kelch annehmen, den Fehler eingestehen, dann erfährt jeder Mensch, jede Nation, Erlösung vom Karma.

Möge der Schlüssel aller Gedanken und Handlungen Sanftmut und Liebe sein. Darin liegt die Bedeutung der Vergebung der Sünden durch unseren Herrn Christus, das Licht, den Sohn des Schöpfers, durch den Vater-Mutter-Gott. Sobald diese Wahrheit verstanden wird, werden die Menschen wieder eins mit Gott, und die heilige Dreieinigkeit, Vater-Mutter-Sohn, wird vollkommen sein. Das Licht wird auf die Erde herableuchten und der Mensch wird zum Himmel emporgetragen. Die vollkommene Form des sechszackigen Sternes, die Grundlage aller Schöpfung, wird sich erneut in all ihrer Herrlichkeit auf Erden manifestieren. Dann finden die Inkarnationen der Menschen ein Ende und es geht in das Reich eines herrlicheren Lebens und der Freude ein.

Oh Gott, möge sich der Weg spiritueller Evolution der Welt beschleunigen, und möge bald die neue und goldene Zeit des Glückes, der Schönheit und der Liebe eintreten, die du für den Menschen, deinen Sohn, bestimmt hast.

Anhang

(Bei folgenden Abschnitten handelt es sich um Auszüge aus den Lehren von White Eagle; vieles davon wurde den ursprünglichen Botschaften nachträglich beigefügt, was ein oder zwei besondere Punkte des Haupttextes ausführlicher darstellt. Sie sind umfangreicher als die Erfordernisse der Darstellung es zulassen, doch der Leser möge Nützliches für sich daraus entnehmen.)

Taufe (Kapitel 1)

Wie bei allen anderen Zeremonien, so ging auch bei der Taufe die esoterische Bedeutung verloren. Verbunden damit ist die Vorstellung, daß die Kinder in Sünde in die physische Welt hineingeboren werden und erst Zugang zum Königreich Christi erhalten, wenn sie getauft und reingewaschen von der Sünde sind, mit der sie geboren wurden. Diese Vorstellung entstand durch ein Mißverständnis der Geschichte des Sündenfalles, das sich bis heute erhalten hat. Dabei liegt hier eine wunderbare, symbolische Geschichte vor, die durch die Analyse des irdischen Menschenverstandes fast ins Absurde gezogen wurde.

Doch wir wollen uns eigehender damit beschäftigen. Wenn die Seele durch den Tod stirbt, trägt sie noch gewisse Rückstände – selbst nach der Läuterung in den Läuterungsbereichen – in sich. Diese Rückstände, wir können sie auch als Saatatome bezeichnen, werden dem sich neuentwickelnden Körper für sein nächstes Erdenleben wieder eingesetzt. Auf diese Weise werden der neugeborenen Seele bestimmte Charakteristika, Sehnsüchte und Wünsche übertragen, die eine bedeutende Rolle im bevorstehenden Leben auf Erden spielen. Diese Sehnsüchte und Wünsche lassen sich durch die Emporhebung des inneren Körpers läutern und auslöschen – jene feineren Körper, die im physischen Körper inkarniert sind.

Die Zeremonie der Taufe bezeichnet eine wichtige Begebenheit im

Wachstum und in der Evolution. Jesus setzte selbst ein Beispiel dafür. Johannes der Täufer war der Vorläufer, ein hoher Eingeweihter, der gesandt war, um den Weg für die Ankunft des Lichtträgers der Welt zu bereiten. Die Aufgabe des Johannes bestand darin, die Menschen zur Taufe aufzurufen, um Reinigung zu erfahren, damit sie die Kraft des Hl. Geistes empfingen. Es erscheint eindeutig, daß der Herr Jesus die Aufgabe des Johannes voll verstand, da auch er, bevor er mit seiner Mission begann, von Johannes getauft wurde. Ein wichtiger Punkt, an den wir uns erinnern sollten, da Jesus dazu ausersehen war, die Evolutionsspirale weiter nach oben zu richten. Die Taufe selbst betonte eine tiefe innere Wahrheit, wie sie in der gewaltigen Kraft zum Ausdruck kam, die dem Meister zuteil wurde, symbolisiert durch die Taube, die zu ihm herabschwebte und durch die Stimme, die sprach: *„Dies ist mein lieber Sohn, an dem ich Wohlgefallen habe* (Mt. 3.17)."

In diesem Augenblick verbanden sich der physische Körper und all die feineren Körper des Herrn Jesus mit dem Heiligen Geist. Dies bedeutete nichts anderes als das Einswerden des Menschen mit Gott.

Urteil (Kapitel 5)

Es heißt, daß in der Geisteswelt alles einfach und klar ist. Auf Erden ist es, als ob ihr durch dunkles Glas seht, das die Seele des Menschen verzerrt, doch sobald ihr vom Körper befreit seid, seht ihr von Angesicht zu Angesicht, und ihr erblickt euch wie in einem Spiegel. Solches entspricht einer wahrhaftigen Beurteilung. In früherer Zeit lehrte die orthodoxe Kirche, daß ihr vor einem Richter stehen würdet, der euch entweder der Verdammnis der Hölle überantworten oder euch in den Himmel erheben würde. So sah die alte orthodoxe christliche Lehre aus. Doch dürfen wir euch erklären, was mit dem Menschen in der Geisteswelt wirklich passiert, wenn er den Körper ablegt und die Erde verläßt. Man nimmt sich seiner sehr liebevoll an. Er wird weder verurteilt, noch erfährt er Verdammnis. Zu gegebener Zeit wird er in den Tempel des heiligen Grals geführt, in dem alle Wände aus Spiegeln bestehen. Man bittet ihn, in jene Spiegel zu sehen, und er sieht Bilder von sich selbst und seines Lebens auf Erden. Er sieht sich so, wie er wirklich ist. Niemand verurteilt ihn, er urteilt über sich selbst, da er klar mit Kummer und Dankbarkeit erkennt, was er ist und wie er sich während seines Lebens auf Erden betragen hat. Dies ist das Urteil, dies ist der Augenblick der Wahl zwischen Himmel und Hölle; wenn die Seele mit Demut die ihr gezeigte Lektion annimmt, sieht sie nicht nur das dunkle Selbst, sondern auch das himmlische Selbst, das wahre Selbst, und sie strebt nach ihrem wahren, himmlischen Selbst. Sie geht nicht nur in den Himmel ein, da sie das Gute in sich selbst sieht, sondern sie sieht auch das Gute in all ihren Mitmenschen. Doch wenn sie die ihr gezeigte Wahrheit ablehnt, wählt sie selbst die Dunkelheit, die auf der Astralebene liegt, wohin sich die Seele für eine bestimmte Zeit begibt.

Verstand (Kapitel 10)

(In einer Diskussion über den „Weg ins Himmelreich" scheint White Eagle zwischen dem wahren Weg, dem Weg der Liebe und dem Weg des Verstandes, dem „Zerstörer des Wahren", zu unterscheiden. An anderer Stelle hat er gesagt:)

Der Verstand ist stets eifrig darauf bedacht, alles Gesagte zu begründen und zu überprüfen. Es gibt jedoch viele Dinge, die das eifrige physische Hirn niemals verstehen kann, da es selbst ein unzureichendes Instrument darstellt. Der Mensch benötigt etwas mehr als den Intellekt, wenn er die Mysterien verstehen möchte.

Selbst ein Mensch mit einem glänzenden Intellekt findet sich in einer Sackgasse wieder, wenn er keine weiteren Fortschritte mehr macht; es sei denn, er nimmt wieder ein kindliches Herz an und kommt zu den Anfängen zurück, um einfach und vertrauensvoll wie ein Kind zu beginnen.

Der Mensch hängt so sehr an Worten. Er erfreut sich mentaler Anregungen und zeigt mentales Interesse, doch er vergißt schnell. Nur in tiefer Stille, in der Meditation und Kontemplation vor dem Throne Gottes, nähert sich der Mensch Gott. Während der Meditation und Kontemplation nähert er sich dem göttlichen Elternpaar im Geist, in geistiger Haltung, bis er schließlich zu einem vollkommenen Sohn Gottes wird.

Der Mensch hat durch den westlichen Materialismus so viel eingebüßt. Mit der Über-Entwicklung seines Mentalkörpers hat seine Seele die Wahrheit verloren. Durch zu große mentale Aktivität werden die Qualitäten des Herzens solange vernachlässigt, bis Kummer, physischer Schmerz und Leid eintreten. In solchen Augenblikken hat der mächtige und gierige Intellekt nichts zu bieten, was das Leid der Traurigen und Einsamen lindert und sie tröstet. Nur etwas kann den Menschen in jener Stunde schützen, in der er der Hilfe bedarf. Es ist das Licht, das von oben in das Herz des Menschen scheint und eine Wahrheit mit sich bringt, die seine Augen öffnet, so daß er um sein Ziel weiß, dem er entgegen geht. Dergleichen vermittelt dem leidgeprüften Menschen Hoffnung, ja sogar Freude. Der kleine Samen, das kostbare Juwel im Herzlotos wird gestärkt und wächst. Deswegen betonen wir beständig, daß Meditation von äußerster Wichtigkeit ist, wenn ihr das wahre Licht zur Entfaltung bringen wollt. Bücher sind schön und gut, das Studium vergleichender Religionswissenschaften mag hilfreich, mentale Übungen mögen anregend sein, doch sie können euch nicht das geben, was das innere Licht euch gibt. Trotzdem stimmen wir zu, daß die Entwicklung des Intellektes, wenn sie von jenem inneren Licht inspiriert und geleitet wird, zu größerer Verstandeskraft und Stärkung der Intelligenz führt. Doch wir möchten wiederholen, daß es für die Seele wesentlich ist aufzuschauen und zu streben, mit anderen Worten, sich zu bemühen, den Samen des inneren Lichtes zu entfalten, das das wahre Licht Gottes ist. Das innere Licht wird auch die Stimme des Gewissens genannt. Doch die Menschen vernachlässigen sie. Sie sind zu beschäftigt. Wenn sie ihre Bibel lesen würden, wüßten sie, daß der

Mensch, der Einssein mit Gott, der göttlichen Inspiration sucht, sich auf einen Berg begibt. Als Moses von Gott gerufen wurde, bestieg er den Berg Sinai und erhielt dort die Gebote. Jesus begab sich auf einen Berg, und nachdem er sich dort niedergelassen hatte, erschienen seine Jünger und er lehrte sie. Als erstes erhebt jeder Meister das Bewußtsein seiner Schüler. Die Schüler können nicht auf irdischer Ebene verbleiben; sie erheben sich zu einem höheren Bewußtseinszustand. Nur auf dieser höheren Ebene kann die himmlische Wahrheit empfangen werden. Ihr könnt euch nur einstimmen, wenn ihr euch auf höherer Ebene befindet.

Krieg (Kapitel 18 und Kapitel 3)

Im achtzehnten Kapitel des Evangeliums lesen wir, daß Petrus ein Schwert zog und damit einen der Soldaten verwundete, die Jesus im Garten von Gethsemane gefangennehmen wollten. Wir meinen, wenn Petrus nicht das Gesetz der Liebe durch den Griff der Waffe bzw. durch eine Vergeltungshandlung gebrochen hätte, dann wäre die Jesus umgebende spirituelle Kraft ausreichend gewesen, sowohl ihn als auch seine Jünger zu schützen.

Die Lehren zum Johannes-Evangelium wurden während des II. Weltkrieges übermittelt, und so erhob sich natürlich die Frage: Was ist mit all den jungen Männern, die zum Kämpfen gezwungen werden, um sich und andere zu verteidigen. Sündigen sie, da sie gegen das Gesetz der Liebe verstoßen?

White Eagles Antwort lautete wie folgt: Die Männer, die in den Krieg zogen, sündigten, da sie glaubten, sie taten recht. Nach ihrem Verständnis brachten sie ein Opfer dar und werden den entsprechenden Segen dafür empfangen. Doch dies ändert nichts am geistigen Gesetz der Liebe und Brüderlichkeit. Die Seele kann sich opfern, selbst wenn dies irrtümlicherweise geschieht. Sie sollte jeden Augenblick ihre Augen offen haben, um das geistige Gesetz besser zu verstehen. Das Gesetz, daß der Mensch seinen Bruder lieben sollte, bleibt weiterhin bestehen.

Das Leben ist zu einem Chaos geworden, da der Mensch von den Höhen herabstieg und das Gesetz der Liebe brach, wobei er ein kollektives oder Welt-Karma erschuf, ein Karma, an dem alle teilhaben und dem sie sich früher oder später stellen müssen. Als Ergebnis dessen wird die Welt als Ganzes, die Seele der Welt, lernen, und die Menschen werden in Zukunft nicht mehr mit Situationen konfrontiert werden, in denen es ihnen scheint, es bleibe ihnen nichts anderes übrig als zu kämpfen. Es gibt sogar schon jetzt vereinzelte Fälle, wo Männer und Frauen des Konfliktes enthoben und nicht zum Kampf aufgerufen sind – was wiederum das Ergebnis ihres eigenen Karmas ist. Es gibt keine Ungerechtigkeit in jenem Gesetz, das im Leben jedes einzelnen zum Tragen kommt. Niemand vermag in das Wirken des karmischen Gesetzes einzugreifen, doch wir in der Geisteswelt arbeiten unaufhörlich daran, die entstehenden Wunden zu heilen, Frieden und Licht zu verbreiten und unsere Brüder zu trösten. Einzeln betrachtet erhalten diese Männer und Frauen, die in Kriege verwickelt sind, einen Ausgleich und den Segen, je nach dem Grad ihres Opfers und des zugrunde liegenden Motives.

Trotzdem erinnern uns diese Menschen daran, daß Jesus sprach: *„Niemand hat größere Liebe als die, daß er sein Leben läßt für seine Freunde* (Joh. 15.13)." Gewiß, diese Worte drücken das Gesetz der Liebe aus, und sobald sich der Mensch selbstlos dem gibt, von dem er meint, bei ihm wäre das Gesetz der Liebe anzuwenden, dann ist sein Geben wahrhaft ein Opfer und es gereicht zu seinem Segen. Doch Jesus sprach nicht nur vom Dahingeben des sterblichen Lebens, sondern vom Selbstverzicht zum Wohle anderer. Diese Wahrheiten sollten auf geistiger Ebene ausgelegt werden. Die materielle Auslegung der geistigen Wahrheit ist ein Fehler, der beständig gemacht wird. Selbst die orthodoxe Kirche neigt dazu, alles in ein weltliches Konzept zu pressen. Wir sollten nach geistigem Verstehen streben, damit wir aus dem Geiste leben und erkennen, daß das Leben auf geistigen Werten beruht, bevor wir in das Reich der Glückseligkeit eingehen.